Marcantonio Colonna
Der Diktatorpapst

Man kann alle Menschen für einige Zeit belügen.
Einige Menschen kann man auch für alle Zeit belügen.
Aber man kann nicht alle Menschen für alle Zeit belügen.

ABRAHAM LINCOLN

MARCANTONIO COLONNA

DER DIKTATOR PAPST

AUS DEM INNERSTEN SEINES PONTIFIKATS

Renovamen Verlag

Impressum

Bibliographische Informationen der Deutschen Nationalbibliothek,
abrufbar unter http://dnb.ddb.de

Buchgestaltung und Satz: impulsar-werkstatt.de
Umschlagbild © picture alliance/Stefano Spaziani

Marcantonio Colonna, Der Diktatorpapst
280 Seiten, Bad Schmiedeberg 2018

2. überarbeitete und erweiterte Auflage 2018

Originaltitel: The Dictator Pope

www.renovamen-verlag.de

Aus dem Englischen übersetzt von
Benjamin Janszen und Philipp Liehs

ISBN 978-3-95621-134-8

Inhaltsverzeichnis

Vorwort
S. 7

Kapitel I
Die St. Gallen-Mafia
S. 9

Kapitel II
Der Kardinal aus Argentinien
S. 31

Kapitel III
Reform? Welche Reform?
S. 65

Kapitel IV
Einen neuen (krummen) Weg einschlagen
S. 120

Kapitel V
Gnade! Gnade!
S. 167

Kapitel VI
Der Kreml Santa Marta
S. 207

Anhang I
Pater Jorge Bergoglio und die Verhaftung der Patres Yorio und Jalics
S. 241

Anhang II
Kardinal Bergoglio von Buenos Aires – Weitere unbeantwortete Fragen
S. 249

Anmerkungen
S. 259

Vorwort

Wenn Sie mit den Katholiken von Buenos Aires sprechen, dann wird man Ihnen von dem wunderbaren Wandel erzählen, den Jorge Mario Bergoglio durchgemacht habe. Ihr verdrießlich dreinblickender Erzbischof sei über Nacht zum lächelnden, fröhlichen Papst Franziskus geworden, einem Idol des Volkes, mit dem er sich vollen Herzens identifiziert. Sollten Sie sich dagegen mit irgendjemandem im Vatikan unterhalten, dann werden Sie vom umgekehrten Wunder hören. Sobald die Kameras der Öffentlichkeit nicht mehr auf ihn gerichtet sind, verwandle sich Papst Franziskus in eine ganz andere Gestalt: arrogant, den Menschen gegenüber geringschätzig, verschwenderisch mit Schimpfwörtern und berüchtigt für seine wüsten Wutausbrüche, von denen jeder zu kosten bekommt, vom Kardinal bis hin zum Chauffeur.

Wie Papst Franziskus selbst am Abend seiner Wahl erklärte, schienen die Kardinäle des Konklaves im März 2013 beschlossen zu haben, bis zu »den Enden der Erde« zu gehen, um ihren Papst aufzustöbern. Heute dämmert es allerdings, dass sie sich nicht die Mühe gemacht hatten, ihre Auswahl zu prüfen. Anfänglich schien er noch wie ein frischer Wind in der Kirche zu sein, seine Ablehnung der Konvention wurde als Zeichen eines Mannes gedeutet, der mutig radikale Reformen in der Kirche umsetzen wolle. Im fünften Jahr seines Pontifikats wird immer deutlicher, dass keine Reformen geliefert werden. Stattdessen findet eine Revolution des persönlichen Stils statt, eine Revolution, die für das, was die Katholiken als das »heiligste« Amt auf Erden ansehen, nicht die glücklichste ist. Konservative Katholiken sind besorgt über die Veränderungen der Morallehre, die Franziskus einzuführen scheint, Liberale sind unzufrieden, weil die Veränderungen vage formuliert werden und für sie nicht weit genug gehen. Über derartige Befürchtungen hinaus gibt es aber auch Missstände, die alle Katholiken, die sich um die Integrität der Kirche und des Papsttums sorgen, in Aufruhr versetzen sollten. Nach fünf Jahren seines Pontifikats hat Franziskus gezeigt, dass er nicht der demokratische, liberale Regierungschef ist, den die Kardinäle im Jahre 2013 dachten gewählt zu haben, sondern ein päpstlicher Tyrann, wie man ihn seit vielen Jahrhunderten nicht mehr gesehen hatte. So schockierend diese Vorwürfe auch sein mögen, sie werden durch unwiderlegbare Beweise untermauert. Dieses Buch versucht, die gescheiterten Reformen nachzuvollziehen, die die Hoffnungen versiegen lassen, die in Franziskus gesetzt wurden und beschreibt detailliert das Regime der Angst im Vatikan, das dort mit dem argentinischen Papst Einzug gehalten hat.

Kapitel I Die St. Gallen-Mafia

Danneels enthüllt alles in einem Fernsehinterview

Nach fünf Jahren Papst Franziskus kommt einem öfter und in aller Öffentlichkeit zu Ohren, dass die seltsame Situation im Vatikan heute einem billigen Reißer von Dan Brown in nichts nachsteht, inklusive Verschwörungen hochrangiger Kirchenmänner, Sex- und Finanzskandalen und zweifelhaften internationalen Bankinteressen. Während viele hoffnungsvoll auf Papst Franziskus' Lockerung der traditionellen Kirchenlehre und -praxis blicken, wurde überraschenderweise dem Kommentar eines der hochrangigsten und mächtigsten Prälaten der westlichen Welt nur wenig Aufmerksamkeit gewidmet, dass nämlich der Papst von einer liberalen »Mafia« gewählt wurde, einer Gruppe von progressiven Bischöfen und Kardinälen, die seit Jahren daran gearbeitete hatten, genau dies zustande zu bringen.

Es handelt sich bei dieser Ausdrucksweise nicht einfach um eine Anschuldigung aus dem konservativen Lager der Kirche; diese Bezeichnung [Mafia] wurde zu allererst in einem Fernsehinterview[1] im September 2015 von Godfried Kard. Danneels benutzt, einem emeritierten Kardinal, der dennoch als ehemaliger Erzbischof von Mecheln-Brüssel großen Einfluss genießt. Danneels erklärte, dass er seit Jahren Teil einer Gruppe sei, die sich Benedikt XVI. während seines ganzen Pontifikats widersetzt habe. Diese Gruppe habe – so sagte er – daran gearbeitet, eine »viel modernere« katholische Kirche zu formen und die Wahl des Erzbischofs von Buenos Aires, Jorge Mario Bergoglio, zum Papst zu erreichen. Eine gründliche Untersuchung der Hintergründe dieser außergewöhnlichen Kommentare kann einen Einblick in die Natur der derzeitigen Kirchenpolitik bieten, speziell in die der liberalen europäischen Bischofskreise.

Die St. Gallen-Mafia? Was ist das, wann und von wem wurde sie gegründet?

»Die Gruppe St. Gallen ist eine Art vornehmer Ausdruck« sagte Danneels, der dafür anerkennendes Gelächter des Live-Publikums erntete. »Aber in Wirklichkeit nennen wir uns und die Gruppe die ›Mafia‹.«, so der Kardinal in einer belgischen Fernsehsendung. In dem kurzen Video, das mit Danneels' »Bemerkungen« ins Internet hochgeladen wurde, fasste ein Voice-Over das Wesen der Gruppe zusammen, die sich »jedes Jahr seit 1996« im Schweizer Kanton St. Gallen getroffen hatte, ursprünglich auf Einladung des Ortsbischofs Ivo Fürer und des berühmten italienischen Jesuiten und Akademikers, dem Erzbischof von Mailand, Carlo Maria Kardinal Martini hin. Es hieß:

»Zusammen haben sie einen geheimen ›Widerstand‹ gegen Kardinal Ratzinger organisiert, der zur damaligen Zeit [als Präfekt der Kongregation für die Glaubenslehre] die rechte Hand von Papst Johannes Paul II. war.«

»Als Papst Johannes Paul II. 2005 starb, versuchten wir, den jetzigen Papst [Franziskus] in den Vordergrund zu rücken.« Der erste Versuch, Jorge Mario Bergoglio auf den Thron zu hieven, scheiterte. Als er mit der Wahl Ratzingers zum Papst Benedikt XVI. konfrontiert wurde, »konnte Danneels seine Enttäuschung kaum verbergen«, erklärte der Sprecher.

Danneels hatte das Interview als Werbung für seine offizielle Biographie gegeben und erklärte weiter, dass die Gruppe St. Gallen »zu viele« Bischöfe und Kardinäle als Mitglieder habe, »um sie alle aufzuzählen.« Aber sie alle teilten dasselbe allgemeine Ziel: die Umsetzung der »liberalen / progressiven« Agenda, die Opposition gegen Papst Benedikt XVI. und gegen die Richtung eines gemäßigt-dogmatischen Konservatismus. Obwohl später verneint wurde, dass die Gruppe geheim war, erklärte Danneels: »Es gab keine Berichterstattung darüber, sodass jeder seinem Frust freien Lauf lassen konnte. Die Dinge wurden sehr freimütig besprochen.«

Das Fernsehprogramm interviewte Danneels' Biographen Jürgen Mettepenningen, der erklärte, dass man seit 2013 mit dem Rücktritt von Benedikt »sagen kann, dass Kardinal Danneels, durch seine Zugehörigkeit zu dieser Gruppe, einer der Pioniere der Wahl von Papst Franziskus war.«

Die Autoren von Danneels Biographie zählten als Sorgen der Gruppe die »Situation der Kirche«, den »Primat des Papstes«, »Kollegialität« und die »Nachfolge von Johannes Paul II.« auf. Der englische Vatikanist Edward Pentin schreibt, dass sie »auch den Zentralismus in der Kirche diskutierten, die Funktion der Bischofskonferenzen, die Entwicklung des Priestertums, die Sexualmoral [und] die Ernennung von Bischöfen.« Ein Schema, welches dem ähnelt, das während der zwei Bischofssynoden über die Familie, die 2014 und 2015 von Papst Franziskus einberufen wurden, ans Licht der Öffentlichkeit kam.

Die vom Kardinal autorisierte Biographie wurde von Mettepenningen und Karim Schelkens gemeinsam verfasst. Als einer der mächtigsten katholischen Prälaten Europas und eine der führenden Stimmen im dominierenden liberalen Lager des europäischen Episkopats war die Biographie Danneels' von größtem öffentlichen Interesse. Damit man nicht denken möge, dass der Kardinal scherzte, wurde die Existenz der St. Gallen-»Mafia« auch von Schelkens in einem Interview mit dem örtlichen Radiosender St. Gallens bestätigt.[2]

Pentin fasste in einem Artikel für den *National Catholic Register*[3] zusammen: »Die Persönlichkeiten und theologischen Ideen der Mitglieder waren durchaus unterschiedlich, aber ein Element verband sie: ihre Abneigung gegen den damaligen Präfekten der Kongregation für die Glaubenslehre, Joseph Kardinal Ratzinger.«

Pentin schrieb: »Die Gruppe wollte eine drastische Reform der Kirche, die viel moderner und im Einklang mit dem Zeitgeist sein sollte, mit Jorge Bergoglio, Papst Franziskus, an ihrer Spitze. Sie haben bekommen, was sie wollten.« Pentin fügt in einem späteren Artikel hinzu, dass die Gruppe St. Gallen zwar 2006 offiziell aufgehört hatte zu existieren, es aber keinen Zweifel darüber geben kann, dass ihr Einfluss bis ins Jahr 2013 reicht. »Sicher ist, dass die Gruppe dabei geholfen hat, ein Netzwerk zu bilden, das den favorisierten Kardinal Bergoglio sieben Jahre später im Konklave zum Papst wählen sollte.«

Im Jahre 2015[4] bestätigte der deutsche Autor und Vatikanexperte Paul Badde, dass er »verlässliche Informationen«[5] darüber habe, wie drei Tage nach dem Begräbnis von Johannes Paul II. die Kardinäle Martini, Lehmann und Kasper aus Deutschland, Bačkis aus Litauen, van Luyn aus Holland, Danneels aus Brüssel und Murphy-O'Connor aus London »sich in der sogenannten Villa Nazareth in Rom trafen, dem Haus Kardinal Silvestrinis, der das Alter eines Stimmberechtigten überschritten hatte, um dort im Geheimen die Taktik zu besprechen, wie man die Wahl Joseph Ratzingers abwenden könne.«

Nach den Enthüllungen von Danneels erschien ein etwas konfuser Brief[6] der Diözese St. Gallen, der die Behauptung, die Gruppe habe den Rücktritt von Papst Benedikt beeinflusst, zum Teil zurücknahm. Der Brief bestätigte, dass die Wahl Jorge Bergoglios zum Papst Franziskus im Jahre 2013 »den in St. Gallen entworfenen Zielen entsprach«, wobei er sich auf die Biographie von Kardinal Danneels als Quelle berief. »Das wurde auch von Bischof Ivo Fürer bestätigt«, so der Brief weiter, der erklärte, dass »seine Freude über die Wahl des Argentiniers niemals verhehlt wurde.«

In Danneels Biographie kann man lesen, dass die Gruppe sich schon lange vor 1996 formiert hatte. 1982 nahm Danneels zum ersten Mal an Treffen des »Rates der europäischen Bischofskonferenzen« (CCEE) teil, wo er Martini und Ivo Fürer, der als »eifriger und diskreter Sekretär der CCEE« beschrieben wurde, begegnete. Martini nahm die Zügel der CCEE 1987 in die Hand. Seine Führung ging entschieden in eine liberale Richtung, aber 1993 hatte der Papst entschieden, dass der Sekretär der Gruppe ein von Rom ernannter Bischof sein musste, dass kuriale Prälaten an den Treffen teilnehmen sollten und schließlich, dass der Schauplatz nach Rom zu verlegen sei.

1993 übergab der Papst nun die CCEE-Präsidentschaft Miroslav Vlk, dem Erzbischof von Prag. Es könnte sein, dass diese Entscheidung durch den Berliner Mauerfall und das Zusammenbrechen der Sowjetunion bedingt war und die Miteinbeziehung osteuropäischer Bischöfe zum Desiderat wurde. Vlk war weit davon entfernt, Interesse an dem Typus von Reformen zu zeigen, die Martini und Hume am Herzen lagen.

Diese Veränderungen behinderten die CCEE, als ein Vehikel für den liberalen Druck in der Kirche zu fungieren, und seit dieser Zeit hatte sich Danneels von ihr entfernt. 1996 begann die St. Gruppe Gallen, sich wieder zu treffen – auf Einladung Ivo Fürers, der 1995 zum Bischof von St. Gallen ernannt worden war – drei Jahre nach diesem Leitungswechsel.

Später nahmen die beiden Biographen Danneels' ihre Beschreibung der Gruppe St. Gallen als »liberale Lobby« teilweise zurück. Aber es herrschte die gleiche Unklarheit wie in dem Brief der Diözese St. Gallen, den sie in ihren Erklärungen zitierten. Pentin schrieb[7] am 26. September 2015, dass die Biographen die Aussage des offiziellen Briefs der Diözese wiederholten, indem sie sagten: »Die Wahl von Bergoglio entsprach den Zielen von St. Gallen. Darüber gibt es keinen Zweifel. Und das Programm entsprach den Plänen Danneels' und dem seiner Mitbrüder, die seit zehn Jahren diskutiert worden waren.« Ihnen zufolge habe das Scheitern Bergoglios bei der Papstwahl 2005 die Auflösung der Gruppe zur Folge gehabt. Pentin zeigt auf, dass einige der St. Galler Mitglieder oder ihre engsten Mitarbeiter später vom englischen Papstbiographen Austen Ivereigh als Teil des »Teams Bergoglio« tituliert wurden, der Gruppe von Kardinälen, die im Konklave von 2013 schließlich den St. Galler Plan verwirklichten.

Who is Who? Führende Mitglieder und ihr Hintergrund

Vor allem die Prälaten in der Gruppe waren damit beschäftigt, Ratzingers Wahl im Konklave 2005 zu verhindern. Aber ganz allgemein ist es nicht schwer, aus der Untersuchung ihrer Karrieren heraus zu schließen, in welche Richtung die Mitglieder der St. Gallen-»Mafia« in wesentlichen Fragen die Kirche zu steuern hofften. Der Gedanke war simpel: die mächtigen Gesinnungsgenossen unter den Prälaten zusammenzuschließen, um ein Netzwerk von Kontakten für einen – um es mit einem politischen Ausdruck zu sagen – »Regimewechsel« zu knüpfen.

Das Programm, das sie vorantrieben, verbarg sich vor allem hinter den Schlagwörtern »Dezentralisierung«, »Kollegialität« und einer »pastoraleren« Kirche. Mit dem letzten Begriff war gemeint, man solle sich von der klassischen Morallehre der Kirche entfernen, die Papst Johannes Paul II. charakterisiert hatte, und sich in eine Richtung bewegen, die derjenigen ähnelte, die später die Bischofssynode über die Familie einschlagen würde.[8] Die Schlagwörter der Dezentralisierung und der Kollegialität waren eine implizierte Kritik an Johannes Paul II., und an seiner Art, die Kirche zu regieren. Johannes Paul II. kam nach dem fünfzehnjährigen Pontifikat von Paul VI. auf den Stuhl Petri, zu dessen Zeit die radikalen Einschnitte des Zweiten Vatikanischen Konzils umgesetzt worden waren. Ob die liberale Interpretation des Konzils von Paul IV. die richtige war, ist heutzutage ein kontroverses Thema (es wurde durch die »Hermeneutik der Kontinuität« von Benedikt XVI. in Frage gestellt); was aber außer Frage steht ist, dass die Auswirkungen der Regierung Paul VI. in einigen Bereichen unglücklich waren. Fast 50 000 Priester haben in diesen Jahren das Priestertum aufgegeben. Ganz allgemein erlitten Berufungen zum Ordensleben bei Frauen und Männern einen Einbruch gleicher Größenordnung und es gab eine weit verbreitete Ablehnung der Kirchenlehre – nicht zuletzt von Pauls VI. eigener Enzyklika *Humanae vitae.*

Durch seine Bischofsernennungen wurde das Phänomen noch verstärkt. In den Vereinigten Staaten zum Beispiel wurde die ganze Hierarchie durch die Ernennungen von Nuntius Erzbischof Jadot umgewandelt, dem es in nur sieben kurzen Jahren (1973 – 1980) gelang, 103 Bischöfe zu berufen und 15 Erzbischöfe zu befördern. Unter den Letzteren befanden sich besonders skandalöse Persönlichkeiten wie der Erzbischof Hunthausen von Seattle, dessen Misswirtschaft den Vatikan später dazu brachte, einen Koadjutor einzusetzen; und vor allem Erzbischof Weakland in Milwaukee, der endlich von seinem Posten zurücktrat, nachdem er seinem Liebhaber, der ihm mit einer Klage drohte, 450.000 Dollar aus Diözesangeldern ausgezahlt hatte. Solche Auswirkungen einer »liberalen« Hirtenwahl wurden über kurz oder lang in vielen Bereichen der weltweiten Kirche spürbar.

Johannes Paul II. bestieg den Stuhl Petri mit der Entschlossenheit, den Verfall aufzuhalten, und er war auf ganzer Linie erfolgreich, aber er hinterließ große Unzufriedenheit bei denen, die sich mit der Schule Pauls VI. identifizierten. Da sich Johannes Paul II. oft nicht auf die Hierarchie, die er geerbt hatte, verlassen konnte, folgte er einer strengen Linie päpstlicher Kontrolle. Auf seinem Weg, die orthodoxe katholische Lehre und das katholische Ordensleben wiederherzustellen, standen ihm allerdings nur wenige Optionen offen. Zweifellos zog er die Zügel der Kirchendisziplin an, aber ob er wirklich ein »Zentralisierer« genannt werden kann, der einer Partei entgegenstand, die einen »kollegialen« Geist in der Kirche anstrebte, ist fraglich. Johannes Pauls II. Zentralismus, gegen den sich die Prälaten der St. Gallen-Gruppe nach eigenen Angaben auflehnten, war eine Antwort auf einen Zustand des Chaos, der durch eben diesen Zentralismus Eingang gefunden hatte. Es wäre naiv, die Schlagwörter der Dezentralisierung und Kollegialität nicht zu durschauen, die Deckmäntel eines breiteren liberalen Programms sind, das noch beschrieben werden muss.

Wer die katholische Szene in den letzten dreißig Jahren beobachtet hat, dürfte die Namen der führenden Mitglieder der St. Gallen-Gruppe zuordnen können. Unter denjenigen, die von Pentin aufgezählt werden, sind Danneels sowie der Bibelfachmann und papabile, der Erzbischof von Mailand, Carlo Maria Kardinal Martini und der deutsche Theologe Walter Kardinal Kasper die berühmtesten.

Martini

Der klangvollste Name der Gruppe St. Gallen und deren unbestrittene Führungsgestalt war Carlo Maria Kardinal Martini, viele Jahre lang unter Johannes Paul II. und Benedikt XVI. die führende Persönlichkeit der kirchlichen liberalen Fraktion. Die Einsicht in Martinis Interviews und Schriften gibt einen Hinweis auf Bergoglios Enthusiasmus für seinen erklärten Mentor: Viele der Lieblingswörter und Phrasen des Kardinals werden von Papst Franziskus in Schrift und freien Ansprachen gerne wiederholt.

2008 beschrieb Sandro Magister[9] Kardinal Martini als gewohnheitsmäßig »undurchschaubar und subtil«, fügte aber hinzu, dass es Zeiten gab, in denen er sich aus seinem Versteck wagte. »Wenn es zum Beispiel um den priesterlichen Zölibat geht, spricht er mal so und mal so. Das gleiche beim Thema Frauenpriestertum. Und Homosexualität. Und Verhütung. Und wenn er die Kirchenhierarchie kritisiert, dann nennt er normalerweise keine Namen von Persönlichkeiten oder Institutionen.«

Aber im gleichen Jahr gab Martini ein Interview in Buch-Länge[10], in dem er öffentlich die Lehren Pauls VI. über Verhütung in *Humanae vitae* in Frage stellte. Das umstrittene Verbot der künstlichen Verhütung in der Enzyklika hat »ernsten Schaden« verursacht, erklärte der Kardinal und beschuldigte sie, Ursache für den Glaubensabfall vieler Katholiken seit 1968 zu sein.

Der Kardinal lobte die Reaktionen auf die Enzyklika vonseiten der österreichischen und deutschen Bischöfe und weiterer Bischofskonferenzen, die »einem Weg folgten, den wir auch heute weiter beschreiten können.« Diese neue »Kultur der Zärtlichkeit« ist eine »Haltung gegenüber der Sexualität, die freier von Voreingenommenheit ist.«

Johannes Paul II. dagegen »folge dem Weg der rigorosen Anwendung« von *Humanae vitae.* »Er wollte in diesem Punkt keine Zweifel aufkommen lassen. Es scheint, dass er sogar eine Erklärung in Betracht zog, die das Privileg der päpstlichen Unfehlbarkeit genießen würde.«

»Ich bin der festen Überzeugung, dass die Kirche einen besseren Weg aufzeigen kann, als sie es mit *Humanae vitae* getan hat. Sich seine Fehler und die Begrenztheit früherer Sichtweisen einzugestehen, ist ein Zeichen von Seelengroßmut und Zuversicht. Die Kirche würde damit Glaubwürdigkeit und Kompetenz wiedererlangen.«[11]

Martini, der 2012 starb, nur wenige Monate bevor Papst Benedikt seinen Rücktritt erklärte, war ein italienischer Jesuit und bekannter Bibelwissenschaftler. Er diente als Erzbischof von Mailand während der produktivsten Jahre von Johannes Paul II. zwischen 1980 und 2002. Als einer der einflussreichsten Gestalten der katholischen Kirche Italiens und als Leiter der Erzdiözese Mailand – traditionell der stärkste »papabile« Bischofssitz – war Martini lange Zeit der favorisierte liberale Kandidat für die Wahl zum Papst. Er fiel als Kandidat aus, nachdem bei ihm eine seltene Form von Parkinson diagnostiziert wurde. 2002 trat er von seinem Amt zurück, blieb aber einer der einflussreichsten Persönlichkeiten der Kirchenlinken in Europa.

Nur Stunden nach seinem Tod im August 2012 veröffentlichte der *Corriere della Sera*[12] ein letztes Interview. Fast mit seinem letzten Atemzug hielt Martini daran fest, dass die Kirche eine »seit 200 Jahren veraltete« Institution sei. Der Kardinal sagte: »Die Kirche muss ihre Fehler eingestehen und einen radikalen Weg des Wandels einschlagen, der beim Papst anfängt und bis zu den Bischöfen reicht.« Das gelte besonders bei der Sexuallehre, die er implizit als Ursache für die Missbrauchsskandale bei Klerikern ansah. In diesem Interview zeigte Martini die Strategie auf, die von den Liberalen in den beiden Familiensynoden 2014 und 2015 verfolgt wurde und die später in einer eher mehrdeutigen Form in Papst Franziskus' Exhortation *Amoris laetitia* Eingang fand: Er drängte auf eine mehr personale und weniger lehrmäßige Annäherung an die Sexualmoral, und besonders hinsichtlich der Fälle von geschiedenen und wiederverheirateten Paaren, die er als »besonders schutzbedürftig« deklarierte. Außerdem äußerte er sich abweichend von der traditionellen kirchlichen Lehre über Homosexualität.

Kasper

Während Martini vornehmlich in Italien bekannt war, genießt der Deutsche Walter Kardinal Kasper auch in Nordamerika größere Bekanntheit, wo er wiederholt Vorlesungen und Interviews gegeben hat. Kaspers Bücher wurden ins Englische übersetzt und werden seit Jahrzehnten in den Vereinigten Staaten veröffentlicht; seit 1983 war er Gastprofessor in der Catholic University of America. Weil er die größte Kontroverse des Pontifikates von Papst Franziskus losgetreten hat, wird sein Name vermutlich über seinen Tod hinaus Bestand haben.

Papst Franziskus lud Kasper ein, den Leitvortrag für das Konsistorium 2014 zu halten. Er entfesselte damit eine Reihe von Ereignissen und einen Sturm der Debatte, der seitdem nur noch gewachsen ist. Es war dieser Vortrag im Konsistorium, in dem er den »Kasper-Vorschlag« vortrug, dass geschiedene und zivil wiederverheiratete Katholiken nach einem »Prozess der Buße« Absolution in der Beichte und die heilige Kommunion empfangen könnten, ohne das notwendige Versprechen, sich der ehelichen Vereinigung zu enthalten. Aber dieser Höhepunkt in Kaspers Karriere folgt einer jahrzehntelangen Betätigung auf jedem nur erdenklichen Schauplatz für das, was man wohl als die Martini-Agenda bezeichnen kann.

Kasper hat sich durchgängig und öffentlich gegen die Kirchenausrichtung von Wojtyla / Ratzinger gewandt, selbst während seiner Zeit als Kurienmitarbeiter. Für den Großteil der Regierungszeit Johannes Paul II. und früher als Student und Assistent des radikalen Theologen P. Hans Küng an der Universität Tübingen war Kaspers Name ein Synonym für das progressive Lager Deutschlands und der Kurie. Druck für die Akzeptanz seines Vorschlags für geschiedene und wiederverheiratete Katholiken zu erzeugen, wurde zum Kern von Kaspers öffentlichem Wirken in den letzten Jahren. Aber erst mit der Wahl Jorge Bergoglios zum Papst schien dieses Ziel in greifbare Nähe gerückt zu sein.

In seiner allerersten Ansprache beim sonntäglichen Angelus[13] am 17. März 2013 gab der neue Papst das wohl offensichtlichste Signal für die Richtung, die er einschlagen wollte. Franziskus sprach über Kaspers neuestes Buch: *Barmherzigkeit: Grundbegriff des Evangeliums – Schlüssel christlichen Lebens* und gestand: »In diesen Tagen hatte ich die Gelegenheit, das Buch eines Kardinals – Kardinal Kaspers, eines Theologen, der sehr tüchtig ist, eines guten Theologen – über die Barmherzigkeit zu lesen. Und jenes Buch hat mir sehr gut getan, doch glaubt jetzt nicht, dass ich Werbung für die Bücher meiner Kardinäle mache! Dem ist nicht so! Doch es hat mir so gut, so gut getan. [...] Kardinal Kasper sagte, dass Barmherzigkeit zu spüren, dass dieses Wort alles ändere.«

Bei einem Vortrag[14] in der Fordham University (New York) erzählte Kasper die Geschichte eines »alten Kardinals«, der nach der Ansprache den Papst versucht hatte zu warnen, »dass es in diesem Buch Häresien gebe«. Der neue Papst, so Kasper, erzählte diese Begebenheit wiederum Kasper selbst und lächelte, während er versicherte: »Das geht mir zum einen Ohr rein und zum wieder anderen raus«.

In einem Interview mit *Commonweal* skizzierte Kasper seine Position damit, dass sie gegen eine »rigoristische« Haltung der Moraltheologie der Vergangenheit gerichtet sei. Er schreckte nicht davor zurück, den nächsten logischen Schritt zu gehen und zuzugeben, dass ein geschiedener und wiederverheirateter Katholik moralisch dazu verpflichtet sei, seine neue Beziehung nicht abzubrechen. Buße im klassisch katholischen Sinn sei manchmal unmöglich und möglicherweise sogar sündhaft. Menschen »müssen das Beste aus der gegebenen Situation machen« und wenn es Kinder aus der zweiten Ehe gebe, dann würde das Paar, das der traditionellen katholischen Forderung folgend die Ehe auflösen würde, aktive Schuld auf sich nehmen.

Mit der sich abzeichnenden Familiensynode wurde Kasper sogar noch unverblümter[15], nämlich bei einer Buchvorstellung in Rom[16], als er einen klassischen Slogan der LGBT-Lobby übernahm. Dort erklärte er, dass Homosexualität nicht mit »Fundamentalismus« begegnet werden sollte:

»Für mich ist diese Neigung ein Fragezeichen: Sie spiegelt nicht den ursprünglichen Plan Gottes wider, aber trotzdem ist es eine Realität, dass man schwul geboren wird.«

Danneels

Sicherlich kann Godfried Danneels auch zu diesen hochrangigen Kirchenmännern gezählt werden, da er seit mehr als 30 Jahren nicht nur das Haupt der einflussreichen und wohlhabenden Erzdiözese Brüssel war, sondern auch eines Netzwerks von Kontakten aus Politik, Gesellschaft und Justiz, was ihm immense politische Macht verschaffte. In seiner langen Amtszeit hat sich Danneels niemals die Mühe gemacht, seine Meinung zu verbergen, wenn es um die »heißen« Themen der Kirche ging, vor allem hinsichtlich der Sexualmoral, Abtreibung, Verhütung, Homosexualität und homosexueller Ehe.

Danneels war in ganz Europa aufgrund seiner politischen Schlagkraft bekannt, mit der er in Belgien auf die Liberalisierung der Gesetze bezüglich der Sexualität und Ehe drängte. Im Jahr 1990 riet er König Baudouin von Belgien, ein Gesetz zur Legalisierung von Abtreibung zu unterzeichnen und später weigerte er sich, Material zur Sexualerziehung aus den katholischen Schulen in Belgien zurückzurufen, obwohl dieses Material von den Eltern als pornographisch verurteilt worden war. Es ist dokumentiert, dass er die belgische Legalisierung gleichgeschlechtlicher Ehen als »positive Entwicklung« bewertete.[17]

Im Mai 2003 gratulierte er dem Premierminister Guy Verhofstadt, der sich auf seine zweite Regierungsperiode vorbereitete, in einem Schreiben zur »Anerkennung des Rechtsstatus von stabilen Partnerschaften zwischen Partnern des gleichen Geschlechts« unter seiner Regierung.

Ein paar Monate nach seiner Emeritierung im April 2010 wurde Danneels durch die Anklage in einen besonders großen Skandal verwickelt, einen von ihm protegierten Bischof gedeckt zu haben, der zugab, seinen eigenen minderjährigen Neffen sexuell missbraucht zu haben. Im Jahr 2010[18] wurde durch die Veröffentlichung einer Audioaufnahme enthüllt, dass Danneels dem Opfer geraten hatte, ruhig zu bleiben und dem bald aus dem Amt scheidenden Bischof Roger Vangheluwe von Brügge keine Schwierigkeiten zu bereiten, und sogar empfahl, das Opfer solle »um Vergebung bitten«. Bevor die Aufnahmen veröffentlicht wurden, hatte Danneels jegliches Wissen über sexuellen Missbrauch durch Geistliche oder Vertuschungen geleugnet. Aber der Whistleblower-Priester Rik Devillé behauptete später, er habe Mitte der 1990er Jahre[19] Danneels vor Vangheluwe gewarnt. Da die gesetzlichen Verjährungsfristen abgelaufen waren, wurde Vangheluwe nie für seine Verbrechen angeklagt, obwohl er sich sogar öffentlich bei den Opfern entschuldigte.

Daraufhin veranlasste eine Welle von Klagen in Hunderten von Fällen sexuellen Missbrauchs durch Geistliche über einen Zeitraum von zwanzig Jahren ein Eingreifen der Polizei, die Danneels' Haus und die Diözesanbüros durchsuchte. Computer und Dateien wurden beschlagnahmt, einschließlich der gesamten von der Diözesankommission zu den Missbrauchsvorwürfen gesammelten Dokumentation[20]. Der Kardinal wurde später von Staatsanwälten zehn Stunden lang befragt, aber es wurde keine Anklage erhoben.

Aus unklaren Gründen wurde das beschlagnahmte Beweismaterial für unzulässig erklärt, die Unterlagen an die Erzdiözese zurückgegeben und die Ermittlungen wurden abrupt eingestellt. Und das, obwohl Einzelpersonen mit fast fünfhundert Einzelklagen aufgetreten waren, darunter viele, die Danneels vorwarfen, seine Macht und Verbindungen genutzt zu haben, um klerikale Sexualstraftäter zu schützen.

Peter Adriaenssens, Vorsitzender der Kommission gegen sexuellen Missbrauch, die von Danneels Nachfolger Erzbischof André-Joseph Leonard eingesetzt wurde, beschwerte sich bei den Staatsanwälten über die Razzien, weil das Team dadurch alle 475 Dossiers verloren habe, die aufgrund der Missbrauchsbeschuldigungen gesammelt worden waren. Die Kommission wurde aufgelöst und es wurden keine weiteren Ermittlungen durchgeführt, obwohl Adriaenssens aufdeckte, dass ungefähr 50 Dossiers Danneels belasteten.

Im Dezember desselben Jahres erklärte Danneels vor einem parlamentarischen Ausschuss für sexuellen Missbrauch, dass es niemals eine Politik der Deckung von Missbrauchstätern beim Klerus gegeben habe. Die Erzdiözese Mechelen-Brüssel erließ später eine öffentliche Entschuldigung für das »Schweigen« in Verbindung mit den Sexualstraftaten an Minderjährigen.

Der Ruhestand entpuppte sich als Enttäuschung für Danneels, der seinen Nachfolger, einen bekannten Ratzinger-Konservativen, als »völlig ungeeignet für Brüssel« bezeichnete. Mit der Wahl von Joseph Ratzinger zum Papst Benedikt XVI. im Jahr 2005 schien Danneels' Stern hoffnungslos gesunken zu sein.

Aber das Konklave 2013 brachte ihn an die Spitze der kirchlichen Politik zurück, und der neue Papst hatte ihn eingeladen, ihn auf der St.-Peters-Loggia bei seinem ersten Auftritt vor den Massen zu begleiten. Er erhielt das Privileg, die offiziellen Gebete bei der Einweihungsmesse von Franziskus zu intonieren. Später wurde der Kardinal, den viele als »in Ungnade gefallen« betrachteten, von Papst Franziskus aufgrund besonderer päpstlicher Gunst eingeladen, an beiden Synoden über die Familie teilzunehmen, wo er eine prominente Rolle spielen würde. Danneels selbst beschrieb sein letztes Konklave als »eine persönliche Auferstehungserfahrung«.

Das »Team Bergoglio« vollendet das Werk von St. Gallen

Trotz der strengen Geheimhaltung wurde nach dem Konklave von 2005 enthüllt, dass der obskure Jesuiten-Erzbischof von Buenos Aires, Jorge Mario Bergoglio, Zweitplatzierter gewesen war.[21] Die St. Gallen-Gruppe hatte sich fast wieder vollständig zusammengefunden und arbeitete hart für ihren Kandidaten. Ihre Unterstützung war entscheidend. Während des vorletzten Wahlgangs hatte Bergoglio 40 Stimmen, Ratzinger hingegen 72. Paul Badde erklärte, dass es Kardinal Meisner aus Köln gewesen sei, der die St. Gallen-Gruppe »leidenschaftlich bekämpfte« und für Ratzinger warb, und besonders Kardinal Danneels »aufs Korn« genommen habe. Im Tagebuch eines anonymen Kardinals steht, dass die Gruppe ihr Ziel beinahe erreicht hatte: »Der argentinische Jesuit ist einen Schritt von der Stimmzahl-Schwelle von 39 Stimmen entfernt, was theoretisch einer organisierten Minderheit hätte erlauben können, die Wahl eines anderen Kandidaten zu blockieren.« Der Rest ist Geschichte und die St. Gallen-Gruppe zog sich nach 2005 zurück.

Aber Benedikts Pontifikat war besonders in den letzten Jahren turbulent, ganz gleich, ob die Gruppe an seinem überraschenden Rücktritt beteiligt war oder nicht. Jedenfalls ergriff sie ihre letzte Gelegenheit. Mit Martinis Tod und einem Großteil der Gruppe ganz knapp an der Altersgrenze, die ihnen eine Teilnahme am Konklave versagt hätte, wurde die Zeit knapp. Man wusste, dass dies die letzte realistische Chance war. Mit der Sedisvakanz, die einem Konklave vorausgeht und wenige Tage vor dem 80. Geburtstag von Walter Kasper offiziell begonnen hatte, fragten einige, ob es sich mit dem Zeitpunkt von Benedikts plötzlichem Rücktritt nur um einen Zufall handeln könne. Danneels' 80. Geburtstag sollte nur wenige Monate später folgen, und Lehmann hatte nur noch drei Jahre vor sich.

Wahlkampagnen bei einem Konklave sind von besonderer Bedeutung, denn nach den Revisionen von Papst Johannes Paul II. sind sie ausdrücklich verboten, verbunden mit der Strafe der automatischen Exkommunikation. Das päpstliche Gesetzesdokument von 1996 über das Konklave, *Universi Dominici gregis,* untersagt ausdrücklich jegliche Art derartiger Aktivitäten und sieht die schwere Strafe sowohl für diejenigen vor, die sich engagieren, als auch für denjenigen, der den Wahlwerbern zustimmt. Und ein exkommunizierter Papst ist kein Papst.

Universi Dominici gregis 81 erklärt: »Die wahlberechtigten Kardinäle müssen sich außerdem jeder Form von Verhandlungen, Verträgen, Versprechen oder sonstiger Verpflichtungen jeder Art enthalten, die sie binden können, einem oder einigen die Stimme zu geben oder zu verweigern.« Johannes Paul hatte erklärt, dass das Konklave ein religiöses, kein politisches Ereignis sein müsse, ein Ereignis, bei dem die Kardinäle sich auf Gebet und die Inspiration des Heiligen Geistes verlassen müssten und nicht auf weltlichen Parteigeist. Erst recht sollte es keine Kabale geben, die beabsichtigt, die beabsichtigt, das Konklave zu benutzen, um die Kirche aus dem Hintergrund zu lenken.

Trotz dieses reformistischen Ehrgeizes schrieb Ivereigh 2014 in seinem Buch über Bergoglio, *The Great Reformer*, über die offene Wahlkampagne, die 2013 von einer Gruppe von vier Kardinälen auf den Weg gebracht wurde. Es waren drei ehemalige St. Gallener: Walter Kardinal Kasper, Godfried Kardinal Danneels und Karl Kardinal Lehman. Unter ihnen war jedoch auch der Erbe des englischen Repräsentanten der Gruppe, Basil Kardinal Hume, Erzbischof von Westminster. Hume war 1999 gestorben, aber sein ideologischer und bischöflicher Nachfolger war Cormac Kardinal Murphy-O'Connor. Ivereigh schriebt, dass, obwohl schon über 80 Jahre, es Murphy-O'Connors Rolle während der allgemeinen Versammlungen und sozialen Engagements vor dem Konklave gewesen sei, die wahlberechtigten Kardinäle der englischsprachigen Hemisphäre für die Sache zu gewinnen.

Obwohl Kardinal Bergoglio selbst kein Mitglied der St. Gallen-Gruppe war, sagte Ivereigh, er habe Murphy-O'Connor dennoch verbal seine »Zustimmung« gegeben, Kandidat im »Team Bergoglio« zu sein, eine Aktion, die in einer strengen Auslegung von *Universi Dominici gregis* ebenfalls verboten ist. Obwohl alle vier Kardinäle, die genannt wurden, diese Behauptung bestritten – und Ivereigh versicherte, zukünftige Ausgaben des Buches dementsprechend anzupassen – widersprechen dem Dementi zumindest im Fall von Kardinal Murphy-O'Connor dessen eigenen vorherigen Behauptungen. Immerhin gab der Erzbischof von Westminster Ende 2013 in einem Interview mit dem *Catholic Harald* zu, nicht nur im Konklave Wahlkampf gemacht, sondern auch Bergoglios Zustimmung gewonnen zu haben, ihr Kandidat zu sein.

Der Artikel von Miguel Cullen vom 12. September 2013 in der Ausgabe des *Herald*[22] beschrieb: »Der Kardinal gab bekannt, dass er mit dem zukünftigen Papst gesprochen hatte, als sie die Missa pro eligendo Romano Pontifice verließen, die letzte Messe vor dem Konklave am 12. März.«

Murphy O'Connor sagte: »Wir haben kurz miteinander gesprochen. Ich sagte ihm, dass er meine Gebete habe und er antwortete auf Italienisch: ›Sei vorsichtig‹. Ich habe Andeutungen gemacht und er verstand: ›Si – capisco – ja, ich verstehe‹. Er war ruhig. Er war sich bewusst, dass er wahrscheinlich als Kandidat ins Konklave gehen würde. Wusste ich, dass er Papst werden würde? Nein. Es gab andere gute Kandidaten. Aber ich wusste, dass er einer der führenden Anwärter sein würde.« Die Ermahnung Bergoglios »vorsichtig« zu sein, scheint sicherlich anzudeuten, dass Murphy-O'Connor – und Bergoglio – wussten, dass sie die Regel zumindest großzügig auslegten.

Dasselbe wird im besagten Artikel des *Herald* bestätigt, in dem Murphy-O'Connor zitiert wird: »Alle Kardinäle hatten zwei Tage nach seiner Wahl ein Treffen mit ihm in der Benediktionsaula. Wir gingen alle einer nach dem anderen hinauf. Er begrüßte mich sehr herzlich. Er scherzte und sagte so etwas wie: ›Es ist deine Schuld. Was hast du mir angetan?‹«

In einem Interview mit dem *Independent* nach dem Konklave[23] deutete Murphy-O'Connor auch an, dass dem 76-jährigen Argentinier ein bestimmtes Programm vorgelegt wurde, das er in ungefähr vier Jahren umsetzten solle. Der englische Kardinal sagte dem Journalisten[24] und Autor Paul Vallely:

»Vier Jahre Bergoglio würden ausreichen, um die Dinge zu ändern.« Ein passender Kommentar nach der Wahl, aber dies war der gleiche Satz, den Andrea Tornielli in *La Stampa* in einem Artikel vom 2. März 2013 niederschrieb, elf Tage vor Bergoglios Wahl: »Vier Jahre Bergoglio würden genügen, um die Dinge zu ändern«, flüsterte ein Kardinal und langjähriger Freund des Erzbischofs von Buenos Aires.

Die Situation wurde kürzlich von Matthew Schmitz in *First Things*[25] zusammengefasst, der sagte: »Obwohl Benedikt noch lebt, versucht Franziskus, ihn zu begraben.«

Kapitel II Der Kardinal aus Argentinien

Die Verhältnisse in Buenos Aires

Als Kardinal Bergoglio 2013 zum Papst gewählt wurde, war er fünfzehn Jahre lang das Oberhaupt der katholischen Kirche in Argentinien gewesen und im ganzen Land eine bekannte Persönlichkeit. Den Kardinälen wäre es möglich gewesen, Informationen über seinen Ruf von der Basis einzuholen, aber Konklaven zur Wahl eines Papstes sind etwas ganz anderes als die Wahl des Vorstandsvorsitzenden einer multinationalen Firma, für die Kandidaten besondere Eignungen vorweisen müssen. Seit seiner Wahl hat Papst Franziskus die Welt überrascht – und das gilt sicherlich auch für die meisten Kardinäle, die für ihn votiert haben.

Das Ziel dieses Kapitels ist es, einen Überblick über Bergoglios frühere Karriere zu geben und damit die Lücken zu schließen, was die Kardinäle außer Acht gelassen haben. Die zu Rate gezogenen Quellen sind die umfassende Biographie von Austen Ivereigh, *The Great Reformer,* die eine rein äußerliche Beschreibung der Geschichte ist, und, nicht zufällig, die schmeichelhafteste. Im Vordergrund sollen hier aber vor allem die Berichte von Bergoglios Landsmännern stehen, Personen, die ihn über Jahre gut kannten und die die Lage der Kirche in Argentinien aus dem Inneren heraus detailliert beobachtet haben. Alle erzählen sie eine Geschichte, von der der Rest der Welt offensichtlich nichts weiß, die aber im Wesentlichen den Stil und die Politik von Franziskus erklärt, wie wir sie in den letzten fünf Jahren beobachten konnten.

Jorge Mario Bergoglio wurde am 17. Dezember 1936 in einem Vorort von Buenos Aires als Sohn eines um seine Existenz kämpfenden Buchhalters geboren. Die Sorgen in seiner Familie waren nicht nur wirtschaftlicher Art. Der heranwachsende Jorge konnte nicht bei seinen Eltern groß werden. Nach der Geburt des fünften Kindes wurde seine Mutter zeitweise invalide und musste das Aufziehen der Kinder einer Frau mit Namen Concepción überlassen. Jorge pries diese Ersatzmutter als gute Frau, obwohl er zugab, dass sie ihn schlecht behandelt hatte. Als sie später zu ihm kam, um ihn als Bischof von Buenos Aires um Hilfe zu bitten, schickte er sie, wie er es mit eigenen Worten ausdrückte, »sehr schnell und auf unhöfliche Weise« fort.[26] Dieser Vorfall scheint auf Charaktereigenschaften hinzuweisen, die ihre Wurzeln tief in der Vergangenheit haben, aber Hinweise auf Bergoglios rätselhafte Persönlichkeit geben.

Auf gesellschaftlicher Ebene waren die Zeiten schwer genug. Argentinien wurde von der weltweiten Rezession der 30er Jahre gebeutelt und erlebte einen vorher nie gekannten Wirtschaftsrückgang. In dem halben Jahrhundert vor dem Ersten Weltkrieg wurde das Land mit britischen Investments überschüttet, der Rest der Welt war begeistert von den Naturprodukten der Pampa und Argentinien wurde zum achtreichsten Land der Welt, das von einer Oligarchie von Schönwettermillionären dominiert wurde. Der letzte Aufstieg des Wohlstands ereignete sich im Zweiten Weltkrieg, als das belagerte Britannien händeringend argentinische Fleischprodukte brauchte. Mit dem Kriegsende aber kollabierte der Exportboom. Das war die Kulisse, vor der sich die Machtübernahme von Juan Perón ereignete, einem populistischen Diktator, der die politische Kultur Argentiniens seitdem dominierte.

Zwischen Jorge Bergoglios zehntem und neunzehntem Lebensjahr von 1946–1955 war Perón Präsident und der Blick des Jugendlichen, wie der seiner gesamten Generation, war überaus gefesselt von dieser einzigartigen Gestalt und der Bewegung, die Perón gründete. Dessen Geheimnis war, die Missstände in einer neureichen Gesellschaft auszunutzen, die plötzlich ihre »Bonanza« verloren hatte. Er stellte sich auf die Seite des kleinen Mannes – einer Klasse, zu der Bergoglios Familie zweifellos gehörte – gegen eine Plutokratie, die die Unterschicht lange Zeit ausgebeutet hatte. Perón nutzte eine nationalistische und ausländerfeindliche Rhetorik, in der Argentinien als Opfer dargestellt wurde, so, als ob das Land sich nicht selbst seit einer Generation an der Fremdnachfrage bereichert hätte. Peróns Frau Evita, eine ehemalige Schauspielerin mit Hang zum Luxus, aber tiefem Hass gegen die hohen Gesellschaftskreise, in denen sie immer Außenseiterin blieb, verkörperte mit ihrem auffälligen und schrillen Stil die Ausdrucksform des Regimes. Peróns auffallendste Charaktereigenschaft war sein zynischer Opportunismus, mit dem er rechte und linke politische Kräfte nacheinander ausnutzte. Er begann als ein Vorkämpfer argentinischer katholischer Identität, aber bereits 1950 hatte sich Perón mit der Kirche überworfen und regierte eines der antiklerikalsten Regime der Welt. Er wurde 1955 durch einen Militärputsch gestürzt und verbrachte die nächsten achtzehn Jahre im spanischen Exil. Er ließ eine verblendete und enttäuschte Generation zurück. Unter seinen Anhängern befand sich ein junger Jorge Bergoglio, und es ist an der Zeit zu zeigen, wie sehr er ein Jünger seines Meisters werden würde.

Nach einer katholischen Erziehung in Buenos Aires entschied sich Jorge Bergoglio im Alter von 21 Jahren Jesuit zu werden und trat 1958 in das Ordensnoviziat ein. 1969 wurde er zum Priester geweiht und schloss zwei Jahre später die langwierige Jesuitenausbildung ab. Nach seiner Wahl zum Papst erschienen rühmende Erzählungen seiner Karriere, aber einige Charakterzüge, die von seinem Biographen Austen Ivereigh erwähnt werden, sollten beachtet werden – nicht für eine Verunglimpfung, sondern für eine Persönlichkeitsstudie. In den ersten Jahren löste eine prahlerische Zurschaustellung von Frömmigkeit Kritik von Jorge Bergoglios Mitnovizen aus; und später, als er Leiter und Präfekt der Disziplin in einer Jungenschule des Ordens wurde, war er bekannt dafür, die strengsten Bestrafungen mit einem Engelsgesicht auszuführen.[27] Die Jahre nach 1963 waren eine Zeit, in der eine Welle der Politisierung die Jesuiten überflutete, in Argentinien wie auch im Rest der Welt, und der charakteristische Trend war eine linksgerichtete Politik. Bergoglios Ergebenheit galt hingegen dem rechtsgerichteten Peronismus. 1971 wurde er Novizenmeister der argentinischen Provinz und verband diese Aufgabe mit der Unterstützung der Guardia de Hierro (»Eiserne Garde«), die seinerzeit an einer Rückkehr Peróns aus dem Exil arbeitete. Austen Ivereigh beschrieb diese Verstrickung euphemistisch als der Bewegung »geistlichen Unterstützung« zu geben. Sie beinhaltete allerdings wesentlich mehr und ist beispielhaft für das politische Interesse, das Bergoglio sein ganzes Leben lang auszeichnen sollte. Nach normalen Standards war dies für den Novizenmeister eines religiösen Ordens, eine ungewöhnliche Art der Freizeitgestaltung.

Bergoglio als Jesuitenprovinzial

Im Juli 1973, nach zwei Jahren Dienst als Novizenmeister, wurde P. Jorge Bergoglio zum Oberen der argentinischen Ordensprovinz berufen. Er war 36 Jahre alt und hatte seine Ausbildung erst zwei Jahre zuvor abgeschlossen. Der Posten des Provinzials wird normalerweise Priestern in ihren Fünfzigern anvertraut, die bereits jahrelange Erfahrung in Führungspositionen hinter sich haben; und wir sollten genauer unter die Lupe nehmen, was diese außergewöhnliche Ernennung bedeutete. Im Alter von 36 Jahren war Jorge Bergoglio eine eindrucksvolle Persönlichkeit, die er weiterhin bleiben sollte, und es lohnt sich innezuhalten, um ihn etwas genauer zu untersuchen. Als Papst machte Jorge Bergoglio sich selbst für seine Schnörkellosigkeit und seine Identifizierung mit den Armen bekannt, und es gibt keinen Grund, diese Haltungen als Oberflächlichkeiten abzutun. Diejenigen, die ihn kennen, bezeugen seine persönliche Nüchternheit und seinen Hang zur Armut in seinen Lebensgewohnheiten. Es blieb einem argentinischen Beobachter namens Omar Bello überlassen, diese Eigenschaften zu wägen und sie mit einer weniger geachteteren zu verbinden: seinem Streben nach Macht.

Bello erklärte über Bergoglio: »Er bewahrt sich die Weisheit der Erkenntnis, dass man die Höhen nur erreicht, indem man Ballast über Bord wirft. Eine offensichtliche Strategie, die wir anscheinend vergessen haben.«[28] Und das ist in der Tat eine sehr jesuitische Lektion. Die große Macht, die sich die Gesellschaft Jesu in ihrer Geschichte erworben hat, wurde nicht erreicht, indem sie Pomp und Würden anstrebte. Man bedenke die in Südamerika selbst erteilte Lektion, wo die jesuitischen Missionen unter den Indios, bekannt als Reduktionen, einst als fast unabhängige Staaten galten; doch wurden sie von gewöhnlichen Priestern regiert, die nur den Titel »Pater« und das einfache Jesuitenhabit trugen. Oder näher an Bergoglios Zeit gab es das Beispiel von Pater Wladimir Ledochowski, der von 1915 bis 1942 Generaloberer des Ordens war und durch seine Persönlichkeit den Orden prägte. Seine Laufbahn war bravourös: mit sechsunddreißig Provinzial, mit vierzig Assistent des Generaloberen und Generaloberer mit achtundvierzig. Dieser überaus gesittete polnische Aristokrat verwandelte sich in ein Beispiel strenger Kargheit; eine kleine, einfache Gestalt mit kurzgeschorenem Haar, die in eine schlichte schwarze Soutane gekleidet war, aber einen Orden leitete, der zu seiner Zeit von 17 000 auf über 26 000 Mitglieder anwuchs, mit einer enormen Zunahme an Missionsarbeit. Keinem Jesuiten, der Mitte des zwanzigsten Jahrhunderts in den Orden eintrat, wäre dieses Beispiel unbekannt geblieben.

Die traditionelle jesuitische Ausbildung ist auf die Heranbildung von Männern ausgerichtet, deren Selbstdisziplin und Unterscheidungsvermögen sie in der Mission wirksam machen soll, was eine scharfe psychologische Fähigkeit voraussetzt, die den Richtlinien des hl. Ignatius aus dem 16. Jahrhundert entspricht. Man möchte nicht in das Klischee verfallen, die Gesellschaft Jesu als eine besonders machiavellistische Körperschaft zu betrachten. Dieser Vorwurf wurde gegen jeden Orden erhoben, der versuchte, in der Welt wirksam zu werden, wie heute beispielsweise gegen das *Opus Dei.* Es ist jedoch wahr, dass es den Methoden der Oberen in einem für seinen geforderten Gehorsam berühmten Orden entsprach, ihre Untergebenen irgendwie als Marionetten zu nutzen, im Idealfall für ihr eigenes Wohl. In den Händen eines weisen Vorgesetzten könnten solche Methoden nützlich sein, aber es ist denkbar, dass sie auch für psychologische Manipulation missbraucht werden. Wenn wir den Bericht von P. Jorge Bergoglio als Novizenmeister genauer betrachten, so entdecken wir, dass seine Kontrollmethoden von härterer Art waren, und dieser Eindruck wird durch die Informationen von Austen Ivereigh gestützt. Der Biograph stellt fest, dass Bergoglio im ersten Jahr drei Novizen unter sich hatte und in seinem zweiten vier. Als er 1973 Provinzial wurde, waren in der Provinz aber nur noch zwei Männer im Noviziat geblieben. Daraus kann man schließen, dass er, aus welchen Gründen auch immer, die Hälfte seiner Novizen verloren hatte.[29]

Das wäre 1973 sicherlich nicht ungewöhnlich für die argentinische Provinz gewesen, wie auch für den ganzen Jesuitenorden, der in einer Krise steckte. Ihr Oberer war von 1965 bis 1981 der spanische Pater Pedro Arrupe, der sich seit seiner Wahl verpflichtet fühlte, den großen jesuitischen Intellektuellen in ihrer extrem liberalen Interpretation des Zweiten Vatikanischen Konzils nachzueifern. Das Resultat war der Ruin der Gesellschaft, die in seiner Regierungszeit von 36 000 auf 26 000 Mitglieder schrumpfte und den ganzen Fortschritt zunichtemachte, den der Orden seit dem Zweiten Weltkrieg gemacht hatte. Die charakteristische Neuheit – wie oben angemerkt – war die Politisierung der Jesuiten, besonders in Lateinamerika, wo sie eine marxistisch-inspirierte Ideologie der »Befreiung« übernahmen. In den frühen 1970er Jahren war die Gesellschaft Jesu immer noch zersetzt von dieser Ideologie und von ihrer alten geistlichen Aufgabe entfremdet, aber in Argentinien hat P. Arrupe sich selbst übertroffen. Bereits 1969, als P. Bergoglio zum Priester geweiht wurde, hatten die meisten Novizen, die mit ihm in das Noviziat eingetreten waren, die Gesellschaft schon wieder verlassen. Im selben Jahr setzte P. Arrupe P. Ricardo O'Farrell als Provinzial ein, unter dem sich die Dinge zum Schlechteren wandten. Bis 1973 hatte die Provinz mehr als die Hälfte ihrer Mitglieder von vor zehn Jahren verloren und es gab nur neun Männer in der Ausbildung, im Vergleich zu den hundert der Vergangenheit. Die Jesuitenausbildung wurde in die Hände von Oberen gelegt, die die Spiritualität zugunsten von Soziologie und hegelianischer Dialektik aufgegeben hatten. Die Universität von Salvador in Buenos Aires, die unter der Leitung der Provinz stand, versank im Chaos; einige der dort lehrenden Priester, hatten sie verlassen, um Studentinnen zu heiraten und die Universität hatte einen Schuldenberg von zwei Millionen Dollar angehäuft. In dieser Schieflage bat eine Gruppe von Jesuiten P. Arrupe um die Absetzung von O'Farrell und ausnahmsweise zog der Generalobere das Überleben dem liberalen Idealismus vor: P. Bergoglio wurde eingesetzt, um die Provinz wieder auf die Beine zu stellen. Dies gelang ihm überraschend gut. In den sechs Jahren als Provinzial stellte er die Ordnung wieder her und die Provinz erholte sich. In den frühen 1980er Jahren gab es mehrere hundert Studenten im philosophisch-theologischen Seminar, mehr sogar als in der Blütezeit vor dem Verfall. Wenige Provinzen der Gesellschaft konnten sich in diesen schwierigen Zeiten solcher Zahlen rühmen.

Wesentlich für Pater Bergoglios Leistung war die Ablehnung der marxistischen Schule, die die Gesellschaft in weiten Teilen Lateinamerikas übernommen hatte. Dafür gab es einen besonderen Grund: Bergoglio selbst war ein Mann des Volkes, und in Lateinamerika war die »Befreiungstheologie« eine Bewegung von Intellektuellen aus den höheren Schichten, das Gegenstück zu dem radikalen Chic, der die Bourgeoisie in Europa dazu brachte, seinerzeit Sartre und Marcuse zu verehren. Für solche Einstellungen hegte Bergoglio keine Sympathie. Obwohl er sich noch nicht explizit mit der »Theologie des Volkes« identifiziert hatte, die in direkter Konkurrenz zur marxistischen Schule stand, ließ ihn sein Instinkt der populistischen Linie des Peronismus folgen, der (Zynismus seines Schöpfers hin oder her) eher in Berührung mit der echten Arbeiterklasse und der unteren Mittelschicht stand. So unterstützte Pater Bergoglio das Apostolat in den Armenvierteln, aber er wollte nicht, dass ihre Einwohner als linke Guerilla rekrutiert wurden, wie es einige seiner Priester versuchten. Seine Art, mit der angeschlagenen Universität von Salvador umzugehen, war dafür bezeichnend: Er übergab sie einigen seiner Kameraden der peronistischen »Guardia de Hierro«, befreite so gleichzeitig die jesuitische Provinz von ihrer Last und bot seinen politischen Verbündeten ein Einflussfeld. Eine häufige Anklage gegen Pater Bergoglio bestand darin, dass er als Provinzial als Spalter wirkte. Angesichts des Zustands der Provinz, wie er sie vorfand, mit einer

Gruppe hochpolitischer Persönlichkeiten, die sie in die Katastrophe geführt hatte, könnte man meinen, dies sei unvermeidlich oder sogar vorteilhaft gewesen; aber den Berichten zufolge gingen seine Methoden eher in Richtung zwingender Loyalität ihm gegenüber und der Marginalisierung derer, die dieser Linie nicht folgten.

Die sechs Jahre mit Bergoglio als Provinzial waren ereignisreiche politische Jahre in Argentinien. Seine Ernennung im Juli 1973 koinzidierte mit Peróns Rückkehr aus dem spanischen Exil. Perón wurde im Oktober triumphal zum Präsidenten gewählt und starb im folgenden Juli im Amt. Seine Amtsnachfolgerin war seine Witwe Isabelita, unter deren Führung das Land im Bürgerkrieg versank, gefördert von kubanisch unterstützten Guerilla-Aufständischen, die in Argentinien die stärkste Miliz dieser Art in der westlichen Hemisphäre aufgebaut hatten. Gegen sie entfesselte Isabel Perón Todeskommandos, die wiederum einem Militärputsch im März 1976 den Weg bereiteten. Es wurde eine sieben Jahre andauernde Militärdiktatur errichtet, mit grausamer Unterdrückung, vielen Festnahmen, Hinrichtungen und Folterungen politischer Gegner.

Als Provinzial war P. Bergoglio für mehrere hundert Jesuiten verantwortlich, viele von ihnen wurden im vergangenen Jahrzehnt radikalisiert und nach Beendigung der Diktatur wurde die Frage nach seinen Beziehungen zu ihr öffentlich thematisiert. 1986 erschien ein Buch, in dem behauptet wird, er habe zwei linksradikale Priester, P. Yorio und P. Jalics, der Folter und Gefangennahme übergeben.[30] Die Anschuldigungen wurden 2005 wiederum thematisiert, als Bergoglio Erzbischof von Buenos Aires war und eine Biographie veröffentlichen ließ, die diese Anschuldigungen widerlegen sollte.[31] Kardinal Bergoglio wies die Verantwortung für die Gefangennahme der beiden Priester zurück und erklärte, dass er unter dem Militärregime einer Anzahl verfolgter Menschen ermöglicht hatte, dem Regime zu entkommen. Es gab einige, die diese Angaben bezweifelten, da es das ganze Vierteljahrhundert zuvor keine Informationen darüber gegeben hatte. P. Jalics, der damals der einzige Überlebende der beiden Gefangengenommenen war, beschuldigte den Provinzial des Verrats, aber er zog die Anschuldigung zurück, als Bergoglio zum Papst gewählt worden war.

Es würde den Rahmen sprengen, die Fakten nähergehend zu untersuchen, aber es lohnt sich vielleicht, den zynischen Kommentar eines Bischofs zu zitieren, der laut Omar Bello Bergoglio gut kannte: »Bergoglio würde niemals auf solch direkte und vulgäre Weise handeln. [...] Wenn man es böswillig ausdrücken möchte, könnte man sagen, dass er seine Karriere niemals mit einem solchen Fehler ruiniert hätte.«[32] Man sollte dazu sagen, dass P. Bergoglio zum damaligen Zeitpunkt wohl kaum eine Zukunft als Bischof angestrebt haben konnte, als Papst schon gar nicht; aber eine Jesuitenkarriere im Stil des großen Ledochowski mag nicht außerhalb seiner Vorstellung gelegen haben. Austen Ivereigh erklärt uns, dass P. Yorio nach seiner harten Erfahrung Bergoglio als verschlagenen, machtbesessenen und doppelzüngigen Menschen sah. Natürlich war sein Urteil voreingenommen, aber es gab – was man allerdings nicht aus Ivereighs respektvollem Bericht entnehmen könnte – unparteiischere Beobachter in Argentinien, die derselben Meinung waren.

Bischof und Erzbischof

Nach sechs Jahren als Provinzial wurde P. Bergoglio zum Rektor des philosophischen und theologischen Seminars ernannt, das – wie bereits oben erwähnt – zu diesem Zeitpunkt voller Studenten war und deren Zahl sich unter seiner Führung verdoppelte. Aber die Radikalen hassten ihn, teils wegen seiner Entscheidungen als Provinzial und teils wegen seines religiösen Stils, der den Wert der »Volks«-Religion unterstrich und Volksfrömmigkeit wie die Verehrung von Andachtsbildern förderte, worauf die marxistischen Intellektuellen mit Abscheu herabblickten. 1986 wurde ein neuer argentinischer Provinzial ernannt, der das O'Farrell-Regime der frühen 70er Jahre wieder zum Leben erweckte. Die Zahl der Berufungen sackte wieder ab und auch P. Bergoglios Tage in seiner Führungsposition waren gezählt. Er wurde nach Deutschland abgedrängt, angeblich um an einer Doktorarbeit über den katholischen Philosophen Romano Guardini zu arbeiten, die er jedoch niemals zum Abschluss brachte. Am Ende des Jahres kehrte Bergoglio nach Argentinien zurück, ohne sich die Mühe zu machen, um Erlaubnis zu bitten, was später seinen Jesuitengeneral dazu veranlasste, ihn des Ungehorsams zu bezichtigen. Für kurze Zeit lehrte er Theologie in Buenos Aires, stand jedoch auf der Abschussliste der argentinischen Ordensleitung. 1990 wurde er auf einen obskuren Posten in einer Provinzstadt abgeschoben.

Mit weltlichen Begriffen ausgedrückt schien P. Bergoglios Karriere vorüber zu sein und er verbrachte zwei Jahre in wirklicher Niedergeschlagenheit; aber die Gesellschaft Jesu und ihre Linksliberalen waren nicht die ganze Kirche. Bergoglio wurde vom neuen Erzbischof von Buenos Aires, Kardinal Quarracino, der ein Kirchenmann anderer Ausrichtung war, aus seinem Exil befreit. Wie Bergoglio war auch Quarracino ein Mann des Volkes, und als Anhänger Johannes Pauls II. sympathisierte er zweifelsohne mit der Entscheidung des Papstes, als dieser 1981 mit einem beispiellosen Eingriff P. Arrupe als General der Jesuiten absetzte und versuchte, die Gesellschaft Jesu auf einen weniger zerstörerischen Kurs zu bringen. Der neue General, der 1983 gewählt wurde, hieß P. Peter Kolvenbach, der allerdings wenig Veränderung in den Führungsstil des Ordens brachte. 1991 bot Kardinal Quarracino P. Bergoglio die Ernennung zum Weihbischof von Buenos Aires an, und man sollte sich klar darüber sein, wie außergewöhnlich dieses Angebot war. Traditionell ist es Jesuiten nicht gestattet, Bischofsernennungen anzunehmen und – außer in Missionsniederlassungen – war ein Jesuitenbischof in der lateinamerikanischen Hierarchie fast unerhört; aber eine solche Beförderung würde Bergoglio aus der Jesuiten-Gehorsamsstruktur herausheben und ihn in ein Umfeld bringen, in dem seine religiöse Linie mehr Anklang finden würde.

Als Jesuit würde P. Bergoglio einen Dispens benötigen, um Weihbischof werden zu können, und sein Orden sollte ihm ein Zeugnis ausstellen, das Kardinal Qurracino 1991 anforderte. Es wurde vom Jesuitengeneral verfasst und stellte die vernichtendste Charakterstudie über Jorge Bergoglio dar, die überhaupt jemals vor seiner Wahl zum Papst verfasst wurde. Der Text des Reports wurde niemals veröffentlicht, aber die folgende Darstellung wurde von einem Priester gegeben, der Zugang dazu hatte, bevor es aus dem Jesuitenarchiv verschwand. P. Kolvenbach warf Bergoglio eine Reihe von Charaktermängeln vor, die von regelmäßigem Fluchen und Hinterhältigkeit, Ungehorsam unter dem Deckmantel der Demut bis hin zu einem Mangel an psychischer Ausgeglichenheit reichten. Mit Blick auf sein künftiges Amt als Bischof stellte das Zeugnis heraus, dass er als Provinzial eine spaltende Persönlichkeit war. Es ist nicht überraschend, dass Franziskus nach seiner Papstwahl Anstrengungen unternahm, alle existierenden Kopien des Dokumentes in seine Hände zu bekommen und dass das Original aus den Archiven der Jesuiten in Rom verschwand. Man muss der Fairness halber sagen, dass in diesem Zeugnis die Feindseligkeit der Jesuiten zum Vorschein kam, die in Argentinien zu jener Zeit die Kontrolle hatten, aber Bergoglio hat dieses Argument selbst benutzt, um sich vor Kardinal Quarracino als Märtyrer darzustellen (das Phänomen, das P. Kolvenbach im Sinn gehabt haben könnte, als er Ungehorsam unter der Maske der Demut zur Sprache brachte). Nach allen Abwägungen kann das Kolvenbach-Zeugnis jedenfalls nicht als Beschreibung eines vorbildlichen Ordensmannes in den Augen seines Oberen gelten.

Kardinal Quarracino war jedoch entschlossen, Bergoglio zum Bischof zu machen, und obwohl es einer besonderen Audienz bei Papst Johannes Paul II. bedurfte, setzte er sich mit seiner Entscheidung durch. 1992 wurde P. Bergoglio zum Weihbischof von Buenos Aires geweiht. In diesem Amt folgte er der Linie seines Erzbischofs, die innerhalb der Kirche als rechte angesehen wurde, im populistischen Stil Johannes Pauls II. Die Blüte einer neuen hierarchischen Karriere, die Quarracino mit seiner Intervention für ihn eröffnet hatte, ließ nicht lange auf sich warten. 1997 wurde Bischof Bergoglio das Recht der Nachfolge gewährt und im Folgejahr, nachdem Kardinal Quarracino gestorben war, wurde Bergoglio Erzbischof von Buenos Aires. Seine Ernennung wurde damals in konservativen Kreisen begeistert aufgenommen. Im Februar 2001 empfing er von Johannes Paul II. den Kardinalshut.

Kardinal Bergoglio wurde somit zu Argentiniens berühmtestem Kirchenmann, und es fehlt nicht an Geschichten über ihn wie er innerhalb und außerhalb der Kirche wahrgenommen wurde. Die vermutlich eingehendste Studie seiner Persönlichkeit wurde von Omar Bello wenige Monate nach Bergoglios Wahl zum Papst unter dem Titel *El Verdadero Francisco* (Der wahre Franziskus) veröffentlicht. Es ist erwähnenswert, dass dieses Buch mit unerklärlicher Geschwindigkeit aus den Bücherregalen verschwand und nun vergriffen ist, ein Schicksal, das auch andere Veröffentlichungen teilen, die sich nicht wohlwollend über Papst Franziskus äußern. Omar Bello war ein PR-Manager, der 2005 mit der Gründung eines neuen Fernsehkanals der Kirche beauftragt wurde, den Präsident Menem der Erzdiözese Buenos Aires geschenkt hatte. Über acht Jahre arbeitete er mit dem Erzbischof zusammen und lernte ihn so kennen. Als ein Profi seines Fachs entlarvte Bello Kardinal Bergoglio schnell als einen Förderer seiner selbst, der sich hinter einer Maske der Einfachheit und Anspruchslosigkeit verbirgt. Bello bewegte sich in den Kreisen des erzbischöflichen Personals und hörte viele Geschichten, die über dessen rätselhaften Vorgesetzten im Umlauf waren.

Die vielleicht bekannteste von ihnen ist die Geschichte von Félix Bottazzi, einem Angestellten, dessen Entlassung der Erzbischof eines Tages beschlossen hatte, und die er arrangierte, ohne dabei zu zeigen, dass er seine Finger im Spiel hatte.[33] Sobald er aus der Diözesankurie entlassen war, ersuchte Herr Bottazzi um ein Gespräch mit Kardinal Bergoglio, der ihn auch mit freundlicher Verwirrung empfing: »Aber ich wusste nichts davon, mein Sohn. Sie überraschen mich. [...] Warum wurden sie entlassen? Wer hat es getan?« Herr Bottazzi hat seine Stelle nicht zurückbekommen, stattdessen beschenkte Bergoglio ihn mit einem neuen Auto, und er ging in der Überzeugung fort, dass der Kardinal ein Heiliger war und von Kräften herumgestoßen wurde, die außerhalb seiner Kontrolle lagen, mit einem Kreis von böswilligen Untergebenen als Drahtziehern.

Nach Bellos Beschreibung könnte diese Art, mit Menschen umzugehen, mehr mit Bergoglios Temperament als mit seiner politischen Einstellung zu tun haben. Er zitiert den Bericht eines Priesters, der für Bergoglio gearbeitet hatte und ihn als Freund betrachtete: »Er hat mich jahrelang manipuliert [...] Dieser Mensch manipuliert mit Gefühlen. Du denkst, er ist dein Vater und dabei führt er dich an der Nase herum.«[34] In diesem Fall konnte man aber keinen offensichtlichen, praktischen Zweck der beschriebenen Behandlung erkennen.

Eine andere bekannte Geschichte erzählt von einem Psychiater in Buenos Aires, der sich auf die Behandlung von Mitgliedern des Klerus spezialisiert hat. Unter seinen Patienten waren einige Priester der Erzdiözese, die entkräftet durch die Irreführungen ihres Vorgesetzten bei ihm in Behandlung waren. Nachdem der Psychiater sich ihre Probleme angehört hatte, erklärte er einem von ihnen: »Ich kann Sie nicht behandeln; um Ihre Probleme zu lösen, müsste ich Ihren Erzbischof behandeln.«

Eine andere Autorin, die das Thema beleuchtet, ist Professorin Lucrecia Rego de Planas, die Kardinal Bergoglio persönlich viele Jahre lang kannte. Am 23. September 2013 veröffentlichte sie einen »Brief an Papst Franziskus.«[35] Sie beschrieb mit Verständnislosigkeit Bergoglios Angewohnheit, nacheinander anscheinend auf allen Seiten zu stehen. »[...] eines Tages sprach er voll Leidenschaft mit Msgr. Duarte und Msgr. Aguer [bekannte Konservative] über den Lebensschutz und die Liturgie und, am selben Tag beim Abendessen, mit der gleichen Leidenschaft mit Msgr. Ysern de Arce und Msgr. Rosa Chávez über Basisgemeinden [Gruppen nach Sowjet-Vorbild, die von der »Befreiungstheologie« gefördert wurden] und den schrecklichen Grenzen, die durch ›dogmatische Lehrsätze‹ der Kirche gesteckt werden. An einem anderen Tag begegnete er Kardinal Cipriani Thorne [dem Opus Dei Erzbischof von Lima] und Kardinal Rodríguez Maradiaga [aus Honduras], mit denen er über Gewerbeethik und gegen die Ideologien des New Age sprach und kurz darauf traf er sich mit einem Freund von Casaldáliga und Boff [den Befreiungstheologen], mit denen er sich über den Klassenkampf unterhielt.«

Der Grund, warum Professorin Rego de Planas verwirrt war, liegt darin, dass sie Mexikanerin ist. Wäre sie Argentinierin, dann wäre sie mit dieser Technik aufs Beste vertraut: Sie hat die Note des klassischen Peronismus. Es wird erzählt, dass Perón in seinen ruhmreichen Tagen einmal seinem Neffen die Geheimnisse der Politik offenbarte. Er nahm den jungen Mann zum ersten Mal mit, als er Abgesandte der Kommunisten traf. Nachdem er ihren Anliegen Gehör geschenkt hatte, sagte er zu ihnen: »Sie haben vollkommen recht.« Am nächsten Tag empfing er Abgesandte der Faschisten und erklärte auch ihnen: »Sie haben vollkommen recht.« Dann fragte er seinen Neffen, was er ihn gelehrt habe und der junge Mann gab zur Antwort: »Du hast mit zwei Gruppen von diametral entgegengesetzten Meinungen gesprochen und beiden gesagt, dass du mit ihnen einer Meinung bist. Das ist völlig inakzeptabel.« Perón antwortete: »Auch du hast vollkommen recht.« Eine Anekdote wie diese stellt dar, warum niemand erwarten kann, Papst Franziskus zu verstehen, ohne die Tradition der argentinischen Politik zu verstehen, ein Phänomen, mit dem der Rest der Welt keine Erfahrung hat. Auch die Kirche wurde von Franziskus überrascht, denn sie hatte keinen Verständnisschlüssel für ihn: Er ist Juan Perón in kirchlichen Gewändern. Jene, die ihn anders interpretieren wollen, übersehen das einzig relevante Kriterium.

Neben diesen allgemeinen Gefälligkeiten spricht Omar Bello aber auch von jenen, die als »›die Witwen von Bergoglio‹ bekannt sind, solche, die ihre Arbeit aufgegeben haben und sich auf den Stuhl setzten, den der Kardinal ihnen anbot, wurden schließlich dafür bestraft, dass sie sich ›zu viel Freiheit‹ herausgenommen hatten.« Solche Entscheidungen können mit einer anderen Charaktereigenschaft Bergoglios erklärt werden, dem Misstrauen gegenüber den Menschen. Gegenüber seinen Mitarbeitern war er – wie einer von ihnen sagte – »so misstrauisch wie eine einäugige Kuh«[36], vor allem in finanziellen Dingen. Deshalb hatte er die Angewohnheit, sich mit mittelmäßigen Menschen zu umgeben, die er dominieren konnte, ein Phänomen, das gleichermaßen auf seinen erzbischöflichen Stab in Buenos Aires als auch auf die ganze argentinische Hierarchie zutrifft, deren Ernennungen er kontrollierte. Bello fügt hinzu: »Ich würde lügen, wenn ich sagte, dass ich niemanden kenne, der tiefe Angst vor ihm verspürte und der sich seiner Person nur mit extremer Vorsicht näherte. Schlimmer noch wurde die Situation, als er nach Rom ging und viele von denen nicht mehr anrief, die sich als seine Freunde wähnten.«

Bergoglio waren Personen unangenehm, die ihn mit ihrer Stellung psychologisch, intellektuell oder sozial ausstachen. Im Vergleich zu vielen seiner Mitbrüder in der Gesellschaft Jesu entstammte er einer niederen Gesellschaftsschicht, was in einer klassenbewussten Gesellschaft wie der argentinischen mit ihrer oligarchischen Geschichte immer ein offensichtliches Handicap war. Sein Umgang damit war, eine übertriebene Vulgarität an den Tag zu legen (und dadurch erklärt sich wohl die Beschwerde im Kolvenbach-Zeugnis, dass er viel fluchte), während er bei großen Zusammenkünften absichtlich die »hohen Tiere« mied und seine Zeit damit verbrachte, auf herzliche Weise die Putzfrauen und Techniker um den Finger zu wickeln. Man kann einen ähnlichen Schutzmechanismus in dem Anschein einer einfachen, zurückgezogenen Person sehen, den er sich selbst gab. In Wirklichkeit war es der Deckmantel einer engen psychologischen Kontrolle.

Bergoglio rückt nach links

Sein politisches Interesse, das immer kennzeichnend für Bergoglio war, wurde in seiner Rolle als Erzbischof von Buenos Aires seine dominante Eigenschaft. Als Erzbischof musste er sich mit der linksradikalen und antiklerikalen Regierung von Néstor Kirchner und dessen Witwe Cristina herumschlagen, die ihrem Mann im Jahr 2007 im Präsidentenamt nachfolgte. Bergoglios Strategie war, die Regierung links zu überholen: Als Kirchner die Kirche mit Vorschlägen wie der Homosexuellenehe angriff, erwiderte der Kardinal, die Regierung vernachlässige die wirklichen Interessen des Volkes. Er kultivierte seinen Einfluss auf die argentinischen Gewerkschaften und seine Regierungsrivalität gipfelte darin, dass Kirchner begann, ihn als wirklichen Anführer der Opposition zu verstehen. Austen Ivereigh kommentiert diesbezüglich unkritisch: »Es war ein wirkliches Bergoglio-Paradox. Der nüchterne, unbestechliche Mystiker im Krieg mit der geistlichen Weltlichkeit – der pastorale Bischof, der nach seinen Schafen roch – war der scharfsinnigste politische Argentinier seit Perón.«[37] Aus politischer Sicht kann Bergoglios Verhalten vielleicht noch akzeptiert werden, aber es wirft die Frage auf, inwiefern der Geruch der Schafe ein aufgetragenes Duftwasser und wie sehr der Mystizismus Teil seines Wahlprogramms war. Ungefähr im Jahr 2010 hatte Kardinal Bergoglios politische Position die Beziehung von Staat und Kirche so weit verschärft, dass einige Teile der Kirche versuchten, ihn als Erzbischof von Buenos Aires abzusetzen und ihn dafür mit der Ernennung als Präfekt der Kongregation für die Ordensleute in Rom zu entschädigen.[38]

Bis zu seinem Amtsantritt als Erzbischof von Buenos Aires im Jahr 1998 und sogar noch für kurze Zeit danach war Bergoglio der Öffentlichkeit als rechte Hand des »reaktionären« Kardinals Quarracinos, als Gegner der Marxisten in der Gesellschaft Jesu und sogar als stillschweigender Mitarbeiter des Militärregimes der siebziger Jahre bekannt (obwohl die schärfste Kritik diesbezüglich erst 2005 ans Licht kam). Er stand konservativen Gruppen in der Kirche wie dem Opus Dei nahe und den zwei italienischen Bewegungen »Comunione e Liberazione« und den »Focolari«, die auch in Argentinien Einfluss besaßen. Das große zu lösende Rätsel, das sich uns auftut, ist seine Verwandlung in den Mann, der von liberaler Seite innerhalb der Kirche und im Besonderen der St. Gallen-Gruppe zu deren Speerspitze gemacht wurde. Für viele ist dieser Wandel das größte Rätsel der Karriere Bergoglios.

Man könnte an diesem Punkt leicht der Versuchung erliegen, seinen peronistischen Hintergrund zu vergessen und sich damit Scheuklappen anzulegen. Perón als Präsident schreckte nicht davor zurück, entweder die extreme Rechte oder aber auch die extreme Linke für seine eigenen Machtbestrebungen zu instrumentalisieren und im frühen 20. Jahrhundert waren die Voraussetzungen innerhalb der Kirche dafür vorhanden, derartige Richtungswechsel als klug erscheinen zu lassen. Papst Johannes Pauls II. Zustand verschlechterte sich und die Annahme, dass sein Nachfolger liberal sein würde, war weit verbreitet. Ob Bergoglio über seine eigene Kandidatur zum Amt nachdachte, nachdem er 2001 zum Kardinal erhoben worden war und ob er als Nachfolger eine Chance gehabt hätte, ist reine Spekulation – die Vorstellung eines Papstes aus Lateinamerika schien doch ziemlich weit hergeholt zu sein. Es könnte aber nicht schaden, sich auf der (vermeintlichen) Gewinnerseite zu wähnen.

Kardinal Bergoglios Erscheinen auf der internationalen Bühne kam durch einen Zufall zustande. Im Oktober 2001 nahm er an der Bischofssynode in Rom teil und hielt eine Ansprache über die Rolle der Bischöfe in der Kirche. Bergoglio war Kardinal Egan von New York unterstellt, dem eine *Relatio* – oder Zusammenfassung – am Ende des einwöchigen Treffens aufgetragen wurde. Aber Egan wurde abberufen, um an einer Trauerveranstaltung für die Opfer des 11. Septembers teilzunehmen, der nur einige Wochen zuvor die Welt erschüttert hatte. Die Aufgabe fiel unerwartet Kardinal Bergoglio zu. Seine Rede hinterließ einen großen Eindruck auf die Bischöfe. Austen Ivereigh hebt deren Rolle als grundlegend für die Etablierung von Bergoglios Reputation hervor und schwelgt in anerkennenden Worten: »Was er hervorbrachte, war knapp und elegant und genoss überall Beifall. [...] Innerhalb der Synodenhalle stieß Bergoglio auf hohes Lob für die Art, in der er die Anliegen der Bischöfe zur Sprache brachte, ohne die Einheit zu gefährden. »Was die Menschen an ihm schätzen, war, dass er das Beste aus der Synode herausholte, trotz der Grenzen ihrer Struktur und ihrer Methode«, erinnert sich Bergoglios langjähriger Freund in Rom, Professor Guzmán Carriquiry.[39] Was nicht erwähnt wird, ist, dass jede Zeile von Bergoglios Ansprache nicht von ihm selbst verfasst wurde, sondern von dem argentinischen Priester Msgr. Daniel Emilio Estivill, einem Mitglied des Synodensekretariates. Diejenigen, die Msgr. Estivill kennen, erklärten, dass er seit der Ansprache in nervöser Anspannung lebte, aus Angst vor Repressalien, denen er aufgrund seines unbequemen Geheimnisses ausgesetzt werden könnte.

Die Bischofssynode bot Kardinal Bergoglio auch Gelegenheit, sich bei vielen hohen Kirchenmännern bekannt zu machen, darunter auch Kardinal Martini, den er zum ersten Mal bei einem Generalkapitel der Jesuiten im Jahre 1973 getroffen hatte. Martini, der Kardinalerzbischof von Mailand, war einer der mächtigsten Repräsentanten des liberalen Flügels der Kirche, der abgesehen von seinem Alter die besten Voraussetzungen hatte, der nächste Papst zu werden. Für Bergoglio war es eine Strategie, die ihn nichts kostete, sich als Alliierter dieses Flügels zu zeigen. Er profitierte von dem Glanz, den die lateinamerikanische Kirche bei den Liberalen für ihre »Befreiungstheologie« ausstrahlte, obwohl das ja niemals Bergoglios eigene Linie gewesen war.

Die Geschichte, wie er im Konklave 2005 beinahe zum Papst gewählt wurde, haben wir bereits im vorherigen Kapitel beschrieben, und er kehrte nach Argentinien mit dem Ruf zurück, der lateinamerikanische »Beinahepapst« zu sein. Es machte sich in der Tat das Gefühl breit, er sei durch die zuvor im Jahr 2005 publizierten und in einem Dossier an die Kardinäle verteilten Enthüllungen über seinen angeblichen Verrat von Priestern an die Diktatur um das Papstamt betrogen worden. Zu diesem Thema kommentiert Omar Bello, dass Bergoglio Glück mit seinem Ankläger Horacio Verbitky hatte, einem verbissenen Marxisten und Antiklerikalen, dessen Beweise dementsprechend an Geltung verloren. Als Antwort hatte Bergoglio in Form einer Reihe von Interviews eine eigene Biographie veröffentlicht, die die Anklagen widerlegte und behauptete, er habe gegen die Diktatur gearbeitet.

In den Folgejahren nach 2005 war Kardinal Bergoglio auf dem Zenit seines Einflusses in Argentinien und Lateinamerika. Er hatte sich erfolgreich als Feind des rechten Flügels der Kirche positioniert und eine gänzlich liberale Position eingenommen, zum Graus all jener, die ihn als Verfechter katholischer Werte angesehen hatten. Seine Methode war es, Erklärungen zu veröffentlichen, die Rom von seiner Rechtgläubigkeit überzeugten, und dabei eine ernstzunehmende Opposition gegen Kirchners antikatholisches Programm zu vermeiden. Im Jahre 2010, als die Legalisierung der Ehe für Homosexuelle eingeführt wurde, schrieb Kardinal Bergoglio einen Brief an einige Nonnen, mit dem er ihnen im Klartext die christliche Lehre darlegte, gleichzeitig disqualifizierte er aber jede Form von effektiver Opposition gegen die Rechtsprechung von Seiten katholischer Aktivisten. »Die verratene Kirche« *(La Iglesia Traicionada)* war der Titel eines im selben Jahr veröffentlichten Buches des katholischen Schriftstellers Antonio Caponnetti. Als »einen peinlichen Ghandi-Stil im Lehramt« kritisiert er darin den Kardinal, »der ihn heute lähmt und mit dem er die Anhänger seiner Herde zu Feiglingen macht.«[40] Das Ganze steht im Kontrast zur Verteidigung der katholischen Prinzipien, für die Bergoglio nur wenige Jahre zuvor bekannt geworden war.

Bergoglios Verbindungen zum Vatikan

Seine neue Haltung machte Bergoglio beim Apostolischen Nuntius in Argentinien, Erzbischof Bernardini und anderen Prälaten wie Héctor Aguer, dem Erzbischof von La Plata, verdächtig. Nach sechs oder sieben Jahren der Wortgefechte schmälerte die Opposition, die ihm aus diesem Sektor entgegenschlug, seinen eigenen Einfluss und führte zu einer scharfen Abrechnung nach seiner Wahl zum Papst. Aber bereits vor seiner Wahl war Bergoglio nicht knapp an Mitteln für diesen Kampf. Eines davon war ein fortwährender Einfluss von Geld auf kuriale Politik, zu einer Zeit, in der der Vatikan wegen des Marcinkus-Regimes in Verlegenheit geraten war. Als Erzbischof von Buenos Aires war Kardinal Bergoglio ex officio Kanzler der Päpstlichen Universität von Argentinien, die über ein großes Budget von 200 Millionen Dollar verfügte. Aus unklarem Grund wurde ein Großteil des Geldes an die Vatikanbank überwiesen. Diese Überweisung erinnert an einen Skandal aus vergangenen Jahren, als Bergoglio Weihbischof von Buenos Aires war und die Erzdiözese Schulden in Höhe von zehn Millionen Dollar angehäuft hatte, weil der von der Erzbischöflichen Kurie ausgestellte Scheck nicht korrekt unterschrieben worden war. Austen Ivereigh gibt diese Begebenheit geschönt wieder[41] und stellt Bergoglio als Reformer dar, der das Durcheinander ordnete. Aber die Wahrheit ist, dass Kardinal Quarracinos rechte Hand zu dieser Zeit Kenntnis über die Scheck-Affäre gehabt haben muss, ein Fakt, der niemals ausreichend aufgearbeitet wurde. Diese Fälle sind nur zwei Beispiele unverständlicher Ereignisse, die nahelegen, dass die ganze Frage des Finanzsektors während Bergoglios Amt in Buenos Aires einer besonderen Untersuchung durch einen Experten auf diesem Gebiet wert wäre.[42]

Ein anderes Einflussmittel Kardinal Bergoglios waren seine persönlichen Kontakte. In Rom hatte er Giovanni Battista Kardinal Re zum Freund, von 2000 bis 2010 Präfekt der Kongregation für die Bischöfe. Kardinal Re begann als hingebungsvoller Verbündeter Bergoglios, bis er verstand, mit welcher Art von Mensch er es zu tun hatte, und sich fortan gegen ihn stellte. Bergoglio nutzte die Freundschaft aus und setzte (in der Kongregation für die Bischöfe) den argentinischen Priester Fabián Pedacchio ein, der ihm als Agent und Informant diente. Er übermittelte Kardinal Bergoglio eine Reihe von Informationen in Telefongesprächen und Faxen und beriet ihn bei seinen Briefen an die Bischofskongregation, selbst bei denen, die unter Geheimhaltungspflicht standen. Durch diesen Verbündeten hatte Bergoglio eine Reihe von Anhängern zu Bischöfen ernannt, nicht nur in Argentinien, sondern auch in anderen südamerikanischen Hierarchien. Als er dann Papst wurde, belohnte Bergoglio P. Pedacchio mit einer Beförderung zu seinem Privatsekretär; eine Position, in der er seinen vormaligen Einfluss weiterhin ausübt.

Der aufsehenerregendste Fall, bei dem Bergoglio P. Pedacchio benutzte, war seine Fehde mit dem Opus Dei Bischof Rogelio Livieres Plano, Leiter der Diözese von Ciudad del Este. Obwohl diese Stadt in Paraguay liegt, befindet sie sich nahe an der Grenze zu Argentinien und Bischof Livieres selbst hatte argentinische Wurzeln. Er war ein überzeugter Traditionalist und stellte somit nicht nur eine Opposition gegen Bergoglio dar, sondern auch gegen alle Liberalen in der ganzen südamerikanischen Hierarchie. In seiner eigenen Diözese hatte Livieres ein Seminar gegründet, das sich durch die traditionelle Priesterausbildung auszeichnete und einen Erfolg erzielte, den man nicht ignorieren konnte. Während dieser Blütezeit zählte Ciudad del Este 240 Seminaristen, mehr als alle Diözesen Paraguays zusammen. Das Seminar hatte auch Flüchtige aus Kardinal Bergoglios Seminar in Buenos Aires angezogen, das sich in keiner guten Verfassung befand, was nicht eben dazu beitrug, Bergoglio freundlicher gegen seinen Rivalen zu stimmen. Das berüchtigtste Mitglied der Kirchenhierarchie Paraguays war Fernando Lugo, Bischof von San Pedro, der seinen Dienst für eine politische Karriere aufgab und Präsident des Landes wurde, bis er 2012 von seinem Parlament des Amtes enthoben wurde. Zuvor hatte er das Bischofsamt mit einer Reihe von Affären beschmutzt und eine Reihe unehelicher Kinder gezeugt. Bischof Livieres stand mit der Anklage gegen Bischof Lugo allein da, seine Mitbrüder in der Kirchenhierarchie Paraguays hielten zusammen, um die Verfehlungen Lugos zu vertuschen.

Kurz nachdem Lugo 2008 zum Präsidenten gewählt wurde, stattete Bischof Livieres Papst Benedikt XVI. einen Ad-limina-Besuch ab und überreichte ihm einen versiegelten Brief, in dem er das System der Ernennungen kritisierte, die auf das Konto von Bischof Lugo gingen. Seine Vorsichtsmaßnahmen waren nicht ausreichend und der Brief wurde an Kardinal Bergoglio weitergegeben und dann der Presse überreicht, mit dem Vorhaben, Bischof Livieres mit der Regierung Paraguays in Konflikt zu bringen – was erfolgreich war – und ihn gegen den Rest der Hierarchie[43] zu stellen. Diese Tat erwies sich nur als Vorgeschmack auf die Behandlung, die dem Bischof unter Papst Franziskus widerfahren würde, als er nämlich innerhalb eines Jahres nach der Papstwahl von seinem Amt abgesetzt und sein Seminar aufgelöst wurde.

Etwas können wir aus diesen Meinungsverschiedenheiten lernen: Es sind fast vierzig Jahre vergangen, seitdem P. Bergoglio zum Provinzial der argentinischen Jesuiten ernannt worden war, die damals in einer Krise steckten; die Zeiten haben sich gewandelt, aber der altgediente Kardinalerzbischof, der im Konflikt mit der Landesregierung, mit dem päpstlichen Nuntius seines Landes, mit einem großen Teil seiner eigenen Kirche und selbst mit den Bischöfen über die Landesgrenze hinaus stand, hatte sein Talent nicht verloren, eine spaltende Kraft zu sein.

Der spanische Journalist Francisco José de la Cigoña hatte die Enthüllungen über P. Pedacchio und Bischof Livieres lange vor der Wahl Bergoglios zum Papst veröffentlicht. De la Cigoña deckte in seinem Artikel einen anderen Agenten Kardinal Bergoglios in Rom auf, den argentinischen Priester Guillermo Karcher, der in der Protokollabteilung des Staatssekretariats gearbeitet hat, während es in Buenos Aires Weihbischof Eduardo García war, der die Aufgabe hatte, »die Meinung« über Bischöfe und andere geistliche Würdenträger im Internet zu manipulieren. Nach Beschreibung dieses Kontrollsystems kommentierte de la Cigoña: »Das ist die Art, mit der Bergoglio ein Netzwerk von Lügen, Intrigen, Spionage, Misstrauen und – von allen Mittel das effektivste – Angst zu spinnen vermag«. Ein argentinischer Kleriker, der im Vatikan arbeitet und aus Angst berechtigterweise anonym bleiben will, fügte dem hinzu: »Bergoglio ist eine Person, die vor allem Angst zu schüren versteht. Darum hat er Einfluss am Heiligen Stuhl, was viele überrascht. So sehr er auch versuchen mag, jeden mit seiner Erscheinung eines genügsamen und abgetöteten Gipsheiligen, zu beeindrucken, hinter der Maske bleibt er ein Machtmensch. Und das war er immer.«[44] Mit den Berichten seiner Eindrücke für das spanisches Publikum gab de la Cigoña die Einschätzung vieler argentinischer Katholiken weiter, die sie sich über ihren Erzbischof gebildet hatten, aber unglücklicherweise erreichten diese Kenntnisse nicht die Kardinäle, als sie sich 2013 zum Konklave versammelten.

Die Position, die Bergoglio in diesen Jahren aufgebaut hatte, war jedoch durch eine drohende Frist überschattet. Im Dezember 2011, im Alter von 75 Jahren, würde er seine Abdankung als Erzbischof einreichen müssen, und eine Bewegung weg vom sinkenden Schiff wurde offenbar. Omar Bello stellt fest, dass Bergoglio bis 2011 von seinem Rivalen Héctor Aguer, dem Erzbischof von La Plata, in Schach gehalten wurde. Papst Benedikt wies tatsächlich Bergoglios Rücktrittsgesuch ab (zum Schock einiger Mitglieder der argentinischen Hierarchie, die bald aufgrund ihres Unmuts leiden sollten) und – wie so oft in diesen Fällen – bat er den in den Ruhestand gehenden Prälaten, eine Weile in seiner Position zu verbleiben. Aber sogar in seinen eigenen Augen schien Kardinal Bergoglio am Ende seiner Karriere angelangt zu sein, er sprach von der Rente und vom Rückzug in ein Altersheim für den Klerus. Die Hoffnungen, die 2005 im Konklave angefacht worden waren, verglimmten langsam, nachdem Papst Benedikts Regierung eine dogmatische Linie einschlug, die Bergoglio zu offen verworfen hatte.

Ein Papst dankt ab

Unerwartet wandelte sich diese düstere Situation durch ein Gerücht aus Rom. Mitte 2012 wussten einige Insider in der Kurie, dass Papst Benedikt XVI. den Rücktritt erwog; er hatte dieses Vorhaben zwei seiner engsten Mitarbeiter mitgeteilt, dem Staatssekretär Tarcisio Kardinal Bertone und dem päpstlichen Sekretär Erzbischof Georg Gänswein, und er hatte sogar von einem Datum gesprochen: dem 28. Februar 2013. Kardinal Bergoglios Kommunikation mit Rom kam abrupt wieder ins Rollen und wurde sogar hektischer, je näher das Datum rückte.[45] Und so war es: Am 11. Februar 2013 hielt Papst Benedikt seine öffentliche Ansprache an die Kardinäle und überrumpelte damit fast die ganze Welt. Allerdings nicht Bergoglio und seine Komplizen, wie Augenzeugen bestätigen. Am Tag der Rücktrittserklärung selbst besuchte der Rektor der Kathedrale von Buenos Aires den Kardinal und fand ihn triumphierend vor. Während des Gesprächs hörte das Telefon nicht auf zu läuten. Internationale Verbündete Bergoglios wollten ihm persönlich gratulieren. Ein argentinischer Freund, der weniger informiert war als andere, rief den Kardinal an, um ihn über die außerordentlichen Nachrichten zu befragen, und Bergoglio sagte ihm: »Sie verstehen nicht, was das bedeutet.«[46]

Kardinal Bergoglio hatte acht Jahre Zeit darüber nachzugrübeln, was genau das bedeuten konnte. 2005 wurden die Pläne der St. Gallen-Gruppe durch die Wahl Benedikts XVI. zunichtegemacht. Man nahm an, dass Benedikt zehn oder fünfzehn Jahre regieren würde, und das wäre zu lange, als dass einer von den Mitgliedern noch hätte davon profitieren können. Die Abdankung im Jahre 2013 kam gerade noch rechtzeitig, um das St. Gallen-Programm wieder aufleben zu lassen. Kardinal Martini war im Vorjahr verstorben, aber Danneels und Kasper waren jung genug, um noch nicht vom päpstlichen Konklave ausgeschlossen zu werden, bei dem Kardinäle über 80 Jahre nicht mehr zugelassen sind, ein Alter, das beide später im Jahr erreichen würden. Vor allem blieb aber Bergoglio mit seinen 76 Jahren papabile, seine Verlängerung seiner Amtszeit durch Papst Benedikt bedeutete, dass er immer noch als Erzbischof von Buenos Aires im Amt und damit ein führendes Mitglied der lateinamerikanischen Hierarchie war.

In den folgenden zwei Wochen, bevor er nach Rom abreiste, um bei Papst Benedikts offizieller Verabschiedung anwesend zu sein, entfaltete Bergoglio eine fieberhafte Aktivität, die er immer hinter vorgetäuschter Gleichgültigkeit versteckte. Ein Priester, der ihn gut kannte, vertraute Omar Bello an, dass der Kardinal geradezu einen Zirkus daraus machte, nicht nach Rom zu wollen, »aber ich wusste, dass er mit der halben Welt telefonierte und wie ein Wahnsinniger Pläne ausheckte. Nun ja, das ist eben Jorge [...].«[47] Aber jemand, der sich vorstellt, er habe sich im Kardinalskollegium mit der Botschaft »wählt mich« umgetan, der würde Jorge unterschätzen. Seine Strategie war von Anfang an, sich selbst als Unterstützer von Sean Kardinal O'Malley von Boston auszugeben. Omar Bello erklärt so seinen Trick: Es würde die Aufmerksamkeit der europäischen Kardinäle von seinem eigenen Vorhaben ablenken, wobei Bergoglio wusste, dass für die Lateinamerikaner – wie auch für viele andere in der Kirche – ein Papst aus den Vereinigten Staaten anathema war; es hätte zu sehr den Beigeschmack eines »Yankee-Imperialismus«. Aber O'Malley zu fördern bedeutete ipso facto, die Aufmerksamkeit auf den amerikanischen Kontinent zu lenken. Wenn die Kardinäle O'Malley als Kandidaten ablehnten, würden sie sich vielleicht Bergoglio als sein lateinamerikanisches Gegenstück zuwenden. Dies ist eine mögliche Interpretation, scheint allerdings zu künstlich forciert. Als eine Alternative könnte man hingegen den Blick auf den Bericht eines Laien lenken, der damals die Runde machte. Dieser reiste aus dem Vatikan nach Nordamerika, um mit einem dortigen Kardinal zu sprechen und ihn zu bitten, seinen Kollegen Bergoglio zu empfehlen. In dieser Leseart hätte Bergoglio mit seiner Förderung O'Malleys einfach signalisiert, dass er der Verbündete der nordamerikanischen Kardinäle sei.

Was vermutlich wenige Personen abstreiten würden ist, dass das Konklave 2013 eine der politischsten päpstlichen Wahlen seit dem Fall des Kirchenstaates war. Schon allein vor dem dramatischen Hintergrund, vor dem es sich abspielte: Es war der erste Rücktritt eines Papstes seit 600 Jahren. Aber noch dramatischer waren die Umstände, die dazu geführt hatten: die sich verschlimmernde Finanzkrise des Vatikans, die bereits seit Jahren gelöst werden sollte; der »Vatileaks«-Skandal von 2012 (die durch einen Papstdiener vorgenommene Veröffentlichung geheimer Papiere), der zeigt, wie ohnmächtig Benedikt XVI. war, die Unordnung um ihn herum zu kontrollieren; und dann der private Bericht, der seit Dezember 2012 im Umlauf war und eine derartige moralische Korruption in der Kurie enthüllte, dass dies der letzte Tropfen war, der das Fass zum Überlaufen brachte und Benedikt davon überzeugte, all dies nicht länger bewältigen zu können. Eines lag auf der Hand: Die Arbeit des nächsten Papstes würde es sein, einen Sumpf trocken zu legen. Daher kann man mit Sicherheit sagen, dass das Konklave von 2013 die panischste päpstliche Wahl seit Jahrhunderten war. Die Menschen suchten einen Retter und das ist nicht unbedingt die beste Gemütsverfassung, um eine gute Wahlentscheidung zu treffen.

Man nahm allgemein an, dass Papst Benedikts Abdankung den Weg für Kardinal Scola, den Erzbischof von Mailand, frei geräumt hatte, und er gab Staatssekretär Bertone dementsprechend auf, das Konklave so zu organisieren. Scola war doktrinell auf gleicher Linie wie Benedikt und er schien der starke Mann zu sein, der in der Lage wäre, mit den Problemen, die sich im Vatikan türmten, fertig zu werden. Was Benedikt nicht realisierte, war die geringe Chance, dass die anderen italienischen Kardinäle für Scola stimmen würden, den sie als einen Karrieristen ansahen. Schlimmer noch, Bertone selbst wollte Scola nicht, und seine Antwort auf die päpstliche Weisung war schlicht und ergreifend, sie zu ignorieren. Der Benedikt-Plan war daher von Anfang an zum Scheitern verurteilt, und das Konklave öffnete die Türen weit für andere Kandidaten. Ohne einen anderen Favoriten kehrte die Maschinerie wieder zum Jahr 2005 zurück, und die St. Gallen-Gruppe erwachte acht Jahre nach ihrer Beerdigung erneut zum Leben.

Die St. Galler Kardinäle waren die einflussreichste Gruppe unter den Europäern, verfügten aber auch darüber hinaus über Kontakte. Murphy O'Connor zog unter den englischsprachigen Kardinälen aus Afrika und Asien seine Fäden und andere Afrikaner wurden von Kardinal Monsengwo Pasinya angeleitet, einem Protegé Kardinal Danneels. Austen Ivereigh wiederholt die Geschichte von Murphy-O'Connor, der Bergoglio warnte, »vorsichtig« zu sein, weil er jetzt an der Reihe war, worauf die Antwort »capisco« war; eine Reaktion, die einem Dreijährigen gleicht, der seiner Mutter Erziehungshinweise geben will. Die liberalen Kardinäle dachten, dass sie Bergoglio benutzen könnten; es ist jedoch näher an der Wahrheit, dass er sie benutzte. Es gab keinen Grund zu hoffen, dass die St. Gallen-Gruppe aus sich heraus eine Mehrheit beim Konklave erwirken konnte, im Jahr 2013 noch weniger als 2005. Der entscheidende Kreis waren die nordamerikanischen Kardinäle, und Bergoglio hatte selbst bereits ganze Arbeit bei ihnen geleistet. Die Lateinamerikaner würden ebenfalls für ihn stimmen, ermutigt durch ihren Beinaheerfolg 2005.

Ivereighs Beschreibung vermittelt eine gute Vorstellung von dem intensiven Politisieren, das sich im Konklave 2013 abspielte. Bergoglios Förderer, die durch ihre Erfahrung vor acht Jahren dazugelernt hatten, konzentrierten sich darauf, sicherzustellen, dass ihr Kandidat im ersten Wahlgang mindestens 25 Stimmen bekommen würde, eine wesentliche Voraussetzung, ihm den nötigen Schwung zu verschaffen. Dies wurde erreicht und am zweiten Tag, dem 13. März, hatte Bergoglio bereits morgens einen komfortablen Vorsprung von 50 Stimmen. Am gleichen Nachmittag gab es beim vierten Wahldurchgang eine Schwierigkeit: Aus Versehen wurde ein leerer Wahlzettel mit abgegeben, was diesen Durchgang ungültig machte. Die Regeln für ein päpstliches Konklave legen fest, dass nur vier Wahldurchgänge pro Tag durchgeführt werden sollen, aber interessanterweise wurde diese Regel ignoriert. Ein fünfter Wahldurchgang wurde abgehalten, so als ob der vierte nie stattgefunden hätte. In diesem wurde Bergoglio mit mehr als 95 Stimmen von den 115 gewählt. Antonio Socci hat nachdrücklich erklärt, dass dieser fünfte Wahldurchgang null und nichtig gewesen sei.[48] Gestandene Kenner des kanonischen Rechts denken, dass dies durchaus vertretbar sei, sind aber in ihrer Meinung weniger bestimmt. Beim ersten Blick würde man sagen, dass die logische Alternative gewesen wäre, entweder den leeren Wahlzettel zu ignorieren und den Durchgang als rechtmäßig zu erklären oder die Regeln anzuwenden, nach denen dann der nächste ganz normal hätte stattfinden sollen, dann allerdings erst am nächsten Tag. Ob man Soccis Meinung nun teilt oder nicht, es ist tatsächlich irgendwie passend, dass der politische Erbe von Juan Perón durch so etwas wie eine ungültige Stimme an die Spitze der katholischen Kirche gelangen sollte.

Kapitel III Reform? Welche Reform?

Ein Papst wie kein anderer

Vom Zeitpunkt seiner Papstwahl an machte Bergoglio deutlich, dass er anders sein würde; ein Merkmal, das er bereits den Argentiniern gezeigt hatte und das Professorin Rego de Planas in ihrem bereits oben zitierten Brief[49] erwähnte. Sie berichtete von Zusammenkünften mit anderen Bischöfen, die mit dem Auto anreisten, während Bergoglio zu spät kam und sich händeringend lauthals über Behinderungen bei der Fahrt mit den öffentlichen Verkehrsmitteln beschwerte. Ihre Reaktion war: »Uff! Was für eine Art, Aufmerksamkeit auf sich zu ziehen!«, und viele andere schlossen sich ihrer Meinung an. Ähnlich war es, als er Papst wurde und keines der traditionellen Papstinsignien wie das Brustkreuz oder den Ring oder die Schuhe oder den Thron benutzte, sondern alles durch weniger Prächtiges ersetzte. Bekanntlich weigerte sich der Papst, in die alte päpstliche Wohnung einzuziehen, von der aus man den Petersplatz überblickt, und Räume bezog, die für ihn persönlich in der Casa Santa Marta eingerichtet worden waren – einem Gästehaus für Kardinäle – in denen er seither lebt. Eine seiner am meisten der Selbstdarstellung dienenden Gesten war sein Gang zum Gästehaus am Morgen nach seiner Wahl, wo er während des Konklaves übernachtet hatte, um persönlich die Rechnung zu bezahlen. Im Einklang mit der Demut dieses Anlasses standen die Fernsehkameras bereit, um ihn dabei zu filmen. Am selben Tag rief er seinen Frisör und seinen Zahnarzt zu Hause an, um seine Termine abzusagen, ebenso seinen Pressesprecher, um seine Zeitungen abzubestellen und er stellte sicher, dass die Presse davon erfuhr.

Die Medien nahmen es begierig auf, wie sie es bereits in Buenos Aires taten, wo er mit der städtischen U-Bahn fuhr (in Anwesenheit seines Pressesprechers und eines Fotografen, um das Ganze zu dokumentieren). Es sollte keinen Zweifel geben, dass es sich hier um einen Papst handelte, der alle anderen in Sachen Demut schlug. Es gab Päpste in den vergangenen hundert Jahren, die aus einer ebenso niedrigen sozialen Schicht kamen wie Jorge Bergoglio (die »Bauernpäpste« Pius X. und Johannes XXIII.), aber als sie gewählt wurden, akzeptierten sie die traditionellen Symbole ihres Amtes. Bergoglio zeichnete sich dagegen nicht nur durch seine Gesten der Demut aus, sondern auch durch eine gute Laune, die alle Herzen im Sturm eroberte. In Buenos Aires wurde ihm wegen seines Auftretens als Erzbischof der Kosename »carucha« (Griesgram) gegeben, und jetzt sahen ihn seine Landsleute in etwas verwandelt, was Omar Bello ein päpstliches »Schätzchen« nannte, eine Person, die sie kaum wiedererkannten.

Professorin Rego de Planas erklärte, dass sie Kardinal Bergoglios Gesten als Erzbischof von Buenos Aires als Teil eines in ihm tief verwurzelten Bedürfnisse interpretierte, von allen geliebt zu werden und eine einfache Popularität zu erlangen; aber nach fünf Jahren des Franziskus-Pontifikates müssen wir feststellen, dass diese Diagnose zu naiv war. Sie konnte sich nicht vorstellen, was für ein abgebrühter Politiker Bergoglio ist. Der Papst weiß, dass in der modernen Welt das »Image« alles ist und dass ein Papst, der die weltlichen Medien auf seiner Seite hat, alles tun kann, was man sich träumen lässt; und genau das ist sein Programm. Die Medien stellten Franziskus als großen Reformer dar, der gewählt wurde, um eine wundersame Verjüngung der Kirche herbeizuführen. Niemand machte sich die Mühe, nachzuforschen, ob sich nur ein kleines Zeichen einer solchen Verjüngung in seiner Zeit als Erzbischof von Buenos Aires gezeigt hatte – was nicht der Fall war. In seiner 15-jährigen Amtsperiode erlitt die katholische Kirche in Argentinien einen zehnprozentigen Mitgliederschwund; die Zahlen bei den Ordensleuten und dem Priesterstand waren noch schlechter. Nach mehr als fünf Jahren gibt es auch auf globaler Ebene keine Anzeichen dafür, dass die Dinge in der Kirche sich in seinem Pontifikat verändert hätten. Ironischerweise ist der »Franziskus-Effekt« ein Phänomen, das sich auf die Medienberichterstattung beschränkt.

Man muss besonders die drei großen Probleme analysieren, die auf dem Tisch lagen, als die Kardinäle blindlings ihren großen Sprung ins Ungewisse machten. Eines war der Skandal der römischen Kurie, für den im Dezember 2012 frische Beweise in Umlauf gebracht wurden. Zweitens gab es den weltweiten Missbrauchsskandal, der sich zwanzig Jahre lang beschleunigte und in der Zeit des Pontifikats von Benedikt XVI. die gesamte moralische Autorität der Kirche zu zerstören drohte; und drittens gab es ebenso lange den Sumpf der Vatikanfinanzen, der unter der Regierung Johannes Pauls II. ein öffentlicher Skandal wurde und dem bis dahin niemand gewachsen zu sein schien.

1. Was wurde aus der Kurienreform?

Die Römische Kurie ist die zentrale Regierung der katholischen Kirche. Es handelt sich dabei um eine große Organisation, die in neun Kongregationen, zwölf päpstliche Räte, sechs päpstliche Kommissionen und drei Gerichtshöfe eingeteilt ist. Wie man sich denken kann, ist die Frage nach einer Reform keine neue Frage. Im Rückblick auf die Kirchengeschichte kann man getrost die Zeit ausklammern, in der die Kurie neben der Weltkirche auch die päpstlichen Ländereien verwalten musste. Nach dem Fall der weltlichen Macht des Papstes 1870 entwickelte sich die Kurie in eine Institution, die im Ganzen ehrlich und effizient und ihrer Aufgabe, den Organismus der Weltkirche zu leiten, durchaus würdig war. Sie hatte lediglich die natürlichen Schwächen einer jeden Bürokratie, mit dem zusätzlichen ortsbedingten Nachteil einer überwältigenden Mehrheit an italienischem Personal und mit einem Hang zum traditionellen Nepotismus, vor allem bei den kleinen, nicht klerikal besetzten Posten, wie dem des Türstehers oder des Chauffeurs.

Wenn man den Zeitpunkt benennen will, zu dem erstmals ungebührliche Tendenzen im größeren Umfang zu Tage traten, waren es vermutlich die letzten Jahre der Regierung von Papst Pius XII., als dieser sehr fähige Papst anfing, die persönliche Kontrolle über die Dinge zu verlieren. 1953 fühlte es sich so an, als sei die Kirche in die Hände von fünf Kardinälen geglitten, deren respektloser Beiname das »Pentagon« war. Ihr führender Kopf war Nicola Canali, der vatikanische Finanzminister, berüchtigt für seine Allianz mit den päpstlichen Bankern seiner Zeit und mit dem Neffen des Papstes, dem einflussreichen Fürsten Carlo Pacelli.

Das Problem wurde von seinem Nachfolger Papst Johannes XXIII. in dessen kurzer Regierungsperiode von fünf Jahren nicht bewältigt. Seines Rufes als Reformer ungeachtet hatte Papst Johannes nichts für die Kurie geleistet. Paul VI., der fast seine ganze Karriere als Kleriker in Rom verbracht hatte, bestieg 1963 den Papstthron mit dem lobenswerten Vorhaben, die Kurie zu reformieren. Sein Vorhaben zeigte jedoch wenig Erfolg. Eine Entscheidung, die er umsetzte, war, das Personal zu internationalisieren, was aber mit einem großen Zuwachs an Personal einherging, dessen Anzahl von 1322 auf 3150 stieg, mit all den Implikationen einer derart aufgeblähten Bürokratie.[50] Schlimmer noch war Papst Paul VI. Entscheidung, die ganze Kurie unter die allgemeine Autorität des Staatssekretariats zu stellen. Diese Maßnahme hatte zweifellos den Sinn, ein gewisses Maß an Koordination einzuführen, aber sie bedeutete auch, dass die große Mehrheit der Vatikanabteilungen, deren Funktion rein religiöser Natur sind, dem politischen Organ des Vatikans untergeordnet wurde. Papst Pauls schlimmster Fehler war sein Umgang mit den Kirchenfinanzen. Diese wurden der Obhut von Erzbischof Paul Marcinkus unterstellt, einem schlichten Kleriker aus Chicago, der mit der internationalen Finanzwelt unglücklicherweise völlig überfordert war, in die er hineingeworfen wurde. Seine pragmatische Haltung, den Vatikan finanziell über Wasser zu halten, brachte ihn in Verbindung mit den mafiösen Bankern Michele Sindona und Roberto Calvi, was schlimme Konsequenzen mit sich brachte, als diese Verbindung publik wurde. 1987 wurde ein Haftbefehl gegen Marcinkus erlassen, aber Papst Johannes Paul II., mit einer außerordentlichen Vorliebe für das weltliche Vorrecht der Kirche über ihre moralische Pflicht, beschloss, ihm unter der vatikanischen Souveränität Schutz zu gewähren. Die gleichen Fehler wurden unter Marcinkus' Nachfolger, Bischof Donato de Bonis gemacht, der 1993 entlassen wurde, nachdem er weitere Skandale ausgelöst und die unangebrachte Ernennung zum Prälaten (d. h. höchster Kaplan) des Malteserordens erhalten hatte, einem Orden, dessen extraterritoriale Privilegien er ausnutzte. Er schloss sich Jahre lang im römischen Hauptsitz des Ordens ein und setzte aus Angst vor der italienischen Polizei keinen Fuß vor die Tür.

Johannes Paul II. wurde 1978 als junger, energischer Papst gewählt, von dem erwartet wurde, die Probleme der Kirche zu lösen. Leider war Innenpolitik nicht seine Stärke. Von Anfang an widmete er sich den groß aufgezogenen, weltweiten Reisen und vernachlässigte die täglichen Ansprüche der Organisation, die ihm diente. Seine Ernennung von Angelo Kardinal Sodano zum Staatssekretär 1991 verschlimmerte die bereits schlechte Situation. Die Vetternwirtschaft und Korruption von Kardinal Sodano verschlechterte die Lage und schaffte Skandale wie das Verdecken der sexuellen Verfehlungen des Gründers der Legionäre Christi, P. Marcial Maciel, wegen der großen Summen, die diese mächtige Organisation dem Vatikan zukommen lassen konnte. Mit Tarcisio Kardinal Bertone, der von 2006 bis 2013 als Staatssekretär diente, ging das Verderben in eine andere Richtung. Papst Benedikt XVI., der ihn ernannte, distanzierte sich von Anfang seines Pontifikats an von den kurialen Affären, obwohl er selbst vor seiner Wahl 24 Jahre lang im Herzen der Kurie gedient hatte. Die Ängste der Liberalen, er würde Groll gegen sie aufgrund der zurückliegenden Erfahrungen mit ihnen hegen, blieben unberechtigt, und er wurde praktisch ein Eremit, mit dem Resultat, dass die Kurie in ein Chaos von Splittergruppen zerfiel.[51] Unter diesen Bedingungen hatte Kardinal Bertone freie Hand, seine eigenen Interessen zu verfolgen; er erweiterte die bereits aufgeblähte Macht des Staatssekretariats, indem er seine Wahlkandidaten in Schlüsselpositionen jeder Kongregation, jedes Rates und jeder Kommission einschleuste. Und dies waren die Verantwortlichen, als Papst Franziskus gewählt wurde. Sie formierten sich in eine massive Phalanx gegen die Wünsche des Papstes, was auch einer der Gründe war, die Benedikt XVI. zum Rücktritt bewogen, aus der Überzeugung heraus, nicht länger standhalten zu können. Wir haben oben gesehen, wie sich Kardinal Bertone entschieden hatte, Benedikts Plan, Kardinal Scola als seinen Nachfolger einzusetzen, zunichtemachte. Es ist nur ein Beispiel des kurialen Frankensteinmonsters, mit dem der regierende Papst sich herumschlagen musste.

Die Situation spitzte sich dramatisch zu, als der »Vatileaks«-Skandal 2012 an die Öffentlichkeit kam. Die Affäre wurde von dem Kammerdiener des Papstes Paolo Gabriele ausgelöst, der sich entschied, der Presse die Korruption, die er um sich herum erlebte, offenzulegen. Es war ihm möglich, geheime Dokumente, die in seinem gemeinsamen Büro aufbewahrt wurden, an sich zu nehmen und sie dem Journalisten Gianluigi Nuzzi zu übergeben. Unter den Dokumenten befanden sich Briefe der Korrespondenz zwischen Msgr. Carlo Maria Viganò, Kardinal Bertone und dem Papst selbst, die den Protest Msgr. Viganòs enthüllten, der von seinem Posten im Sekretariat des Governatorats wegen seines unwillkommenen Reformeifers abgesetzt worden war. Diese Leaks wurden im Januar 2012 dem italienischen Fernsehprogramm *Gli intoccabili* übermittelt, und Nuzzi verwendete das Material auch als Grundlage für sein Buch mit dem Titel *Sua Santità: Le carte segrete di Benedetto XVI.* Der Kammerdiener wurde vom Vatikangerichtshof zu 18 Monaten Gefängnis verurteilt, aber Benedikt XVI. begnadigte ihn am 22. Dezember, weil er anerkannte, dass Gabriele aus Sorge über das Netzwerk der Manipulationen und Intrigen gehandelt hatte, in das der Papst mit hineingezogen wurde.

Der Zeitpunkt der Begnadigung war kein Zufall. Fünf Tage zuvor hatte Papst Benedikt ein geheimes Dokument erhalten, das von den Kardinälen Herranz, De Giorgi und Tomko für ihn verfasst wurde, denen er im März den Auftrag erteilt hatte, den Leaks auf den Grund zu gehen. Die Aufgabe der Kardinäle war es, dutzende von Zeugen zu befragen und die Situation im Vatikan zu untersuchen, die aus den geleakten Dokumenten offenbart wurde. Was sie herausfanden, war haarsträubend. Es ergab sich ein Bild nicht nur einer vom Papst völlig unabhängig handelnden Vatikanmaschinerie, sondern auch einer moralischen Korruption, die Insidern lange bekannt war, ohne dass jemand etwas unternommen hätte. Die Untersuchungen der Kardinäle wurden nie veröffentlicht, aber ihr Inhalt kam durch verschiedene Kanäle und Enthüllungen in den kommenden Jahren an die Öffentlichkeit. Es wurden Details eines Netzwerks von Homosexuellen im Vatikan aufgedeckt, die ungeniert ihre eigenen Interessen durchzusetzen. Prälaten hatten Laien mit krimineller Vorgeschichte eingestellt, um in römischen Bars und Nachtclubs Jungen für sie aufzutreiben, die dann mit geschützten Karrieren im Vatikan belohnt wurden. Ein Monsignore wurde dabei ertappt, Massagehäuser für Schwule zu besuchen, woraufhin er mit Fotos seiner Besuche erpresst wurde. Geschichten von Prälaten kursierten, denen mit deutlichem Hinweis auf ihre Neigungen Frauennamen gegeben wurden, und es gab Geschichten von Sekretären, die mit 15.000 Euro pro Monat für Dienste entlohnt wurden, die sich offensichtlich nicht auf den Tätigkeitsbereich ihres Amtes beschränkten.[52]

Dies war die Situation, die Papst Franziskus erbte und er wurde mit klarem Wissen um die nötigen Reformen gewählt, in der Erwartung, dass er diese umsetzen würde. Besonders dringlich war eine Reform des Staatssekretariats, das viel zu mächtig geworden war und den ausschlaggebendsten Faktor in der Verweltlichung der Kurie darstellte. Wir müssen also untersuchen, wie erfolgreich Franziskus bisher in den fünf Jahren seines Pontifikats war, die Hoffnungen zu erfüllen, die in seine Person gesetzt wurden.

Einen Monat nach seiner Wahl ernannte Papst Franziskus einen Rat von acht Kardinälen, um den Reformprozess zu steuern; später wurden aus ihnen neun. Sie sind seither als K9-Rat bekannt. Bis Juni 2017 gab es achtzehn Versammlungen dieses Rates, aber die Reform hat bisher bestenfalls kosmetische Korrekturen gebracht. Es wurden einige Räte zusammengefasst, aber der Einfluss auf die großen Körperschaften des Vatikans ist gleich null. Der Sekretär eines Dikasteriums hat diesbezüglich kommentiert: »Bei Franziskus rollen viele Köpfe, vielleicht zu viele, aber die Resultate lassen auf sich warten. Es gibt Arbeitskommissionen, Studiengruppen und Ratgeber, aber niemand weiß, wann etwas konkret zu sehen sein wird, oder ob überhaupt etwas zu sehen sein wird.«[53]

Bezüglich der päpstlichen Finanzen erklärte derselbe Amtsträger: »Ratzinger war es, der das Ruder herumgerissen hat, Franziskus ist in dieselbe Spur zurückgeglitten, aber auf verworrene Weise. […] Der Rat der neun Kardinäle, der sogenannte K9, von ihm auserkoren, die Reformpläne umzusetzen, hat viele Versammlungen getätigt, wirksame Entscheidungen blieben aber aus. Und dann gibt es noch die Frage nach der synodalen Regierung der Kirche. Die Bischofssynode, erklärte Franziskus, müsse nach dem Modell des Zweiten Vatikanischen Konzils neu entworfen werden, aber niemand weiß wirklich, wie das geschehen soll.«[54]

Der Schlüssel dieses Versagens kann vielleicht in einem Kommentar von Papst Franziskus selbst gefunden werden: »Ich kann die Reformen nicht selber umsetzen, denn ich bin sehr unorganisiert.«[55] Dies drückt auf schmeichelnde Weise die Tatsache aus, dass Bergoglio eher eine Neigung zur Disruption als zur Organisation hat. Sein bekannter Slogan für die Gläubigen war »Hagan lío« – schafft Chaos. Dies kann vielleicht (oder auch nicht) ein fruchtbarer Aufruf für eifrige Seelen sein, aus der Trägheit und der Gleichgültigkeit herauszubrechen, aber es ist sicherlich kein gutes Regierungsprinzip für die Kirche und noch weniger eine Grundstruktur für administrative Reformen einer Organisation, deren Problem gerade darin bestand, schon vor Franziskus' Ankunft ein unheiliges Durcheinander gewesen zu sein.

Papst Franziskus hat daher den Prozess der Reform dem K9 übertragen, aber auch hierin liegt ein Problem. Diese neun Kardinäle bilden eine extrem ungleiche Gruppe; sie zeichnen sich in keiner Weise durch besondere persönliche Leistungen als Administratoren aus und zum größten Teil haben sie wenig Erfahrung mit der Arbeit der Kurie. Sie bringen also ein eher oberflächliches Wissen über das komplexe Organ mit, das sie reformieren sollen. Wenn sie unter einem Papst mit starken administrativen Fähigkeiten agieren würden, könnten sie vielleicht frischen Wind von außen bringen. Aber unter einem Papst, der selbst ein Außenseiter der Kurie ist, zeigen sie all die Schwäche eines Komitees ohne klare Führung. Vor allem wird ihre Arbeit durch einen Papst vereitelt, der eher interessiert daran ist, Machtspiele zu veranstalten, als Reformen herbeizuführen. Deutlich tritt dabei hervor, dass die vielen Veränderungen von Papst Franziskus eher aus ideologischen Gründen gemacht wurden als aus Gründen der Effizienz (beispielsweise könnte niemand behaupten, dass die Absetzung Kardinal Burkes als Präfekt der Apostolischen Signatur durch irgendwelche Erwägungen hinsichtlich seiner Integrität oder Kompetenz geschehen wäre). Das Phänomen geht viel tiefer, wie wir in Kapitel sechs beschreiben werden.

Das größte Fragezeichen tauchte hinter dem K9-Rat im Dezember 2017 auf, als Anschuldigen gegen die Leitung von Kardinal Rodríguez Maradiaga als Erzbischof von Tegucigalpa öffentlich wurden. Der Kardinal ist in der lateinamerikanischen Hierarchie viele Jahre lang der engste Freund Bergoglios gewesen, war eine Schlüsselfigur bei seiner Unterstützung im Konklave 2013[56] und hat dementsprechend davon profitiert. In seiner Funktion als Koordinator des K9-Rates wurde er von einigen als »Vizepapst« bezeichnet. Er ist gewiss einer der maßgebenden Wortführer des Pontifikates von Franziskus und einer der glühendsten Verfechter der »Kirche der Armen« gewesen. Im Mai 2017 wurden Vorwürfe über die Zweckentfremdung von 1,2 Millionen US-Dollar laut, für die der Kardinal verantwortlich war, zusammen mit der Enthüllung einer Zahlung in Höhe von 600.000 US-Dollar, die die Universität von Tegucigalpa an ihn geleistet hat[57]. In der Folge wurde ein apostolischer Gesandter nach Honduras geschickt, Bischof Casaretto, und es scheint nun, als seien die finanziellen Missbräuche nur die Spitze des Eisberges. Die Reaktion von Papst Franziskus auf den Bericht seines Gesandten war typisch, nämlich den Fall an sich zu reißen, anstatt zuzulassen, das normale Verfahren in Gang zu setzen; es zeichnet sich jedoch der Hinweis auf ein Ausmaß an Korruption im Erzbistum Tegucigalpa ab, das es in der katholischen Welt so wahrscheinlich noch nicht gegeben hat. Kardinal Rodriguez Maradiaga hatte Juan José Pineda zu seinem Weihbischof befördert, gegen den sowohl wegen finanzieller als auch sexueller Korruption umfassende Anschuldigungen erhoben wurden. Er wurde beschuldigt, aus diözesanen Mitteln einen Liebhaber zu unterstützen, Seminaristen sexuell zu missbrauchen, in seinem Seminar eine Kultur der Homosexualität zu pflegen und sich durch Veruntreuung einen teuren Lebensstil zu finanzieren. Im Juli 2018 wurde Bischof Pinedas Rücktritt vom Papst akzeptiert. Das Rücktrittsgesuch war ganze zwölf Monate zuvor eingereicht worden, als Bischof Casaretto erstmalig Bericht erstattete. Während dieser Zeit lebten diejenigen, die die Anschuldigungen gegen Pineda erhoben hatten, in einem Zustand der Einschüchterung, da Pineda, der weiterhin die Diözese verwaltete, von Kardinal Rodriguez Maradiaga und der Kardinal wiederum vom Papst geschützt wurde.[58]

Diese jüngsten Enthüllungen stellen, gelinde gesagt, Kardinal Rodríguez Maradiagas Eignung als Leiter einer Bewegung zur Reform der Kirche in Frage, sowohl in finanzieller, administrativer als auch moralischer Hinsicht; und die Zweifel daran werden auch nicht durch seine bisherigen Beiträge als Koordinator des K9-Rates ausgeräumt.

Ein Resultat der mangelhaften Verwaltung ist das Pendeln der Reformbemühungen in der Kurie zwischen Trägheit auf der einen und schlecht durchdachtem Radikalismus auf der anderen Seite. Ein Beispiel ist der Vorschlag, der in den ersten Monaten von Franziskus' Pontifikat gemacht wurde, dem Staatssekretariat einen Denkzettel zu verpassen und seinen Leiter zum Päpstlichen Sekretär umzutaufen – was ein völlig anderes Amt ist.[59] Kardinal Rodríguez Maradiaga hat vor kurzem vorgeschlagen, die drei Tribunale des Vatikans, die Apostolische Pönitentiarie, die Rota und die Apostolische Signatur in einem einzigen Justizdikasterium zu vereinen. Aber eine der Aufgaben der Signatur ist es, Appelle der Rota anzuhören, und bei dem neuen Modell stünden dieselben Richter sowohl der ersten als auch der zweiten Instanz vor. Ein Rechtssystem, das nur ein Tribunal umfasst, ist ein Phänomen, das nur in totalitären Regimen vorkommt. Der Vorschlag zeigt fehlendes Wissen und fehlende Überlegungen der betreffenden Personen. Auf der anderen Seite war der Plan, das Staatssekretariat aufzulösen und in Bereiche aufzuteilen, eine wirklich notwendige Reform eines übermächtigen Apparates. Diese Idee wurde nicht wegen mangelnder Praktikabilität fallengelassen, sondern aus eigennützigen Interessen des Staatssekretariates selbst. Die Frage der größeren Kongregationen wurde ebenfalls nur unzureichend vom K9-Rat angegangen.

Einige Beispiele der Verwirrung und der Ineffektivität, die die »Reform« auszeichnete, wurden in einem Artikel von Juni 2017 aufgezeigt.[60] Im September 2016 haben die Räte für Laien, Familie und Leben formell aufgehört zu existieren und wurden in einem neuen Dikasterium unter der Leitung von Kevin Kardinal Farrell zusammengefasst. Doch ihr Sekretär wurde erst im Juni 2017 ernannt. Er lebte in Brasilien und würde einige Monate benötigen, um nach Rom überzusiedeln. Die Ernennung des Untersekretärs stand noch aus. Allerdings handelte es sich hierbei um Schlüsselpositionen, ohne die das Dikasterium seine Arbeit nicht aufnehmen konnte. Die Angestellten der alten Räte waren noch anwesend und warteten auf ihre Entlassung, in einem Zustand, den einer von ihnen als »ruhiges, gelassenes Chaos« beschrieben hat.

Im August 2016 wurde ein neues Dikasterium für die ganzheitliche Entwicklung des Menschen eingesetzt, das am 1. Januar 2017 in Kraft trat, mit dem afrikanischen Kardinal Peter Turkson als Präfekten. Das Dikasterium sollte ein Zusammenschluss der Päpstlichen Räte für Gerechtigkeit und Frieden, der pastoralen Sorge für Flüchtlinge und Menschen unterwegs und für die Hilfe im Krankendienst Tätiger sein, die mit Cor Unum zusammengeschlossen wurden. Aber Kardinal Turkson (der ein Bibelwissenschaftler ist und keine administrative Erfahrung hat) erklärte im Juni 2017, ihm sei unklar, was das Dikasterium zu tun habe und wartete noch immer auf seinen Marschbefehl. Seit 2018 sind die offenen Stellen in Kardinal Farrells Dikasterium besetzt, Kardinal Turkson hingegen scheint seinen Zuständigkeiten noch keinen Schritt näher gekommen zu sein.

Ein Journalist kommentiert die spärlichen Errungenschaften des K9-Rats, indem er einen Kardinal und einen Erzbischof zitierte, die seit Jahren in der Kurie gearbeitet haben:

»Solch eine Reform! Wir hätten so etwas auch selbst vorbereiten können, an einem einzigen Morgen gemeinsam bei Tisch.«

Ein weiterer Schritt in die falsche Richtung ist das Resultat der Gedankenlosigkeit von Papst Franziskus. In der Vergangenheit gab es ein System, das für jeden Vorsitzenden eines vatikanischen Dikasteriums regelmäßige Unterredungen mit dem Papst vorsah, normalerweise zweimal im Monat: die sogenannte *udienza di tabella*. Diese wurde nun vollständig abgeschafft; Amtsträger müssen heute besondere Termine vereinbaren und oft wird ihnen mitgeteilt, der Papst sei beschäftigt. Im Fall der Amtsenthebung dreier Mitarbeiter der Glaubenskongregation (28. Oktober 2016) hat Kardinal Müller mehrmals um eine Audienz gebeten, um den Fall zu besprechen, und als er endlich empfangen wurde, war es bereits zwei oder drei Monate zu spät.

Die Folge dieser Situation ist, dass das Staatssekretariat zum Pförtner wird, an dem alle Geschäfte vorbei müssen, ein Filter zwischen Papst und Kurie. Das Sekretariat ist dadurch mächtiger als je zuvor geworden. Wenn das so bleibt, ist keine Reform in Aussicht.

Ein Irrglaube, der von Journalisten verbreitet wurde und korrigiert werden muss, ist die Vorstellung eines liberalen Papstes, der gegen eine Phalanx von zentralistischen und klerikalistischen Funktionären ankämpft. Dies ist ein veraltetes, dass die Kurie aus Konservativen besteht, deren Ziel es sei, die päpstliche Macht zu stärken, und die liberale Reformen ablehnen. Das wäre vielleicht wahr, wenn wir auf die früher beschriebene geschichtliche Skizze zurück verwiesen, auf das Regime von Kardinal Canali in den 50er Jahren, das nach ihm Kardinal Ottaviani aufrechterhalten wollte. Aber Ottaviani wurde von Papst Paul VI. vollkommen überrumpelt. Paul VI. brachte einen französischen Prälaten ins Staatssekretariat, Jean-Marie Villot (1969 – 1979), der der Kurie bis dato fernstand. Villot hat ein System eingeführt, das vielleicht nach dem französischen Vorbild bürokratisch genannt werden kann, das aber sicherlich nicht papalistisch-konservativ war. Das alte Establishment wurde für immer aufgelöst. Dies war nicht unbedingt eine Verbesserung, denn das alte System – mit all seinen Defekten – war zumindest auf einem moralischen Prinzip gegründet, dem der traditionellen päpstlichen Monarchie. Die Kardinäle, die in der Kurie seitdem herausragende Positionen einnehmen, sind augenscheinlich keine Konservativen und haben kein besonderes Interesse daran, die päpstliche Autorität als theologisches Prinzip aufrechtzuerhalten. Wenn wir uns ansehen, was an dessen Stelle getreten ist, dann ist es das Prinzip ihrer Eigeninteressen als Bürokraten, und diese Eigenschaft herrscht ungestört unter dem »liberalen« Papst Franziskus.

Die bisher beschriebenen Mängel sind relativ trivial und im schlimmsten Fall würden sie nur Franziskus' totale Inkompetenz in Sachen Reform illustrieren. Die Wirklichkeit aber ist bei weitem schlimmer. Sie besteht aus einem Zustand chaotischer Rivalitäten und Konflikte, der durch Papst Franziskus' manipulative Methoden entstanden ist und am Ende des dritten Abschnitts mit den Auswirkungen auf das Staatssekretariat, das Wirtschaftssekretariat und andere Finanzkörper des Vatikans beschrieben werden wird. Und er dehnt sich auch auf den moralischen Zustand der Kurie aus, über den Benedikt XVI. zwei Monate vor seinem Rücktritt ein so entmutigendes Bild vorgelegt wurde. Jegliche Vorstellung, dass Papst Franziskus selbst sich die Mühe gemacht habe, diesen Aspekt zu reformieren, wäre ein wirklicher Irrglaube.

Die Existenz einer homosexuellen Lobby im Vatikan, die in dem Report der Kardinäle vom Dezember 2012 aufgedeckt wurde, ist ein Skandal, zu dessen Bereinigung Papst Franziskus noch keinen Schritt unternommen, ihn vielmehr sogar verschlimmert hat. Einer der berüchtigtsten bekannt gewordenen Fälle ist der von Msgr. Battista Ricca, der Prälat des Instituts für die religiösen Werke (Vatikanbank) war. Msgr. Battista Ricca machte seine Karriere im päpstlichen diplomatischen Dienst. Nachdem er in Bern gearbeitet hatte, wurde er 1999 nach Uruguay entsandt und brachte seinen Geliebten mit, einen berüchtigten Hauptmann der Schweizer Armee mit Namen Patrick Haari. Indem er das Zeitintervall zwischen dem Ruhestand des Nuntius und der Ankunft seines Nachfolgers ausnutzte, wurde Ricca der Geschäftsträger und brachte Haari in der Nuntiatur selbst unter – mit einer Arbeitsstelle, einem Gehalt und einer Wohnung. Der neue Nuntius, der in Montevideo zu Beginn des Jahres 2000 ankam, versuchte Ricca und Haari loszuwerden, aber Ricca wurde durch seine Freundschaft mit Erzbischof (späterer Kardinal) Re geschützt, der zu dieser Zeit Substitut im Staatssekretariat war. Diese *ménage* war ein offener Skandal selbst beim Klerus und bei den Nonnen, die in der Nuntiatur in Montevideo arbeiteten. Aber es konnte nichts getan werden, selbst als Haari eines Nachts von einigen Priestern von einer homosexuellen Orgie, wo er von einigen Rüpeln übel zugerichtet worden war, nach Hause gebracht werden musste. Erst zu diesem Zeitpunkt – im August 2001 –, als Msgr. Ricca selbst in einem Fahrstuhl mit einem Jungen gefunden wurde, der der Polizei bekannt war, konnte der leidende Nuntius seinen Untergebenen loswerden. (Haaris Koffer waren vollgestopft mit Kondomen und pornographischem Material). Nach einer Versetzung nach Trinidad und Tobago, wo er sich mit dem Nuntius anlegte, wurde Ricca 2005 endlich aus dem aktiven diplomatischen Dienst entfernt und nach Rom versetzt, wo ihm der Status eines Ratgebers einer erstrangigen Nuntiatur übertragen wurde. Seine Verantwortung war unter anderem, das Gästehaus für Kardinäle in der Via della Scrofa zu verwalten, wo Kardinal Bergoglio genächtigt hatte und wo er berühmterweise seine Rechnung am Morgen nach seiner Wahl persönlich bezahlte.

Da Montevideo und Buenos Aires sich an der Flussmündung des Rio della Plata gegenüberliegen, scheint es unwahrscheinlich, dass der damalige Kardinalerzbischof Bergoglio nichts von den Machenschaften in der Nuntiatur »nebenan« wusste, was ihn allerdings nicht davon abhielt, eine enge Freundschaft mit Msgr. Ricca zu pflegen. Davon profitierte Letzterer später, als Bergoglio zum Papst gewählt wurde. Innerhalb von drei Monaten im Juni 2013 wurde Msgr. Ricca zum Prälaten des IOR, der sogenannten Vatikanbank ernannt.[61] Diese Ernennung wurde zum Auslöser eines Fragenschwalls von Journalisten an den Papst in einer der typischen Pressekonferenzen an Bord eines Flugzeuges, als er über die Beförderung eines bekannten Homosexuellen befragt wurde und der in den bekannten Kommentar des Papstes mündete: »Wer bin ich, dass ich richte?« In Wirklichkeit passt seine Beziehung zu Msgr. Ricca in das Muster seines Verhaltens als Erzbischof von Buenos Aires, indem er sich nämlich mit moralisch schwachen Persönlichkeiten umgibt, um sie unter seiner Kontrolle zu haben.

Man könnte sagen, dass der durchschnittliche gläubige Katholik es skandalös fände, wenn er wüsste, dass die höheren Ränge der Kirche von Männern besetzt sind, die so offensichtlich ihre Pflichten der Keuschheit verletzen, wie Msgr. Ricca es getan hat, und es unglaublich finden würde, dass solches nicht nur toleriert, sondern sogar geschützt und gefördert wird. Aber die Situation blieb unter Papst Franziskus nicht nur gleich, sie verschlimmerte sich sogar sichtlich. Im Oktober 2015 wurden wir mit dem Spektakel konfrontiert, dass ein Mitglied der Kongregation für die Glaubenslehre, Msgr. Krzysztof Charamsa, demonstrativ seine Stelle verließ und verkündete, homosexuell zu sein und – zur Freude der Presse – eine Tirade gegen die kirchliche Morallehre vom Stapel ließ. Er »enthüllte« auch, dass es eine homosexuelle Lobby in der Kurie gebe, was zwar schon im Vorfeld bekannt war, so aber durch einen »Insider« nochmals bekräftigt wurde. Der bedeutendste Aspekt dieses Falles war die Tatsache, dass Msgr. Charamsa seit Jahren als ein erbitterter Gegner der Kirchenlehre agierte, deren Fürsprecher er zu sein vorgab, und auch, dass bei all dem Gerede über die Reinigung der Kurie kein Versuch unternommen wurde, Persönlichkeiten wie ihn zu stören oder zu entlarven. Es bedurfte einer Geste offenen Ungehorsams seinerseits, um ihn seines Amtes zu entheben, ein Amt, das er so offensichtlich verraten hatte.

Ein anderer Prälat, der ein weniger willentliches »Outing« erfuhr, war Msgr. Luigi Capozzi, der Sekretär von Kardinal Coccopalmerio. Im Juni 2017 wurde er von der vatikanischen Gendarmerie dabei erwischt, eine Drogenfeier für Homosexuelle in seiner Luxuswohnung im Palazzo del Sant'Uffizio zu veranstalten, und es wurde herausgefunden, dass er sein

Auto mit Vatikannummernschild dazu nutzte, um Drogen an der italienischen Polizei vorbeizuschmuggeln.[62] Kardinal Coccopalmerio, der gleichermaßen dafür bekannt ist, ein Fürsprecher für Toleranz gegenüber Homosexuellen, als auch der vermutlich herausragendste »Ja«-Sager von Papst Franziskus zu sein, hatte diesen ihm vertrauten Assistenten für das Bischofsamt vorgeschlagen.

Die größere Bedeutung dieser Infiltrierung liegt darin, dass die Homosexuellenlobby daran arbeitet, die kirchliche Morallehre nach ihren eigenen Interessen zu verändern, wobei der liberalisierende Weg von Papst Franziskus ihr dabei gerade recht kommt. Beispielsweise schrieb Erzbischof Bruno Forte für die Familiensynode 2014 einen Text, der versucht, die katholische Lehre über die Homosexualität zu verändern. Sein Text wurde von der Synode abgewiesen, obgleich es nicht an Bemühungen von Seiten Papst Franziskus' mangelte, diesen liberalisierenden Kurs einzuschlagen. Vielleicht noch skandalöser ist der Fall von Erzbischof Vincenzo Paglia, der – unglaublicherweise – Präsident des Päpstlichen Rates für die Familie ist und den Papst Franziskus erst kürzlich zum Präsidenten des Päpstlichen Institutes Johannes Paul II. für Studien zu Ehe und Familie ernannt hat, der Einrichtung, die Johannes Paul II. als Hüter für die kirchlichen Lehre vorgesehen hatte.

Im Dezember 2014 nutzte Papst Franziskus die Gelegenheit eines Kurientreffens, um Weihnachtsgrüße an die Kardinäle zu richten und hielt ihnen eine Strafpredigt, in der er in erfindungsreichen Details die fünfzehn Arten ihrer Verderbtheit aufzählte. Diese Herangehensweise an die Kurienreform illustriert seine Vorliebe für unablässiges Gemecker und bewusste Verhöhnungen, die ihn in seinen ersten Jahren auszeichnete (er scheint nun gemerkt zu haben, dass die Menschen derer müde werden); sie passt aber auch ins Muster der vertrauten Rhetorik, die ihn als radikalen Reformer darstellt, während er keine praktischen Schritte veranlasst, die Reform wirklich durchzusetzen. Die wahre Korruption in der Römischen Kurie, ob administrativer oder moralischer Natur, ist nicht etwas, das Franziskus bisher in irgendeiner sichtbaren Weise reformiert hat, ganz im Gegenteil: Es ist eine Schwäche, die er ausnutzt und die in seiner Regierungszeit gewachsen ist.

2. Was wurde aus der »Null-Toleranz« bei sexuellem Missbrauch durch Kleriker?

Zu der Zeit, als der Bericht von Harranz und Tomko publik wurde, was in der Presse »Schwulenmafia« oder »Gay-Lobby« im Vatikan genannt wurde, war das schon gemeinhin vermutet. Das Phänomen der weitverbreiteten Homosexualität beim Klerus und bei den Bischöfen war seit 2001 bekannt, als der *Boston Globe* mit einer Serie von Exposés begann, die sich auf die Skandale des »sexuellen Missbrauchs durch Priester« stürzte, was die Landschaft der katholischen Kirche für lange Zeit prägte. Die Art der Missbräuche wurde durch den John-Jay-Report bestätigt, eine von der US-Bischofskonferenz eingesetzte Untersuchung, die 2004 veröffentlicht wurde und herausfand, dass über 80 Prozent der Opfer männliche Jugendliche waren.[63] Seit 2004 kamen Nachforschungen aus Diözesen rund um die Welt ans Licht, die Ähnliches berichteten. Die Kirche hatte ein enormes Problem, von welcher Seite auch immer man es betrachten will. Im Jahr 2012 hatten die Diözesen und Landesbischofskonferenzen in Australien, Kanada, Argentinien, Brasilien, Chile und Mexiko, auf den Philippinen und in Indien und auch in den meisten europäischen Ländern das heute bekannte Muster bestätigt.

Der John-Jay-Report bezog sich auf den Zeitraum 1950 bis 2002 und stellte fest, dass die Probleme zu der Zeit ihren Höhepunkt erreichten, als es Mode wurde, die Zulassungsrichtlinien für Seminare zu ignorieren oder umzuschreiben, und Homosexuellen erlaubt wurde, zu studieren und zu Priestern geweiht zu werden, d. h. in den 60er bis 80er Jahren. Diese Periode könnte man als die sexuelle Revolution innerhalb der Kirche bezeichnen. Es war eine globale Welle von neumodischer sexueller Freizügigkeit, die in den 70er Jahren aufkam und die den Vatikan wohl kaum unangetastet lassen würde. Trotz der Vertuschung des Herranz- und Tomko-Reports durch Franziskus wurden die Probleme mit voller Breitseite 2012 deutlich, als Vatileaks eine ausgedehnte und finanzkräftige homosexuelle Lobby aufdeckte, die aus der Kurie heraus arbeitete. Die Dokumente enthüllten, dass Kurienbeamte im Vatikanbesitz befindliche Wohnungen in Rom als Schwulenpuffs zur Verfügung stellten, die Priester als ihre Hauptkunden betrachteten. Geschichten in Rom von Vatikanprälaten, die Seminaristen unanständige Angebote machten und jüngeren Klerus bedrängten, häuften sich. In dieser Situation kann es nicht verwundern, dass ein Mann wie Jorge Bergoglio, der sich die populistischen Praktiken zu eigen macht, die »Wer-bin-ich,-dass-ich-richte?«-Linie in der Öffentlichkeit fährt.

Trotz der Versuche der weltlichen Presse, die Schuld rückwirkend auf Papst Benedikt zu schieben, zeigen die Aufzeichnungen, dass der ehemalige Chef der Kongregation für die Glaubenslehre (im Folgenden KGL) wirksame und bedeutende Reformen unternahm, die in den USA als »Null-Toleranz«-Politik beschrieben wurden. Sexuelle Missbräuche an Minderjährigen waren, zumindest im Jahr 2001, noch ein Thema, das in der Öffentlichkeit Aufmerksamkeit auf sich zog, und der Ruf nach Reform war in aller Munde. Aber selbst zu diesem Zeitpunkt schon machte die Homosexuellenlobby nach ihrer Aufnahme in die UN und in die NGOs der EU extreme Fortschritte beim Imagewandel. Die weltlichen Medien kollaborierten mit ihr und schufen eine künstliche Unterscheidung zwischen düsteren und gruseligen »Priesterpädophilen«, die sich vorpubertierende Kinder, Mädchen und Jungen, als Beute suchten, und dem frisch aufgeputzten Image der moralisch annehmbaren »schwulen Männer«. Ausgemerzt wurde jeglicher Beweis, der bezeugte, dass die LGBT-Lobby auch daran arbeitet, das gesetzliche Alter für einvernehmlichen Sex auf 14 Jahre zu senken, das Alter der bevorzugten Opfer von klerikalen sexuellen Missbräuchen.[64] Im Kontext dieser größeren kulturellen Veränderungen und der Wirklichkeit innerhalb des Vatikans ist es vielleicht verständlich, dass Papst Benedikts Reformen – die einen Ausschluss von Männern mit homosexuellen Tendenzen vom Priestertum vorsahen[65] – so wenig genutzt haben, schon bevor sie von seinem Nachfolger untergraben wurden.

Laut Berichten, die derzeit der KGL und der UN-Menschenrechtskommission von Januar 2014 vorliegen, hatte Benedikt im Zeitraum von 2009 bis 2012 wegen vergangener sexueller Missbräuche mehr als 800 Priester suspendiert oder laisiert. Unter ihnen war der berüchtigte P. Marcial Maciel, der einflussreiche Gründer der Legionäre Christi, der unter dem Vorgängerpapst Immunität gegenüber jeder Untersuchung genoss. Im Jahr 2011 schickte die KGL einen Brief an alle Bischofskonferenzen der Welt und bat sie, strenge Richtlinien für die Ausbildung zukünftiger Priester und Ordensmänner umzusetzen und mit den zivilen Autoritäten zusammenzuarbeiten. Diese Richtlinien sahen für Bischöfe vor, alle neuen Fälle den zivilen Autoritäten und der KGL zu melden. In einem Pastoralbrief aus dem März des Jahres 2010 an die irischen Katholiken kritisierte Benedikt die laxe Anwendung der Kirchengesetze durch Bischöfe, deren Versagen »ernsthaft der Glaubwürdigkeit und Wirksamkeit geschadet« habe. Er unterstrich, dass es eine »verfehlte Tendenz« gebe, kanonische Bestrafungen nicht anzuwenden, und berief sich dabei auf »eine Fehlinterpretation des Zweiten Vatikanischen Konzils.«

Aber diese Richtlinien waren zumeist nur ausdrückliche Wiederholungen von alten Reformen, auf die Ratzinger bestand, als er noch Präfekt der Kongregation für die Glaubenslehre war. Im April 2001, nur Monate nach der Veröffentlichung der Skandale, erließ Johannes Paul II. Normen[66], die Bischöfe dazu verpflichteten, alle Anschuldigungen an den Klerus von »delicta graviora« (schlimmeren Verfehlungen) gegen das sechste Gebot der KGL zu melden, deren Kompetenz über die Kongregation für den Klerus und die Römische Rota hinausging. Drei Wochen später sandte Ratzinger einen Brief an jeden Bischof in der katholischen Welt, in dem er sie an die Normen erinnerte und auf ihre Umsetzung insistierte.

Papst Benedikts entschiedenste Tat war, gegen den lange vernachlässigten Fall des P. Marcial Maciel vorzugehen, den

Gründer der wohlhabenden Priesterkongregation der Legionäre Christi. Beschwerden und Anschuldigungen hatten sich in den Jahrzehnten gegen Maciel angehäuft, aber die Öffentlichkeit war nicht auf die schreckliche Wirklichkeit vorbereitet: Die Täuschung, die Maciel jahrzehntelang erfolgreich begangen hatte, kam endlich ans Tageslicht. Während des Pontifikats von Johannes Paul II. genossen die Legionäre und Maciel die Gunst des Papstes und die Förderung des mächtigen Staatssekretärs Angelo Kardinal Sodano, der angeblich enorme Summen von der Gruppe erhalten hatte. Im Jahr 2004, gegen Ende des Pontifikats von Johannes Paul II., hatte Ratzinger eine erneute Untersuchung Maciels in der KGL angeordnet. Nachdem die durchgeführt wurde und nachdem die Kongregation über 100 ehemalige Seminaristen und Priester befragt hatte, führte dies zu der Überzeugung, dass die Anschuldigungen Substanz hatten. Maciel trat als Oberer der Legionäre zurück, nur wenige Tage vor dem Tod Johannes Paul II., bei dessen Bestattungszeremonie Kardinal Ratzinger bekanntermaßen den »Schmutz« der klerikalen Missbrauchsfälle anprangerte, der in der Kirche gewachsen war.

Die Untersuchung ging weiter, nachdem Ratzinger im Mai 2006 zum Papst gewählt worden war, und die KGL gebot Maciel, »jede Form des öffentlichen Wirkens« einzustellen und sich »in ein Leben der Buße und des Gebets« zurückzuziehen. Maciel starb im Jahre 2008. Am Ende kam ans Licht, dass der Gründer der Legionäre seit Jahrzehnten ein Doppelleben geführt hatte; er war morphiumsüchtig, hatte Jungen und junge Männer sexuell missbraucht, hatte drei Mätressen in zwei Ländern und sechs Kinder mit ihnen gezeugt, alles unter dem Deckmantel der kultartigen Hingabe des Ordens an ihren Gründer; unterstützt durch Geld, das den Legionären als religiösem Institut gespendet wurde.

Mit der Nachfolge von Benedikt XVI. konnten selbst jene, die nicht die »konservative« Seite in der Kirche unterstützten, einen tiefgehenden Wandel in der Kirche spüren. Michael Sean Winters, ein Kolumnist des *National Catholic Reporters*, lobte Benedikt für sein Aufspüren derjenigen, die Schuldige hatten decken wollen. Er nannte die vormalige Strategie, sich auf die Kinderschänder zu konzentrieren, eine »vollkommen unwirksame Strategie«. Missbrauch von Minderjährigen, so erklärte er, »war schrecklich« aber »was wirklich die Galle hochtrieb, was wirklich ein Gefühl des Verrates vermittelte war, dass die Bischöfe auf diese Missbräuche nicht mit dem angemessenen Entsetzen reagierten.«

»Die Bereitschaft Benedikts, die Bischöfe verantwortlich zu machen, war das, was die Kirche für ihre Heilung brauchte«, erklärte Winters. »Papst Benedikt versteht es. Und er hat klargemacht, dass Bischöfe, die es nicht verstehen wollen, ersetzt werden.« Dies wurde nur einige Tage vor dem Rücktritt Benedikts durch ein führendes Mitglied des diplomatischen Corps des Vatikans, Erzbischof Miguel Maury Buendia, bestätigt, der erläuterte:[67] »Dieser Papst hat monatlich zwei oder drei Bischöfe auf der ganzen Welt abgesetzt. [...] Es gab zwei oder drei Fälle, in denen sie sich geweigert haben, also hat der Papst sie einfach abgesetzt.«

Trotz verbaler Versprechen von Papst Franziskus scheint sich diese Reform der Rechenschaftspflicht beim neuen Papst in Luft aufgelöst zu haben. In der Tat werden aufmerksame Beobachter erkennen, dass Franziskus sofort eine neue Richtung signalisierte, indem er einen der berüchtigsten Ermächtigerbischöfe ehrte. Wie bereits vorher erwähnt, erschien Kardinal Daneels gemeinsam mit dem neuen Papst am Abend seiner Wahl auf dem Balkon des Petersdoms.

Anne Barrett Doyle, die Ko-Direktorin von *BischopAccountability* erklärte: »Kein anderer Papst hat so leidenschaftlich über das Böse des Kindesmissbrauchs gesprochen wie Franziskus. Kein anderer Papst hat die ›Null-Toleranz‹-Politik so oft erwähnt.«[68] Und doch hat der Papst mit seinem beliebten Motto »Barmherzigkeit« mit dem Ratzinger / Benedikt-Programm der Reform gebrochen, indem er die Strafe für Missbrauchspriester auf eine »Lebenszeit des Gebets« und Zelebrationsverbot reduzierte. Im Februar 2017 wurde aktenkundig, dass Franziskus »stillschweigend die Sanktionen gegen eine Handvoll pädophiler Priester einschränkte, indem er seine Sichtweise der barmherzigen Kirche selbst ihren schlimmsten Übeltätern gegenüber anwendete.«[69]

Ein besonders gravierender Fall war Franziskus' Entscheidung, die von der KGL auferlegte Strafe der Suspension *a divinis* für den italienischen Priester Mauro Inzoli aufzuheben, der im Jahre 2012 von einem kirchlichen Gerichtshof für schuldig befunden wurde, Jungen im zarten Alter von zwölf Jahren missbraucht zu haben. Inzoli hatte besonders die Italiener mit seiner unverschämten Haltung verärgert – er hatte Jungen in der Beichte belästigt und ihnen einzureden versucht, dass die Misshandlung von Gott gewollt war – und mit seinem Hang zum Luxusleben, der ihm in der Presse den Namen »Don Mercedes« einbrachte.

Aber im Jahre 2014 reduzierte Papst Franziskus die Bestrafung des Priesters, nachdem Berufung durch Inzolis Freunde bei der Kurie eingelegt worden war, und verurteilte ihn nur zu einem »Leben des Gebetes« und einem Versprechen, sich von Kindern fernzuhalten, wobei ihm die Erlaubnis gegeben wurde, privat die Messe zu feiern. Franziskus befahl ihm zudem, sich einer fünfjährigen Psychotherapie zu unterziehen, ein medizinischer Lösungsansatz, der von Bischöfen auf der Höhe der Missbrauchskrise favorisiert wurde und wenig Wirkung zeigte.

Inzolis zwei kurialen Freunde spielten eine bedeutende Rolle bei den Auseinandersetzungen zwischen Franziskus und seinen Kritikern innerhalb des Kardinalskollegiums im Streit über *Amoris Laetitia.* Kardinal Coccopalmerio, ein vormaliger Weihbischof von Kardinal Martini, ist Präsident des Päpstlichen Rates für die Gesetzestexte, und Msgr. Pio Vito Pinto ist heute Dekan der römischen Rota.[70] Beide Prälaten waren Schlüsselfiguren dabei, Franziskus gegen Kritiker der Apostolischen Exhortation Amoris Laetitia zu schützen, deren Gegner unter anderem Kardinal Müller war, der damalige Präfekt der KGL. Ein Journalist kommentierte: »Papst Franziskus folgt den Ratschlägen einer Kabale von Verbündeten in der Kurie, die sich verschworen hat, die Reformen im Umgang mit den Missbrauchsfällen bei Priestern rückgängig zu machen, welche von seinen Vorgängern Johannes Paul II. und Benedikt XVI. eingesetzt wurden.«[71]

Diese Nachsicht ging jedoch fehl. Nachdem Beschwerden aus der Heimatstadt Inzolis, Cremona, kamen, hat die Polizei das Verfahren gegen ihn wiederaufgenommen. Er wurde vor Gericht angeklagt, für schuldig befunden und zu vier Jahren und neun Monaten Haft verurteilt, weil er in »über hundert Fällen« fünf Jungen im Alter zwischen 12-16 Jahren belästigt hatte. Fünfzehn andere Straftaten waren bereits verjährt.

Nach Inzolis Verurteilung durch die weltlichen Gerichte nahm auch der Vatikan den Fall mit Verspätung wieder auf.

Bis Juli 2017 – der Absetzung von Kardinal Müller – kursierten Gerüchte, dass Franziskus versuche, die Zuständigkeit für Missbrauchsfälle von Kardinal Müller weg, hin zur Römischen Rota und der Kongregation für den Klerus zu übertragen. Nicole Winfield von der *Associated Press* berichtete, dass Franziskus auch den Vorschlag für ein Tribunal von Bischöfen ablehnte, der von seiner eigens eingesetzten Kommission für Missbrauchsfälle vorgeschlagen wurde, und dass er zwei der Mitarbeiter der KGL absetzte, die sich mit solchen Fällen beschäftigten. Er weigerte sich, Kardinal Müller die Gründe dafür zu nennen. Die anderen Vorschläge der Kommission, Richtlinien für die Diözesen zu entwerfen, wie man mit Missbrauchsfällen umzugehen habe, wurden nie an die Bischofskonferenzen verschickt oder wenigstens auf der Vatikanwebseite veröffentlicht. Franziskus' neue Herangehensweise wurde auch von einem Opfer in seiner eigenen beratenden Kommission für Missbrauchsfälle kritisiert. Marie Collins, die später aus der Kommission austrat, sprach von einer Vatikankultur der bürokratischen Behinderung und Untätigkeit und erklärte, dass das »medizinische Lösungsmodell« unangemessen sei. »Alle Missbrauchstäter haben eine bewusste Entscheidung getroffen«, erklärte Collins der *Associated Press.* »Selbst jene, die pädophil sind – das werden Ihnen Experten bestätigen –, sind trotzdem verantwortlich für ihre Taten. Sie sind fähig, ihren Neigungen zu widerstehen.«

Inzolis Falls ist kein Einzelfall. Winfield schrieb, dass »zwei Juristen des Kanonischen Rechts und ein Kirchenbeamter« ihr erklärten, die Betonung der »Barmherzigkeit« des

Papstes hätten eine Umgebung geschaffen, in der »mehrere« Priester, die unter kanonischen Sanktionen der KGL standen, erfolgreich Einspruch bei Franziskus eingelegt haben und durch ihre mächtigen Kurienverbindungen Milde erfuhren. Der unbenannte Beamte erklärten, dass ein solcher Einspruch bei Benedikt XVI. selten Erfolg erzielt hätte, der 800 Priester ihres Amtes enthob.

Die Frage bleibt offen, inwiefern Bergoglio im Fall des jahrzehntelangen sexuellen Missbrauchs von Schülern durch Priester des Antonio-Provolo-Institutes, einer Schule für taube Kinder in Argentinien und dem italienischen Verona, wusste und involviert war. Nicola Corradi und Horacio Corbacho wurden 2016 in Argentinien verhaftet, nachdem 24 ehemalige Schüler des Institutes sich mit Anschuldigungen meldeten, die bis ins Jahr 2009 zurück reichten. Obwohl die Diözese von Verona – nachdem Benedikt vom Vatikan aus eine Untersuchung angeordnet hatte – sich offiziell bei den italienischen Opfern derselben Priester an der dortigen Institutsschule entschuldigte, hat der Vatikan seitdem nichts unternommen. Und das, nachdem Schüler Corradi wiederum in einem Brief an Franziskus mit Namen nannten und 2014 um eine Untersuchung baten. Die einzige Antwort, die die Gruppe aus Rom jemals erhielt, war ein Brief von Erzbischof Angelo Becciu, in dem er ihnen erklärte, dass die Bitte an eine Kommission der italienischen Bischofskonferenz weitergeleitet worden sei. Die Provolo-Associatione erklärte der *Associated Press* 2016: »Bis zum heutigen Tag ist noch nichts geschehen.«

»Wir müssen uns fragen: Der Papst, der jahrelang Oberhaupt der argentinischen Kirche war, wusste nichts von den Missbrauchsfällen des Klerus in seinem Land?«, erklärte ein

Jurist des Kanonischen Rechts, Carlos Lombardi, Mitglied der Gruppe, der Presse. »Entweder lebt er außerhalb der Realität, oder er ist enorm zynisch [...], denn das ist eine Verhöhnung.«[72]

Das jüngste Ereignis, mit dem der Papst sogar seine treuesten Bewunderer schockiert hat, dreht sich um den Fall von Bischof Juan Barros Madrid, der bereits ein außergewöhnliches Beispiel für unbeholfenes und widersprüchliches Handeln geliefert hatte. Am 28. Januar 2018 führte *The National Catholic Reporter*, der bisher als eine Bastion der Loyalität zu Franziskus gelten konnte, in einem Leitartikel aus: »Papst Franziskus' Parteinahme für den chilenischen Bischof Juan Barros Madrid ist nur die letzte in einer Reihe von Äußerungen, die er in seinem nun fast fünfjährigen Pontifikat getätigt hat, die die Opfer und den gesamten Leib der Kirche verletzt haben.«[73] Der Artikel setzt fort: »Innerhalb von vier Tagen verleumdete Papst Franziskus die Opfer der Missbräuche zweimal. Auf dem päpstlichen Flug von Peru aus am 21. Januar bezeichnete er die Aussage gegen den chilenischen Bischof Juan Barros Madrid zum wiederholten Male als ›Rufmord‹. Trotz gegenteiliger öffentlicher Berichte von mindestens drei Opfer bekräftigte er auch erneut, dass er keinen Beweis für eine Beteiligung Barros' an einer Vertuschung zum Schutz des notorischen Vergewaltigers P. Fernando Karadima gesehen habe. Diese Äußerungen sind mehr als nur beschämend. Im schlimmsten Fall könnten sie eine Beteiligung Franziskus' an der Vertuschung nahelegen. [...] Die Aussagen des Papstes zur Null-Toleranz waren überzeugend, allerdings hat er sich immer und immer wieder dagegen verwehrt, entschieden gegen diejenigen vorzugehen, die den Tätern Schutz gewähren. [...] In einer unverblümt kritischen Stellungnahme, wie man sie in der jüngeren Kirchengeschichte nur schwer findet, sagte der Bostoner Kardinal Sean O'Malley, die Verleumdung der Missbrauchsopfer durch den Papst habe bei ihnen ›großen Schmerz‹ verursacht. [...] Wenn es darum geht, dem Klerikalismus entgegenzutreten, welcher Grundlage für einen Missbrauchsskandal ist, dann ist die steinerne Haltung des Papstes Teil des Problems.«

Wenn Papst Franziskus' Freunde beginnen, derartige Ausführungen zu machen, dann hat sein Image einen wirklichen Schaden erlitten.

3. Was wurde aus der Finanzreform des Vatikans?

Das Problem der Korruption

Es ist keine Überraschung, dass die schlimmsten Fälle von Korruption innerhalb der Kurie immer in den Finanzabteilungen stattgefunden haben, zum einen, weil die persönliche Versuchung der Bereicherung auf der Hand lag, und zum anderen, weil die Mitarbeiter in dieser Abteilung in Bezug auf die Geschäfts- und Finanzwelt ungeschult waren und damit immer leichte Beute von Methoden zweifelhafter Glaubwürdigkeit und sogar Verbrechen wurden. Die Anklagen gegen Erzbischof Marcinkus und Bischof de Bonis, die in den 80er und 90er Jahren ans Tageslicht kamen, wurden bereits beschrieben, aber – überraschenderweise – wurde diesen Warnungen im Vatikan kein Gehör geschenkt. Ganz im Gegenteil: Es deutet alles darauf hin, dass eine Kultur der Habgier und der Unehrlichkeit in den zwanzig Jahren vor der Wahl von Franziskus zugenommen hatte.

Ein eklatantes Beispiel kam innerhalb der ersten drei Monate an die Öffentlichkeit. Es handelte sich um den Fall von Msgr. Nunzio Scarano, des Chefbuchhalters der APSA (Amministrazione del Patrimonio della Sede Apostolica), der im Juni 2013 mit dem Vorwurf, 22 Millionen Euro aus der Schweiz in einem Privatflugzeug nach Italien geschmuggelt zu haben, festgenommen wurde. Er lebte in einem Apartment in Salerno mit 17 Zimmern, das er mit Kunstwerken von van Gogh und Chagall schmückte. Er wurde »Monsignore 500« genannt, wegen der 500-Euro-Scheine, die er berühmterweise bei seinen Transaktionen benutzte.

Msgr. Scarano machte den Fehler, als Komplizen eines Geldschmuggelplans einen Agenten der italienischen Geheimpolizei auszuwählen, Giovanni Mario Zito, dem er 217.000 Euro für seine Dienste bezahlte. Als Zito bei den zuständigen Behörden den Plan aufdeckte, leugnete Scarano seine Schuld und beschuldigte Zito, die 217.000 Euro von ihm gestohlen zu haben. Beim Gerichtsprozess im Fall Scarano im Januar 2016 scheiterten die Anschuldigungen wegen Geldschmuggels gegen ihn aus dem einfachen Grund, dass der Plan nicht umgesetzt worden war, aber Scarano wurde aufgrund seiner Anschuldigungen gegen Zito wegen Diffamierung verurteilt.[74]

Der Scarano-Fall war nicht nur als Einzelfall explosiv, sondern auch, weil der Monsignore sofort begann, Anschuldigungen bezüglich weitverbreiteter finanzieller Delikte im Vatikan vorzubringen. Er enthüllte, dass APSA-Mitarbeiter regelmäßig Geschenke von Banken annahmen, die das Vatikangeld anlocken wollten, inklusive Reisen, Fünfsternehotels und Massagen. Es war gängige Praxis, Kapital oftmals von einer Bank an eine andere zu verschieben, teils nur, um

Geschenke zu erhalten. Msgr. Scarano sprach auch über die Gewohnheit von APSA-Mitarbeitern, Bieterverfahren für angeblich wettbewerbsfähige Verträge einzuleiten.[75]

Benedikt XVI. hatte den Prozess der Reform bereits begonnen: Er rief die Vatikanische Finanzinformationsbehörde (AIF) ins Leben, um Transparenz zu garantieren und entschied sich, zur Untersuchung der kurialen Finanzabteilungen Moneyval einzubeziehen, den Rat der europäischen Agentur gegen Geldwäsche, womit er den Vatikan der ersten externen Inspektion in seiner Geschichte unterzog. Das war aber noch nicht alles. Scaranos Enthüllungen dienten vermutlich als Auslöser für tiefergehende Untersuchungen. Im Juli 2013 setzte Papst Franziskus die Pontificia Commissione Referente di Studio e di Indirizzo sull'Organizzazione della Struttura Economica-Amministrativa ein. Diese Kommission ordnete eine Reihe von Gutachten an, die die betroffenen kurialen Abteilungen analysierten, deren kurze Beschreibung notwendig ist.

Die Finanzabteilungen des Vatikans

Die Amministrazione del Patrimonio della Sede Apostolica (APSA) war und ist die Staatskasse und die allgemeine Buchhaltung des Vatikans. Sie besteht aus einer »ordentlichen Abteilung« mit der Zuständigkeit, die Immobilien des Heiligen Stuhls zu verwalten, samt einem Erwerbsbüro und einer »außerordentlichen Abteilung«, die ein großes Anlageportfolio verwaltet.

Das Istituto per le Opere di Religione (IOR), das allgemein als »Vatikanbank« bekannt ist, hat genau diese Funktion. Es verwaltet Konten, die für Körperschaften oder Personen bestimmt sind, die zum Vatikan gehören. Ermittlungen im Jahr 2013 zeigten, dass dazu eine große Anzahl von Personen außerhalb des Vatikans gehört, vermutlich mit der Absicht, Steuern zu hinterziehen. Tausende Konten wurden zu jener Zeit abrupt geschlossen. Im Juli 2013 gab der Leiter des IOR, Ernst von Freyberg, öffentlich zu, dass Geldwäsche eine der Aktivitäten war, die sich durch die laxe Kontrolle ausbreitete, und er bezeichnete Msgr. Scarano als einen »wirklichen Profi in Sachen Geldwäsche.«

Eine weitere Abteilung, die in Betracht gezogen werden muss, ist das Governatorat des Staates der Vatikanstadt, das mit großen Geldsummen umgeht, die durch die Museen und die verschiedenen Läden und Supermärkte im Vatikan eingenommen werden.

Ihnen stand das Staatssekretariat vor, das – wie wir vorher bereits anmerkten – im letzten halben Jahrhundert als Abteilung eine stetig wachsende Macht über alle kurialen Dikasterien erlangt hatte. Besonders zwischen 2006 und 2013 war Kardinal Bertone damit beschäftigt, sein Imperium auszubauen und sich darum zu bemühen, jeden Aspekt der vatikanischen Finanzen unter seine Kontrolle zu bringen. Abteilungen von besonderer Bedeutung waren die Präfektur für die ökonomischen Angelegenheiten des Heiligen Stuhls (deren Aufgabe vom Wirtschaftssekretariat 2015 übernommen wurde), die Kongregation für die Evangelisation der Völker, die über ein enormes Budget verfügt, und die Kongregation für die Selig- und Heiligsprechungsprozesse, die große Summen verwaltete, um Prozesse für Selig- und Heiligsprechungen zu finanzieren – eine Aktivität, die besonders unter den ansteigenden Heiligsprechungsverfahren unter Johannes Paul II. stark zunahm.

Bis Februar 2014 hatten die Nachforschungen der Kommission, die im vorherigen Sommer eingesetzt wurde, unter anderem enthüllt, dass 94 Millionen Euro im Staatssekretariat gefunden wurden, die nicht auf den offiziellen Abrechnungen erschienen.[76] Dies sollte sich nur als Spitze des Eisbergs herausstellen. Auf Grundlage der vorgenommenen Untersuchungen sprach der Rat umfassende Empfehlungen für die Reform der vatikanischen Finanzstrukturen aus. Es sollte eine allen anderen übergeordnete Abteilung geben, den Rat für die Wirtschaft, der aus internationalen Mitgliedern bestehen sollte, mit acht Prälaten und sieben Laien, um sich alle zwei Monate zu treffen. Die radikalste Strukturreform war die Errichtung eines Sekretariates für die Wirtschaft mit einem ganz eigenen Macht- und Einflussbereich. Es sollte sich auf gleicher Machtebene wie das Staatssekretariat befinden und dem Papst direkt berichten. Ebenso sollte es weitreichende Zuständigkeiten übernehmen, die bisher andere Abteilungen innehatten. Es würde sich das Wirtschaftssekretariat einverleiben und von der APSA die »ordentliche Sektion« und damit das Management der Immobilien und des Personals. Noch ambitionierter waren die Pläne, die finanzielle und personalverwaltungstechnische Verantwortung des Staatssekretariates zu übernehmen – Teil einer umfassenden Maßnahme, dessen Macht zu beschneiden.

Aber die Kardinäle im Herzen der Kurie waren zu mächtig, um eine solche Revolution zu dulden. Kardinal Parolin, den Papst Franziskus im Oktober 2013 zum Staatssekretär gemacht hatte, kämpfte hartnäckig für die Interessen seines übermächtigen Büros. Der Mythos von Papst Franziskus als radikaler Reformer, der sich nicht aus persönlichen Interessen vom Kurs abbringen lasse, löste sich schnell in Luft auf, wenn man bedenkt, was danach passierte. Was hätte einfacher sein können, als einen Plan anzunehmen, der von bedeutenden Finanzberatern – KPMG, McKinsey & Co., Ernst & Young, Promontory Financial Group – vorgeschlagen wurde, die über Kompetenzen in Fragen der Effizienz und Transparenz verfügen? Papst Franziskus hingegen erlaubte es einer Clique von Kardinälen, die Reform von Anfang an lahmzulegen. Die Rahmenbedingungen wurden geschaffen – die Bildung eines Rates und eines Wirtschaftssekretariates – aber wesentliche Elemente wurden verworfen. Beispielsweise war bereits seit langem bemängelt worden, dass eine rein administrative Abteilung wie die APSA keinen Kardinal als Oberhaupt brauche; aber dieses Amt war zu wertvoll, um es aufzugeben, und so wurde die APSA weiterhin von einem Kardinal kontrolliert (Domenico Calcagno, dessen Machenschaften wir uns noch widmen werden). APSA hat die Verwaltung seiner Immobilien nicht an das Wirtschaftssekretariat abgetreten, obwohl diesem die Kontrolle über die Mieteinnahmen übertragen wurde. Das Governatorat und die Kongregation für die Evangelisation der Völker blieben autonom. Das Staatssekretariat widerstand allen Versuchen, seine Macht zu stutzen und im finanziellen Bereich blieb die Kontrolle über den Peterspfennig (Obolo di San Pietro) bestehen, die weltweiten Spenden aller Gläubigen an den Heiligen Stuhl, Einnahmen von über 50 Millionen Euro im Jahr.[77]

Der australische Kardinal George Pell, der den Ruf eines strengen Administrators hatte, wurde im Februar 2014 zum

Leiter des Wirtschaftssekretariats ernannt, mit einem Fünfjahresmandat. Mit seinem Verbündeten, dem französischen Laien Jean Baptiste de Franssu als Leiter des IOR, begann Pell zügig, Einfluss auf die Vatikanaffären zu nehmen. Innerhalb von Monaten erklärte der Kardinal unverblümt, dass er 936 Millionen Euro in verschiedenen Vatikandikasterien aufgespürt habe, die nicht in den Abrechnungen zu finden waren, und bis Februar 2015 stieg diese Zahl sogar auf 1,4 Milliarden Euro an.[78] Diese Enthüllungen machten ihn bei den Funktionären, die ihn umgaben, nicht beliebt. Kardinal Pell war nie ein Meister des diplomatischen Stils gewesen und die Italiener waren nicht die Gestalt eines schroffen, aber ehrlichen Angelsachsen gewöhnt, deren Inbegriff in ihre Mitte gesetzt worden war.

Die Alte Garde

Die Opposition gegen Kardinal Pell wurde von vier Kardinälen angeführt, die nicht nur daran interessiert waren, Hindernisse für die Finanzreform des Vatikans zu schaffen, sondern auch die Strukturen des Vatikans in die Lage der Zeit vor Kardinal Pells Erscheinen auf der Bühne zurückzuversetzen. Beginnen wir mit Domenico Kardinal Calcagno, der seit 2011 Präsident der APSA war und der der skandalöseste der vier ist. Gianluigi Nuzzi beschreibt Calcagno in einem seiner offeneren Kommentare als »den intriganten Prälaten und verschlagenen Kenner der kurialen Geheimnisse.«[79] Vor seiner Berufung in die Kurie war Calcagno Bischof von Savona, wo er zwischen 2002 und 2003 wiederholt Fälle von sexuellem Missbrauch gegen Minderjährige durch einen seiner Priester ignorierte und den Schuldigen einfach in eine andere Pfarrei versetzte. Das Schockierende ist, dass gegen Calcagno immer noch wegen Immobilienhandels, der seiner Diözese finanziell schadete, ermittelt wird.[80] Es ist bezeichnend für Franziskus' Pontifikat, dass jemand mit solchem Hintergrund nicht wegen völliger Inkompatibilität von einer finanziellen Schlüsselrolle im Vatikan von vornherein ausgeschlossen wurde. Kardinal Calcagno übte sein Amt ungestört aus, bis er mit Erreichen des 75. Lebensjahres im Juni 2018 zurücktrat.

Ein anderer Kardinal, der vielleicht auf den ersten Blick aus dem Finanzsektor verschwunden ist, ist Giuseppe Versaldi, zwischen 2011 und 2015 Präsident des Wirtschaftssekretariats. Im Jahr 2014 wurde Versaldi bei einem Telefonat erwischt, in dem er dem Leiter des vatikanischen Krankenhauses Bambino Gesù riet, dem Papst zu verschweigen, dass 30 Millionen Euro aus den Mitteln des Krankenhauses veruntreut worden waren.[81] Die Antwort auf diese Enthüllung, ein Jahr nach Beginn des Pontifikats von Papst Franziskus, war offenkundig milde. Kardinal Versaldi verlor die Präsidentschaft in der Wirtschaftspräfektur, wurde aber mit dem Posten als Präfekt der Kongregation für das Katholische Bildungswesen belohnt, einer Position, die er immer noch innehat. Von dort aus unterhält er ständige Beziehungen mit Kardinal Calcagno und scheut keine Mühe, sich seine ehemalige Macht wieder anzueignen.

Der dritte Kardinal von Bedeutung ist Giuseppe Bertello, der Präsident des Governatorats des Staates der Vatikanstadt, dessen fehlender Enthusiasmus für Transparenz bereits in den frühen Stadien der Reformbemühungen sichtbar wurde. Gianluigi Nuzzi beschreibt die abblockenden Antworten, die Bertello und sein Generalsekretär später im Jahr 2013 gaben, als sie von der Reformkommission um Informationen über die Finanzlage gebeten wurden.[82] Was Calcagno, Versaldi und Bertello gemeinsam haben ist, dass sie alle von Kardinal Bertone in seiner Zeit als Staatssekretär in den Vatikan geholt wurden. Diese Verbindung wurde in den ersten Jahren des Pontifikats von Franziskus für tödlich gehalten, und es wurde angenommen, dass ihre Köpfe bald rollen würden. Tatsächlich sind sie immer noch an der Macht und haben eine außerordentliche Widerstandsfähigkeit bewiesen.

Ihnen übergeordnet ist der Kardinalstaatssekretär Pietro Kardinal Parolin. Sein Widerstand gegen das neue Regime der Transparenz, das angeblich von Papst Franziskus eingeleitet wurde, wurde von Gianluigi Nuzzi dokumentiert.[83] Seine Haupteigenschaft ist die Entschiedenheit, nicht ein Jota seiner immensen Macht abzugeben. Aus diesem Grund erkannte er Kardinal Pell sofort als seinen Erzfeind und hat sich die ganzen letzten drei Jahre bemüht, dessen Reformbemühungen zu widerstehen und seine Macht zu beschneiden. Dabei hat ihm Papst Franziskus freie Hand gegeben und ihm wiederholt erlaubt, die neue finanzielle Struktur zu unterminieren, die seit 2014 in Kraft getreten zu sein schien.

Es ist anzumerken, dass keiner der vier Kardinäle, die wir hier genannt haben, als Repräsentant einer Kurienkaste gesehen werden kann, der versucht, die Kontrolle gegenüber einem Reformpapst zu behalten. Jeder von ihnen wurde erst vor kurzem in sein Amt eingesetzt, die Kardinäle Calcagno, Versaldi und Bertello wurden von Staatssekretär Bertone 2011 im selben Jahr eingesetzt, während Kardinal Parolin selbst 2014 von Papst Franziskus eingesetzt wurde. Was sie bekämpfen, ist nicht das traditionelle System der Regierung, sondern ein

System, das in seiner bestehenden Form – mit all seinen Missbräuchen – erst in jüngster Zeit zustande kam.

Die Reform rückgängig machen

Der Schlüssel zur Aufhebung der Reform, die 2014 entwickelt wurde, liegt dagegen im politischen Kalkül zwischen Kardinal Pell und den vier Kardinälen, die sich ihm in den Weg stellten. Als Angelsachse ging George Pell von den Annahmen einer parlamentarischen Kultur aus: Die Reform des Vatikans wurde von den legalen Autoritäten in Auftrag gegeben, die Mitarbeiter würden natürlich die neue Richtung respektieren und daran arbeiten, sie umzusetzen, und alles, was noch fehlte, war, an die Arbeit zu gehen. Dieser Fehler wurde von den Kardinälen Parolin, Calcagno, Versaldi und Bertello nicht begangen. Sie sind Italiener, und wo sie herkommen, gibt es einen großen Unterschied zwischen dem, was die Administration zu tun vorschrieb und was sie überhaupt vorhatten zu tun. Vor allem steckten ihnen die historischen Lehren der italienischen Fürstenhöfe und nicht zuletzt des päpstlichen Hofs selbst in den Knochen. In dieser Welt wurden Resultate nicht durch Debatten und administrative Beschlüsse erzielt, sondern dadurch, das Ohr des Monarchen zu haben, ihn Tag um Tag zu umgeben und ihm ständig plausible Ratschläge einzuflüstern. Dies ist der Weg, den sie sehr erfolgreich eingeschlagen haben.

Der größte Skandal der letzten fünf Jahre war die Art, mit der sich die APSA unter der Leitung von Kardinal Calcagno wieder Macht verschaffen konnte. Während die Medien ihre Aufmerksamkeit dem IOR schenkten (verständlicherweise mit

Blick auf die Missetaten der Vergangenheit), wurde nicht zur Kenntnis genommen, dass die APSA selbst als parallele »Vatikanbank« operierte und sich der Reformen erfolgreich entziehen konnte, denen das IOR sich unterwerfen musste. Die APSA war lange damit beschäftigt, die Bankkonten von privaten Kunden zu verwalten und geschützte Konten für sie bei Schweizer Banken zu eröffnen (es ist nicht bekannt, ob das immer noch so weitergeht). Das war das bevorzugte Mittel für reiche Italiener, das ihnen erlaubte, Geld in Investmentfonds anzulegen und Steuern zu umgehen. Mit diesem Dienst agierte die APSA bei der Suche nach Kunden als Konkurrent zu ihrer eigenen Schwestergesellschaft mit Funktionären, die bekannt dafür sind, Investoren zu versichern, dass die APSA besser arbeiten würde als das IOR. Daher gibt es Grund zur Annahme, dass die APSA eher als das IOR die Kriminalitätsschmiede bei Geldgeschäften des Vatikans gewesen ist.[84] Unter Kardinal Calcagno hat die APSA sich mit unverschämter Leichtigkeit erfolgreich aus den Reformversuchen herausgewunden, während sie die neuen Wirtschaftsregeln umging, indem sie, um ihre dunkle Vergangenheit zu vertuschen, teure außenstehende Berater und Anwälte zur Hilfe einsetzte. Papst Franziskus wurde wiederholt auf diese Missstände aufmerksam gemacht, hat aber nichts unternommen.

Unehrlichkeit oder zumindest eine große Prise Inkompetenz waren die Zutaten für den Skandal, der im Jahre 2016 enthüllt wurde. Vor etwa fünfzehn Jahren wurde die Verwaltung der großen Immobilienanlage des Petersdoms den Kanonikern selbst entzogen und der APSA übertragen. Das Portfolio beinhaltete ungefähr 300 Grundstücke, vor allem in der Innenstadt Roms und oft von großem historischen

Wert. 2016 wurde herausgefunden, dass man 80 dieser Wohnungen schlichtweg hat verfallen lassen. Viele andere wurden zu absurd günstigen Preisen vermietet oder die Mieten wurden von den Mietern nicht gezahlt und auch nicht eingezogen. Manchmal wurden günstige Mieten römischen Kirchenangestellten zugebilligt, aber oft wurden sie einfach als persönlicher Gefallen niedrig belassen, ohne offizielle Rechtfertigung. Das Resultat war, dass, anstatt gute Einnahmen aus dem reichen Erbe zu erzielen, sogar ein Defizit von 700.000 Euro entstand. Die Kanoniker von St. Peter wurden 2016 darüber informiert, dass sie keine neuen Mitglieder wählen könnten, da nicht genug Rücklagen zur Verfügung stünden, sie zu bezahlen.[85]

Dies ist nur ein Aspekt des Regimes, das in die APSA vorherrscht. Kardinal Pell hatte wiederholt den Papst darum gebeten, Kardinal Calcagno abzuberufen. Franziskus' Antwort war, er werde entlassen, sobald es Beweise gebe. Tatsächlich stapelten sich die Beweise, dennoch blieb Calcagno geschützt. Er weiß, wie man sich Gunst erhält. Lange Zeit hat er fast täglich mit dem Papst zu Abend gegessen. In diesem Krieg gegen Pell hat Kardinal Calcagno langsam aber sicher gewonnen und für die APSA die Verantwortung für die finanziellen Rücklagen des Vatikans wiedererlangt, die dem Wirtschaftssekretariat übertragen worden war.

Der Schlag gegen die Korruption im Vatikan wurde auf ein Zurechtweisen der Funktionsträger beschränkt, die weiterhin hohe Ämter bekleiden. Am bezeichnendsten ist die Tatsache, dass bis Ende 2017 nicht eine einzige Anklage wegen finanzieller Straftaten im Tribunal des Vatikanstaates unter Papst Franziskus erhoben wurde. Die vatikanische Finanzaufsichtsbehörde hat dem Büro des Kirchenanwalts 17 Berichte übergeben, aber keiner von ihnen lief auf einen Prozess hinaus, geschweige denn auf eine Verurteilung. Dem können wir das Schicksal von Msgr. Lucio Vallejo, dem ehemaligen Sekretär des Wirtschaftssekretariats gegenüberstellen, der im Sommer 2016 zu 18 Monaten Haft verurteilt wurde (die er im Vatikangefängnis absaß), weil er geheime Dokumente an Gianluigi Nuzzi mit der Absicht weitergegeben hatte, die fehlerhaften Reformen offenzulegen. Gleichzeitig wurde seine Komplizin Francesca Chaouqui für zehn Monate vom Dienst suspendiert. Diese beiden Fälle sind fast die einzigen Verurteilungen, die aus den ganzen vatikanischen Finanzskandalen folgten. Die Botschaft ist klar: Finanzielle Straftaten bleiben ewig in den Akten; es ist das Whistleblowing, was rigoros verfolgt wird.[86]

Ein frühes Anzeichen dafür, dass die Finanzreform rückgängig gemacht werden würde, war das Schicksal der umfassenden Studie, die von Kardinal Pell vorgeschlagen wurde. Im Dezember 2015 wurde eine externe Finanzprüfung durch PricewaterhouseCoopers für alle vatikanischen Körperschaften beschlossen und unverzüglich damit begonnen. Nach vier Monaten, im Juni 2016, wurde sie jedoch ohne Angabe von Gründen offiziell eingestellt.[87] Dieser Schritt wurde von Kardinal Parolin selbst eingeleitet, dessen Substitut, Erzbischof Becciu, PricewaterhouseCoopers anrief, um sie zu informieren, dass die Untersuchung nicht mehr das Staatssekretariat beträfe und damit praktisch sinnlos sein werde.

Schon vor der Finanzprüfung im Oktober 2014 gab es eine Wiederherstellung einiger Kompetenzen, die dem Wirtschaftssekretariat übergeben worden waren. Im Juli 2016 wurden durch ein vom Papst unterschriebenes Motu Proprio die ursprünglich dem Sekretariat eingeräumten weitreichenden Befugnisse entzogen, und es blieb ihm kaum mehr als eine Aufsichtsrolle übrig.[88] Das *Wall Street Journal* wertete diesen Schritt als »ein Zeichen, dass die Interessen des Vatikan-Establishments die Unterstützung des Papstes gewonnen haben.«[89] Das Sekretariat wurde im Vorfeld nicht von dem Motu Proprio in Kenntnis gesetzt, ebenso wenig wurde es bezüglich der Absage der Finanzprüfung von PricewaterhouseCoopers konsultiert. Das war ein klares Signal dafür, dass das Staatssekretariat wieder an der Macht und nicht zum Spaßen aufgelegt war. Tatsächlich ist die Wirklichkeit noch schlimmer als die Situation auf dem Papier. Das Wirtschaftssekretariat wurde nun praktisch aufgelöst, und viele der nominellen Mitarbeiter wurden der APSA unterstellt, der sie nun ihre eigentliche Loyalität schuldeten. Indem es die Kontrolle über das Personal wiedererlangte, nutzte das Staatssekretariat seine Macht dazu, um sicherzustellen, dass die Stellen unter Kardinal Pell nur befristete Arbeitsverträge sind, ohne die Sicherheit und die großzügigen Vorteile, die im Staatssekretariat und in der APSA gelten.

Zeigen diese Tatsachen auf, dass Papst Franziskus gegen die Finanzreformen selbst ist? Das scheint eine ungerechte Schlussfolgerung zu sein, aber aus seiner Sichtweise hat er es mit den Machtspielen weit gebracht, die Kern seines Regierungsstils sind. George Pell fällt in eine Klasse von Prälaten – Kardinal Burke und Müller sind weitere Beispiele dieser Art –, die sich durch ihre Unabhängigkeit und ihre Weigerung, in die Rolle von Schachfiguren zu fallen, Franziskus' Abneigung zugezogen haben. Kardinal Pell hat die Gewohnheit, dem Papst zu verschieden Themen, nicht nur finanzieller Art, offen seine Meinung zu sagen, und er war nie durch das Papstbild eines Reformers beeindruckt. Betrachtet man die finanziellen oder administrativen Reformen der Kurie oder die Maßnahmen gegen sexuell übergriffige Priester, kommentierte Pell einmal: »Franziskus ist das Gegenteil von Theodore Roosevelt. Er redet viel und macht wenig.« Papst Franziskus hat derartige Personen nicht gerne um sich, besonders nicht in Machtpositionen wie der, die er Pell 2014 anvertraute. Aber es ist auch nicht seine Art, direkt gegen solche Persönlichkeiten vorzugehen. Es gibt den treffenden Ausspruch: »Papst Franziskus zieht keine Nägel, sondern er findet stattdessen ein anderes Werkzeug.«[90] Und die Werkzeuge, die er Pell vorzieht, bestehen aus Kardinal Calcagno, der wegen der Rückkehr an die Macht in seiner Schuld stand, und Kardinal Parolin, der als Staatssekretär allen tyrannischen Mitteln seines Pontifikates zugestimmt und sie ausgeführt hat.

Eine andere Bedrohung schwebte seit Jahren über Kardinal Pell und hat sich nun materialisiert. Als Bischof in Australien wurde er angeklagt, in Fällen von sexuellem Missbrauch seines Klerus' nicht rechtzeitig gehandelt zu haben. Er hat bereits zu einem Zeitpunkt, an dem das Bewusstsein um das Problem weniger akut war als heute, Fehler eingestanden. Es ist nicht der Sinn dieses Buches, Kardinal Pell als einen Helden darzustellen; ein Mangel an Sensibilität in seinem Charakter könnte für sein Versagen verantwortlich sein. Vor kurzem wurde er selbst beschuldigt, Minderjährige belästigt zu haben, in Fällen, die mehr als vierzig Jahre zurückliegen und die er vom ersten Moment an abgestritten hat. Bevor bekannt war, ob die Autoritäten in Australien dies verfolgen würden, wurde bereits bewiesen, dass die Anschuldigungen sich auf so unbedeutende Handlungen beziehen, dass eine Verfolgung im Normalfall bereits vor Jahren eingestellt worden wäre. Eine australische Politikerin, Amanda Vanstone, meinte dazu: »Was wir hier sehen, ist nicht besser als ein Lynchmob im Mittelalter.«[91] Die Entscheidung, ein Verfahren zu eröffnen, wurde im Juni 2017 getroffen und Kardinal Pell musste nach Australien zurückkehren, um sich dem Gericht zu stellen. Es gibt solche, die denken, dass Pells Feinde in Australien und im Vatikan diese Waffe gegen ihn genutzt haben. Sie weisen auf verblüffende zeitliche Übereinstimmung zwischen dem Auflodern der Missbrauchsfälle und der momentan angespannten Lage im Vatikankrieg hin.

Wenn das zutrifft, dann hat das Komplott durchaus eine Schwachstelle. Erstens wurde Kardinal Pell nicht gebeten, seine Stelle im Vatikan aufzugeben, wie seine Feinde gehofft hatten. Zweitens scheint es eher unwahrscheinlich zu sein, dass er für schuldig befunden wird, selbst in der ersten Instanz, vom Berufungsverfahren einmal ganz abgesehen. Das bedeutet, dass er vermutlich eines Tages nach Rom zurückkehren und die Sache wieder in die Hand nehmen wird. In diesem Falle (und wir immer abzusehen war) wird die Strategie der Opposition sein, seine Flügel so weit als möglich zu stutzen, den Ablauf seines fünfjährigen Mandates abzuwarten, um dann alles rückgängig zu machen, so wie es vor seiner Zeit war, und dann das Scheitern der finanziellen Reform auf Pell zu schieben. Allem Anschein nach ist dies der Kurs, den der Papst unterstützt.

Selbst auf dieser Ebene könnte es aber einen Haken geben: Papst Franziskus wird nicht ewig leben. Es besteht die

Gefahr, dass der nächste Papst ein wirklicher Reformer sein wird, der eine Untersuchung über die Geschehnisse im Vatikan anordnen wird, und dann wird die Welt entdecken, wie die Reform, die uns versprochen wurde, durch und durch verfälscht wurde. Man wird erkennen, dass drei Kardinäle, die 2014 ihren Rauswurf erwarteten, wieder an der Macht sind, und dass das ursprüngliche Vorhaben, die Macht des Staatssekretariates zu schmälern, in eine Situation mündete, in der das Staatssekretariat mächtiger und rücksichtsloser ist, als je zuvor.

Die Details des Scheiterns der vatikanischen Finanzreform sind nur Journalisten bekannt, die sich mit dem Thema auseinandergesetzt haben: Es gibt zahlreiche Artikel, die im Laufe dieses Kapitels zitiert wurden. Aber die allgemeinen Schlüsse müssen noch gezogen werden. Eine ordentliche Anklage wurde von der Vorstellung von Außenstehenden verdeckt, dass es sich um eine kurialistische, konservative Partei im Vatikan handle, die vage durchdacht und irreführend beschrieben wird. In der Kurie weiß jeder ganz genau, wer die Feinde Kardinal Pells sind, und jene wissen auch, dass sie – weit davon entfernt, das Format zu zeigen, seinem Willen entgegenzutreten – ihre Macht aus dem Wohlwollen des Papstes beziehen.

Offener Krieg

Der Konflikt zwischen dem Sekretariat für die Wirtschaft und der APSA trat im Mai 2017 in eine neue und gewaltige Phase ein, als ein Schreiben von der APSA an alle Vatikanabteilungen mit der Aufforderung verteilt wurde, finanzielle Informationen für eine Finanzprüfung von PricewaterhouseCoopers herauszugeben, die unter der Leitung der APSA stattfinden sollte – dieselbe Prüfung, die blockiert wurde, als sie vom Sekretariat für die Wirtschaft unternommen werden sollte. Msgr. Rivella, verantwortlich für den Brief, gab vor, dass der Rat für die Wirtschaft die APSA autorisiert habe, eine Revision zu unternehmen, eine Behauptung, die sich bald als falsch herausstellte. Innerhalb von Tagen sandten Kardinal Pell und der Rechnungsprüfer Briefe an die Abteilungen, die sie aufforderten, sich dieser Forderung zu widersetzen, und festhielten, dass die APSA ihre Kompetenz überschreite.[92]

Der Sieger dieses Gefechts sollte sich bald herausstellen: Am 20. Juni wurde der »Rücktritt« des Generalrevisors Libero Milone[93] angekündigt, angeblich, weil er eine Senkung seines Gehaltes nicht annehmen wollte. Nach monatelanger Stille machte Milone am 24. September die Umstände seiner Entlassung öffentlich[94] und seine Darstellung aus erster Hand wird an dieser Stelle wiedergegeben, ergänzt um einige Details von Augenzeugen. Milone erklärte, dass am Morgen des 19. Juni Erzbischof Becciu ihn in einem privaten Gespräch mit der Behauptung zum Rücktritt aufgefordert habe, diese Anordnung stamme direkt von Papst Franziskus. Trotz des Protestes von Herrn Milone, die Anschuldigungen gegen ihn seien frei erfunden, nahm so seine Absetzung ihren Lauf, wie es in einem totalitären Regime der Fall gewesen wäre. Am selben Tag führte die Vatikanpolizei eine Razzia im Büro des Generalrevisors durch. Sie wurde von der vatikanischen Feuerwehr begleitet. Milone wurde festgenommen und stundenlang verhört, oft wurde er angeschrien. Dies alles, nachdem seine elektronische Ausrüstung, privat und geschäftlich, beschlagnahmt worden waren, wie auch alle Dokumente in seinem Büro. Man zwang ihn dann, die Tür des Büros des stellvertretenden Generalrevisors Ferruccio Pannico zu öffnen, packte seine Akten ein und brachten sie weg. Interessanterweise waren der Schlüssel und der Geheimcode des Tresors der Polizei zugänglich, aber eine lärmende, einschüchternde Prozedur mit Äxten, Brechstangen, Hämmern und Sägen wurde vorgezogen. Mr. Pannico, der nicht in seinem Büro war, wurde am Folgetag zum Rücktritt gezwungen. Einfache Mitarbeiter und unglückliche Besucher des Büros an jenem Tag wurden festgenommen und durften während der Verhöre nicht ihre Telefone benutzen. Milones und Pannicos Rücktritte waren das Resultat eines Ultimatums: Rücktritt oder Gefängnis. Sie wurden dazu gezwungen, Erklärungen zu unterschreiben, die ihnen Schweigen auferlegten und Herr Milone konnte erst in einem Interview am 24. September Teile der Wahrheit enthüllen.

Im Gegensatz zu der kosmetischen Erklärung, dass sein Rücktritt mit seiner Ablehnung einer Gehaltskürzung zusammenhinge, war die wirkliche Anklage, die gegen ihn am 19. Juni vorgebracht wurde, von ganz anderer Art. Sie beinhaltete eine »Beschwerde«, dass er eine Firma außerhalb des Vatikans zu Rate gezogen habe, als er herausfand, dass Dinge in einem Computer verändert worden waren. Dies war tatsächlich der Fall: Techniker fanden heraus, dass sein Computer Ziel eines unautorisierten Zugriffs war, der Computer seines Sekretärs war mit Spionagesoftware infiziert, die Dateien kopierte. Es ist interessant, dass zu dem Zeitpunkt, als Herr Milone die Entdeckung am 24. September öffentlich machte, Erzbischof Becciu vehement zurückschlug, alle Anschuldigungen zurückwies und erklärte, der Grund für seine

Entlassung sei gewesen, dass Milone (erinnern wir uns, dass er der ernannte Beauftragte war, um finanzielle Korruption im Vatikan aufzudecken) seine Vorgesetzten und Mitarbeiter »ausspioniert« habe, darunter Becciu selbst. Das ist schon allerhand, wenn man sich vor Augen führt, dass diese Aussage von einer Organisation kommt, die eine interne Spionage auf einem Niveau betreibt, wie es seit dem Ende der Ceaușescu-Diktatur in Rumänien nicht mehr bekannt ist.[95]

Als wahrer Grund für die Entlassung Milones kam bald die Behauptung auf, er sei den Finanzmachenschaften des Staatssekretariates zu nahe gekommen. Eine Abteilung, die seine Forschung unter die Lupe nahm und in Gefahr brachte, entlarvt zu werden, war Centesimus Annus, die wenig kontrollierte Stiftung, die ein Zentrum für kirchliches Fundraising sein soll, die aber von Moneyval 2012 als Gruppe identifiziert wurde, die einen großen Teil des vatikanischen Reichtums verwaltete. Schlimmer noch, Milone hatte möglicherweise begonnen, die Behauptung weiter zu verfolgen, dass der Peterspfennig – die Spenden der Gläubigen an den Heiligen Stuhl – dazu benutzt worden seien, um Hillary Clintons Präsidentschaftswahl im Jahr 2016 zu unterstützen.

Das Timing des Schlages war also von Bedeutung, denn es bezog sich auf die öffentliche Erklärung einige Tage später, Kardinal Pell würde wegen Kindesbelästigung von der australischen Polizei angeklagt werden. Am 19. Juni wusste davon in Rom durch den Nuntius in Australien nur das Staatssekretariat, während im vatikanischen Pressebüro die Mitteilung erst zehn Tage später mit unnötigem Aufwand verkündet wurde. Als Schlussfolgerung kann man ziehen, dass mit dem Ausschalten Pells als Widersacher das Staatssekretariat sich in Sicherheit wähnte, auch seinen Hauptverbündeten aus dem Weg schaffen zu können und dass der Skandal bald von dem der Missbrauchsanschuldigungen überschattet werden würde.

Zweifelsfrei trägt Papst Franziskus die persönliche Verantwortung für dieses politische Manöver. Erzbischof Beccius versicherte Milone am 19. Juni, dass die Anordnung der Entlassung direkt vom Papst gekommen sei und es gibt wenig Grund, daran zu zweifeln: Es passt zu dem Muster der vielen Fensterstürze, die hinter den Kulissen im Laufe seiner ganzen Karriere von Jorge Bergoglio angeordnet wurden. In seinem Interview am 24. September enthüllte Milone, dass er nach seiner Entlassung dem Papst mittels eines sicheren Kanals einen Brief geschrieben habe, in dem er die Ungerechtigkeit anprangerte und protestierte, er sei Opfer einer »montatura« geworden (ihm sei etwas in die Schuhe geschoben worden). Er hat weder eine Antwort erhalten, noch war er erfolgreich bei seinen Versuchen, persönlich mit dem Papst zu sprechen.

Die Rolle, die der vatikanische Ankläger in dieser Angelegenheit gespielt hat, muss ebenso unter die Lupe genommen werden. Sein drakonischer Umgang mit Herrn Milone steht im Kontrast zu seiner bereits beschriebenen feigen Politik bei einer Vielzahl von Fällen finanzieller Straftaten, die seinem Büro gemeldet wurden. Die Lähmung des Rechtssystems im Vatikan bleibt Ursache großer Sorgen.

Die schmerzlichen Ereignisse, die beschrieben wurden, werfen eine Menge Fragen auf, darunter:

- Da sich das Büro des Generalrevisors auf extraterritorialem Gebiet, nicht aber auf dem Territorium des Vatikanstaates befindet, hat die Vatikanpolizei ihre Zuständigkeit überschritten, indem sie auf italienischem Boden eine Razzia durchführte und Verhöre außerhalb des Vatikans abgehalten hat?

- Wenn man davon ausgeht, dass eine Polizeiaktion dieser Art, wie auch das Wegschleppen von Kisten voller Akten nicht von einer misslungenen Gehaltsdiskussion verursacht werden kann, könnte es sein, dass Milones Untersuchungen ihn gefährlich nahe an die Wahrheiten gebracht haben, die Personen in Machtpositionen gefährden könnten, sodass er sofort gestoppt und Beweise aus dem Weg geschafft werden mussten?
- Wie kann Papst Franziskus glauben, dass eine Reform der Vatikanfinanzen möglich ist, wenn er selbst alle Macht, inklusive der Polizei und der juristischen Abteilungen, den Strukturen und Personen in die Hand gibt, die an erster Stelle für die Korruption verantwortlich waren?

Eine Fortsetzung der beschriebenen Geschehnisse ereignete sich am 27. November, als Guilio Mattietti, der Vize des Generaldirektors des IOR, wegen des Vorwurfs von »Verwaltungsvergehen« ebenso übereilt entlassen worden ist, wie Libero Milone.[96] Im Gegensatz dazu bestand, wie von einigen behauptet wurde, zwischen den beiden Männern keinerlei Verbindung und die beiden Fälle scheinen absolut nichts miteinander zu tun zu haben. Erwähnenswert ist jedoch, dass Mattietti erst zwei Jahre zuvor von Papst Franziskus ernannte wurde. Dies trägt zum chaotischen Eindruck der vatikanischen Finanzreform bei, dass so viele Ernennungen mit einem Reformzweck innerhalb kürzester Zeit rückgängig gemacht werden sollten – und das alles unter skandalösen Umständen und mit einem faden Beigeschmack. Dadurch treten zumindest die Auswirkungen von Papst Franziskus' Philosophie »Chaos zu schaffen« vollends zutage.

Eine besorgniserregende Entdeckung und eine gleichermaßen besorgniserregende Schlussfolgerung

Um an dieser Stelle zusammenzufassen, was bisher gesagt wurde: Vier wesentliche Abteilungen wurden in den letzten Jahren gegründet: die Vatikanische Finanzinformationsbehörde, der Rat für die Wirtschaft, das Wirtschaftssekretariat und das Büro des Generalrevisors. Von Anfang an waren diese Abteilungen Ziel von Angriffen der alten Garde, die immer noch an der Macht ist und von Papst Franziskus gefördert wird. Durch Infiltrierung der Finanzinformationsbehörde und des Rates für die Wirtschaft, durch Stellenabbau und letztlich die Eliminierung des Präfekten Kardinal Pell und den Rauswurf des Generalrevisors Libero Milone wurden nun all diese vier Abteilungen neutralisiert, wenn nicht sogar vernichtet.

War sich der Papst dieser Angriffe bewusst? Insider bestätigen uns, dass die Antwort »Ja« lautet und dass er ein unlogisches Dekret nach dem anderen unterschrieb, um ihren Untergang zu beschleunigen.

Dies führt uns zu drei abschließenden Fragen:

- Mit Blick auf die effektive Zerstörung der vier beschriebenen Abteilungen und die Wiederherstellung der alten Vatikanstruktur – wie lange werden italienische Richter warten, bis sie nach den Namen der italienischen Staatsbürger fragen, die durch Steuerhinterziehung und Geldwäsche italienisches Recht gebrochen haben, indem sie APSA-Konten und geschützte Finanzkanäle in und von Steueroasen außerhalb der Landesgrenze nutzten?

- Ist es möglich, dass die europäischen und internationalen Bankautoritäten entscheiden werden, den Zugang der APSA zu globalen Bankeinrichtungen zu stoppen, bis eine extern überwachte Säuberung der Vatikanstrukturen und -mitarbeiter stattgefunden hat?
- Und könnten wir dann erleben, dass die italienische Regierung die Lateranverträge von 1929 aufkündigt, die den Vatikan zu einem fremden Staat gemacht und so den gesetzlosen, korrupten Spielplatz geschaffen haben, zu dem er geworden ist?

Kapitel IV Einen neuen (krummen) Weg einschlagen

1. Die Familiensynode: Ein neuer Zugang zur Sexualmoral

Die Außerordentliche Synode: eine Agenda wird vorbereitet

Am 8. Oktober 2013 ließ Papst Franziskus verlautbaren, dass zwei Synoden abgehalten werden würden, um die Herausforderungen der Familie zu diskutieren. Die erste, eine Außerordentliche Synode, sollte vom 5. bis 19. Oktober 2014 stattfinden und eine zweite, die Ordentliche Synode, vom 4. bis 24. Oktober 2015.

Der Zeitraum vor den Synoden wurde von einem Vorschlag dominiert, dessen Wortführer Walter Kardinal Kasper war. Er bestand darin, geschiedene Katholiken, die eine ungültige zweite staatliche Ehe eingegangen waren, zu den Sakramenten der Beichte und der heiligen Kommunion zuzulassen, ohne ihre Lebensweise zu ändern. Kasper hatte dieses Ziel schon viele Jahre verfolgt. Im September 1993 hatte der Kardinal gemeinsam mit zwei anderen deutschen Bischöfen einen Hirtenbrief verfasst, um in bestimmten Fällen eine Genehmigung für diese Praxis zu bekommen. Die Kongregation für die Glaubenslehre antwortete ihm mit einer Erinnerung an die traditionelle Lehre der Kirche, wie sie in der Apostolischen Exhortation *Familiaris consortio* von 1981 dargelegt worden ist.

Kardinal Kasper erlangte beim ersten Angelusgebet des neuen Papstes am 17. März 2013 erneuerte Aufmerksamkeit. Franziskus' Lob dessen Buches, wie in Kapitel eins beschrieben, war das früheste Signal dafür, welche Richtung das Pontifikat einschlagen würde.

Die Organisation der Synoden lag in den Händen des Synodensekretariats, geleitet von Lorenzo Kardinal Baldisseri. Am 26. Oktober 2013 verschickte das Sekretariat einen Fragebogen an alle Bischofskonferenzen, in dem gebeten wurde, Antworten zu Bereichen der Ehe, der Familie und der Sexualethik einzureichen, mit dem Schwerpunkt irregulärer Partnerschaften. Nur drei Tage zuvor hatte Gerhard Kardinal Müller, Präfekt der KGL, einen Artikel im *L'Osservatore Romano* veröffentlicht, in dem er erklärte, dass eine Änderung der Kirchenlehre hinsichtlich der Zulassung wiederverheirateter Geschiedener zur Kommunion unmöglich sei.[97] Er war offensichtlich bereits über die Ausrichtung der Synode besorgt, bevor die offizielle Konsultation überhaupt begonnen hatte.

Kardinal Müllers Befürchtungen schienen gerechtfertigt, als am 7. November Reinhard Kardinal Marx, ein Mitglied des K9-Kardinalratgeberstabs von Franziskus, erwiderte, dass Müller die »Debatte nicht stoppen« könne.[98] Kardinal Kasper wurde eingeladen, vor dem Kardinalskonsistorium am 20. Februar 2014 eine Ansprache zu halten, und nutzte diese Gelegenheit, seinen Vorschlag in aller Breite auszuführen. Von den Anwesenden war er der einzige Kardinal, dem eine solche Möglichkeit eingeräumt wurde. Es wurde berichtet, dass sich ungefähr vier Fünftel der Kardinäle gegen seinen Vorschlag aussprachen.[99] Kasper antwortete auf ihre feindselige Haltung, indem er betonte, er handle im Namen des Papstes. Er dankte »dem Heiligen Vater für seine freundlichen Worte und für sein Vertrauen, mich mit diesem Bericht zu betrauen.«[100]

P. Federico Lombardi, der damalige Pressesprecher des Vatikans, erklärte den Medien, dass der Papst die Kardinäle dazu aufgefordert habe, an die Probleme hinsichtlich der Familie ohne »Kasuistik« heranzugehen und Kaspers Ansprache »in großem Einvernehmen« mit den Worten des Papstes sei.[101] Am folgenden Tag fuhr der Papst mit überschwänglichem Lob für Kasper fort:

»Gestern, bevor ich schlafen gegangenen bin, habe ich – aber nicht um einzuschlafen – Kardinal Kaspers Kommentare gelesen, oder besser nochmal gelesen. Ich würde ihm gerne dafür danken, denn ich habe dort eine tiefe Theologie gefunden; klare theologische Gedanken. Es ist schön, klare Theologie zu lesen. Sie hat mir gutgetan und ich habe eine Vorstellung bekommen – und verzeihen Sie mir, wenn ich Euer Eminenz beschäme – aber die Vorstellung ist: Das ist es, was man Theologie auf Knien nennen kann. Danke. Danke.«[102]

Kaspers Ansprache wurde einige Wochen später veröffentlicht, mit den Lobesworten des Papstes auf dem Umschlagdeckel. Ungefähr zur gleichen Zeit wurde eine Sammlung von Auszügen aus Predigten von Papst Franziskus mit dem Titel *The Church of Mercy* veröffentlicht. Das Vorwort verfasste der Erzbischof von Westminster, Vincent Kardinal Nichols, bekannt als so etwas wie ein Abweichler von der katholischen Lehre über Sexualethik.[103] Nichols Vorgänger in Westminster im Ruhestand ist Kardinal Murphy-O'Connor, ein Mitglied der Gruppe St. Gallen und aktiver Befürworter der Wahl Kardinal Bergoglios zum Papst. Er erklärte im März 2014 gegenüber *Vatican Insider:* »Als die Kardinäle Bergoglio gewählt haben, wussten sie nichts von der Büchse der Pandora, die sie öffneten, sie kannten seinen stählernen Charakter nicht und wussten nicht, dass er im tiefsten Sinne ein Jesuit ist; sie wussten nicht, wen sie wählten.«[104]

Zwischen Februar und Oktober 2014 warb Kasper für seinen Vorschlag, reiste in die Vereinigten Staaten und gab dort mehreren Medien Interviews, in der Presse, im Fernsehen und im Radio. Dennoch war der Widerspruch im Kardinalskollegium kolossal. Fünf Kardinäle, Walter Brandmüller, Raymond Burke, Carlo Caffarra, Gerhard Müller und Velasio De Paolis schrieben gemeinsam mit vier anderen Gelehrten Beiträge für eine umfassende Antwort auf Kaspers Vorschlag, die in Buchform veröffentlicht wurde. Das Buch heißt: *In der Wahrheit Christi bleiben: Ehe und Kommunion in der Katholischen Kirche.* Es gibt Hinweise darauf, dass diese Antwort Kardinal Kasper und den Papst erzürnten. *La Croix* berichtete, der Heilige Vater solle geäußert haben, er sei »unzufrieden« mit den Kardinälen, die Beiträge zu *In der Wahrheit Christi bleiben* geleistet haben. Es wurde auch berichtet, dass er von Kardinal Müller »forderte«, er solle nicht an der Verbreitung des Buches mitwirken.[105]

Am 18. September 2014 erklärte Kasper gegenüber *Il Mattino:*

»Ich stimme in allem mit ihm überein. Wir waren einer Meinung. Was kann denn ein Kardinal tun, außer auf Seiten des Papstes zu sein? Ich bin nicht das Ziel, das Ziel ist ein anderer. [...] Sie wissen, dass ich diese Dinge nicht allein durch mich gesagt habe. Ich bin einer Meinung mit dem Papst, ich habe zweimal mit ihm darüber gesprochen. Er zeigte sich selber zufrieden. Nun schaffen sie diese Kontroverse. Ein Kardinal muss eng mit dem Papst verbunden sein, an seiner Seite stehen. Die Kardinäle sind die Mitarbeiter des Papstes.«[106]

Die vielleicht bemerkenswerteste Enthüllung aus der Zeit unmittelbar vor der Synode ist ein Bericht von Marco Tosatti vom 20. September in *La Stampa*. Er deckte auf, dass Kardinal Baldisseri bei einer Erklärung darüber gehört worden war, wie die Außerordentliche Synode so gelenkt werden sollte, damit die vom Sekretariat gewünschten Ergebnisse erreicht würden. Das sollte auf drei Wegen vonstatten gehen: Erstens, dass die Synodenväter ihre Beiträge bis zum 8. September abgeben mussten, was bereits umgesetzt worden war. Das machte die zweite Strategie möglich, nämlich alle Beiträge aufmerksam zu lesen, um sicherzustellen, dass alle Punkte, die gegen die angestrebte Agenda vorgebracht wurden, auf die effektivste Weise beantwortet werden können, bevor der Redner die Möglichkeit hatte, etwas vorzutragen. Und die dritte Strategie war, einige Synodenväter dran zu hindern, überhaupt vor den Teilnehmern zu sprechen. Ihnen würde gesagt werden, es gebe keine Zeit mehr für die Beiträge, aber ihre Ansichten würden in den Abschlussbericht einfließen. Tosattis Berichterstattung warnte Teilnehmer und Kommentatoren vor der Gefahr der Manipulation. In einer vorsynodalen Pressekonferenz am 3. Oktober wurde

Kardinal Baldisseri wütend, als Journalisten den Mangel an Transparenz kritisierten. »Sie sollten hier hochkommen, wenn sie alles wissen; vielleicht sie sollten ein Synodenvater sein«, fuhr er eine Reporterin an.[107]

Das gewünschte Resultat erzielen

Die Außerordentliche Synode begann am 5. Oktober 2014 mit einer Eröffnungspredigt von Papst Franziskus, in der er »schlechte Hirten« verurteilte, die »den anderen unerträgliche Lasten auf die Schultern laden, die zu tragen sie selber aber keinen Finger rühren«. Er führte aus: »Die Synodenversammlungen sind nicht dazu da, schöne und originelle Ideen zu diskutieren oder zu sehen, wer intelligenter ist.«[108]

Die Befürchtung, dass dies ein Versuch war, die Synodenväter einzuschüchtern, wurden durch ein Interview bestärkt, das der Heilige Vater der argentinischen Zeitung *La Nación* gab und das zwei Tage nach seiner Predigt veröffentlicht wurde. Der Papst wurde vom Interviewer gefragt, ob er sich wegen des Buches *In der Wahrheit Christi bleiben* Sorgen mache. In seiner Antwort distanzierte Franziskus sich von den Autoren und erklärte, er habe es zwar genossen: »mit den sehr konservativen, aber intellektuell gut gerüsteten Bischöfen zu debattieren. Aber«, sagte er, »die Welt hat sich verändert und die Kirche kann sich nicht hinter angeblichen Interpretationen des Dogmas verstecken.«[109]

Während der ersten Woche der Versammlung wurden in der Generalversammlung jedem Synodenvater vier Minuten für eine Ansprache zugestanden. Zum ersten Mal in der Geschichte der modernen Synoden wurden weder die Texte noch die detaillierten Zusammenfassungen veröffentlicht; stattdessen formulierte das vatikanische Pressebüro kurze Übersichten dessen, was angeblich aus den handschriftlichen Notizen der Bischöfe stammte. Schnell wurde deutlich, dass diese Zusammenfassungen einen sehr unausgewogenen Eindruck der Beiträge gaben. P. Rosica, der englischsprachige Pressesprecher, zog wegen der offensichtlichen Voreingenommenheit seiner Zusammenfassungen besondere Kritik auf sich. Rosica erklärte, dass seiner Ansicht nach eine Hauptintervention des Tages die Unterstellung war, dass es ein großes Verlangen gebe, »unsere Sprache zu ändern, um die konkreten Situationen besser zu beschreiben« und, dass »›in Sünde leben‹, ›intrinsisch ungeordnet‹ und ›Verhütungsmentalität‹ nicht notwendigerweise Worte sind, die Menschen dazu einladen, sich enger an Christus und seine Kirche anzunähern«. Aber es war alles andere als klar, dass Beiträge solcher Art typisch waren. Nicht deutlich wurde, dass diese Art der Ansprachen nur selten war. Ein alter Vatikanmitarbeiter erklärte dem Journalisten Edward Pentin, dass »fast alle von Rosicas und Lombardis Pressebriefings dazu dienten, eine liberale Sichtweise zu fördern«, während Ansprachen »zugunsten der Tradition nicht erwähnt wurden.«[110]

Marco Tosatti führte aus, dass man in früheren Synoden wissen konnte, was jeder einzelne Bischof während der jeweiligen Versammlung gesagt hatte, während man in der laufenden Synode »nichts dieser Art hat. Man bekommt nur ein vages *riassunto* oder Zusammenfassungen. […] Man kann aber nicht sehen, was der Einzelne zu dem jeweiligen Thema gesagt hat.«[111] Kardinal Müller war unter denjenigen, die sich gegen die neue Vorgehensweise aussprachen. Er bestand darauf, dass »alle Christen das Recht haben, die Ansprachen ihrer Bischöfe zu lesen.«[112] Kardinal Burke erklärte *Il Foglio:* »[…] es scheint mir, dass etwas nicht gut läuft, wenn die Information in der Art manipuliert wird, nur eine Sichtweise zu fördern, anstatt getreu die verschiedenen Positionen zu berichten, die ausgedrückt wurden. Das macht mir große Sorgen, denn eine konstante Zahl von Bischöfen akzeptiert das Vorhaben eines Bruchs mit der traditionellen Lehre der Kirche nicht, was nur wenige wissen.«[113]

Der vermutlich schwerwiegendste Beweis für die Manipulation war die *Relatio post disceptationem,* die den Synodenvätern und der Presse am Montag, den 13. Oktober präsentiert wurde. Dieses Dokument sollte angeblich auf den Ansprachen der Synodenväter basieren. Unter den kontroverstesten Elementen des Reports waren: (1) eine Öffnung zugunsten des »Kasper-Vorschlags«, (2) der Aufruf an die Kirche, homosexuellen Orientierungen »Wert« beizumessen und (3) die Forderungen an die Kirche, den Blick auf die angeblich positiven Elemente in sündhaften Verbindungen wie dem vorehelichen Zusammenleben zu richten

Die Stimmen der Abtrünnigen

Der Report wurde von vielen Medien als Revolution in der Kirche dargestellt, obwohl viele Synodenväter darauf beharrten, dass er keine akkurate Darstellung der Beiträge wiedergab. Kardinal Napier, einer der fünfzehn Mitglieder des ständigen Synodenrates, erinnerte sich, dass die Synodenväter sich fragen: »Wie kann es sein, dass dies aus der Synode stammen soll, obwohl die Synode es noch nicht mal diskutiert hat?« Andere sagten, »dass es Dinge gibt, die angeblich in der Synode gesagt worden seien, dies und das und jenes, aber niemand hat sie jemals gesagt.« Napier schloss: »Das war der Zeitpunkt, an dem klar wurde, dass eine Manipulation vorlag.«[114] Er war vor dieser möglichen Gefahr gewarnt worden. Einige Monate vor Beginn der Synode hatte ein Mitarbeiter der Synode gegenüber Napier gestanden, dass er »sehr erschüttert« über das sei, dessen er Zeuge wurde. »Es ging um die Manipulation der Synode, die in eine bestimmte Richtung geleitet werden soll«, erinnerte Napier sich. »Ich fragte: ›Aber warum?‹« Und er antwortete: »Weil sie ein bestimmtes Ergebnis erzielen wollen.«[115]

Kardinal Pell, Präfekt des Wirtschaftssekretariats, antwortete auf die *Relatio* mit der Erklärung, dass »radikale Teilnehmer« Vorschläge für den Empfang der heiligen Kommunion durch wiederverheirateten Geschiedenen als »trojanisches Pferd« für weitere Veränderungen in der Lehre der Kirche in Fragen der Sexualmoral betrachteten. Der Report sei, wie er sagte, »tendenziös und verzerrt; er gibt nicht akkurat die Gesinnung der Synodenväter wieder. [...] In der sofortigen Reaktion darauf, in der ersten Stunde oder den ersten anderthalb Stunden der Diskussion, äußerten über dreiviertel der Redner, dass sie mit dem Dokument nicht einverstanden waren.«[116]

Kardinal Burke erklärte dem *Catholic World Report:*

»Ich stimme gänzlich mit George Kardinal Pell und Wilfried Fox Kardinal Napier überein, die eine Manipulation der Synodenväter durch die *Relatio post disceptationem* feststellten. Es ist deutlich, dass, wer auch immer die *Relatio* verfasste, eine Agenda hat und einfach die Autorität einer feierlichen Versammlung von Kardinälen und Bischöfen nutzte, um seine Agenda ohne Respekt vor den Diskussionen, die in der ersten Woche der Synode stattgefunden hatten, durchzusetzen.«[117]

Kardinal Baldisseri würde später bestätigen, dass dieses Dokument, wie alle anderen synodalen Dokumente, vor ihrer Veröffentlichung die Zustimmung des Papstes erhalten hatte:

»Passen Sie auf, es gibt etwas, das Sie wirklich wissen sollten. [...] Der Papst nahm an allen Ratssitzungen des Sekretariates teil. Er steht ihnen vor. Ich bin der Sekretär. Und die Dokumente wurden alle vom Papst gesichtet und bestätigt, sie wurden in seinem Beisein approbiert. Selbst die Dokumente der Synode wie die *Relatio ante disceptationem,* die *Relatio post disceptationem,* und die *Relatio synodi* wurden von ihm gesichtet, bevor sie veröffentlicht wurden.«[118]

Papst Franziskus mochte zwar die *Relatio* anerkannt haben, aber Kardinal Erdö, der Generalrelator, war theoretisch für sie verantwortlich. Er distanzierte sich von ihrem Inhalt. Bei der Pressekonferenz, auf der sie vorgestellt wurde, waren er und Erzbischof Bruno Forte, der besondere Synodensekretär, anwesend. Als sie darüber befragt wurden, was die Passage über Homosexualität zu bedeuten habe, zeigte Erdö auf Forte und sagte: »Er, der den Text geschrieben hat, muss wissen, was er zu bedeuten hat.«[119] Das Thema der Homosexualität hat die Synodenväter teilweise gespalten. In einem kontroversen Interview, über das Edward Pentin berichtete, erklärte Kardinal Kasper, dass »Afrika ganz anders ist als der Westen« und dass »man nicht über [Homosexualität] mit den Afrikanern und Menschen aus islamischen Ländern sprechen kann. Es ist einfach nicht möglich. Es ist ein Tabu. Für uns gilt, dass wir nicht diskriminieren sollten, wir wollen in bestimmten

Fragen nicht diskriminieren.« Er schien auch suggerieren zu wollen, dass die Position der afrikanischen Bischöfe nur in Afrika auf Gehör stieße, wo »es ein Tabu ist«, nicht aber in der Synode. Der Kardinal fuhr fort: »Es muss auch Raum für die örtlichen Bischofskonferenzen geben, deren Probleme zu lösen, aber ich würde sagen, mit Afrika ist es unmöglich [für uns, das zu lösen]. Sie sollten sich damit zurückhalten, uns zu sagen, was wir zu tun haben.«[120]

Viele afrikanische Bischöfe waren verärgert durch Kaspers Unterstellung, ihre Position gründe nur auf einem veralteten »Tabu« sowie seiner Geltendmachung, sie sollten den europäischen Bischöfen »nicht zu sehr vorschreiben, was wir zu tun haben.« Kasper verneinte anfangs, diese Worte geäußert zu haben, und beschuldigte damit den Journalisten, die Unwahrheit zu sagen. Erst nachdem Pentin die Audioaufnahme des Interviews veröffentlichte, entschuldige sich Kasper öffentlich.

Ein halb erreichtes Ziel

Nach der Veröffentlichung des vorläufigen Berichtes vom 13. Oktober teilten sich die Synodenväter in kleine Gruppen auf, um Änderungsvorschläge am Text zu besprechen. Am Morgen des 16. Oktober wurden die Berichte der kleinen Gruppen den Synodenautoritäten übergeben und sofort wurde verkündet, die Berichte würden entgegen der normalen Praxis nicht veröffentlicht werden. Dies löste einen unmittelbaren Protest in der Synodenhalle aus, die Kardinäle und Bischöfe standen einer nach dem anderen auf und forderten die Veröffentlichung. Es wurde berichtet, dass der Synodensekretär rund fünfzehn Minuten lang ausgebuht und verhöhnt wurde, bis Papst Franziskus Kardinal Baldisseri erklärte, dass die Berichte veröffentlicht werden könnten.[121]

Die Wichtigkeit ihrer Veröffentlichung wurde von Kardinal Burke deutlich erklärt:

»Ich halte die Veröffentlichung der Ergebnisse der zehn kleinen Gruppen für wichtig, denn sie zeigen, dass die Synodenväter die *Relatio* ganz und gar nicht akzeptierten. [...] Es gab einen Versuch, die Ergebnisse nicht zu veröffentlichen und P. Lombardi einmal mehr die Inhalte ausfiltern zu lassen. Aber die Synodenväter, die bis zu diesem Zeitpunkt keine Möglichkeit gehabt hatten, direkt mit der Öffentlichkeit in Kontakt zu treten, bestanden darauf, die Ergebnisse zu veröffentlichen. Es war entscheidend für die Öffentlichkeit, durch die Veröffentlichung der Dokumente erkennen zu können, dass die *Relatio* ein gravierend fehlerhaftes Dokument ist und nicht ausreichend die Lehre und die Disziplin der Kirche ausdrückt und sogar in einigen Aspekten lehramtliche Fehler und eine falsche pastorale Herangehensweise propagiert.«[122]

Die Veröffentlichung dieser Ergebnisse stellte sicher, dass das Abschlussdokument auf akkuratere Weise die Beiträge der Synodenväter zum Ausdruck bringen musste. In der Schlussversion wurden die kontroversen Passagen über Homosexualität entfernt und durch eine kurze Wiedergabe der Kirchenlehre ersetzt. Die Forderungen, positive Aspekte von sündhaften Partnerschaften anzuerkennen, blieben im Abschlussdokument erhalten und wurden von den Synodenvätern angenommen. Die Passagen über den Empfang der heiligen Kommunion für geschiedene und wiederverheiratete Personen blieb in überarbeiteter Form bestehen, erreichten aber keine Zweidrittelmehrheit. Ungeachtet dessen ordnete

Papst Franziskus an, die entfernten Paragraphen im Entwurf zu belassen. Mit diesem Erlass überstieg der Papst allerdings die geltenden Regeln der Synode. Artikel 26 §1 der *Ordo synodi episcoporum* erklärt: »Wenn es um die Genehmigung einer Sache geht, sind zur Erreichung der Mehrheit zwei Drittel der abgegebenen Stimmen erforderlich; wenn es um die Ablehnung geht, die absolute Mehrheit der Mitglieder.« Mit der Anordnung, die Paragraphen 52, 53 und 55 beizubehalten, stellte Papst Franziskus sicher, dass der »Kasper-Vorschlag« in der Agenda der Ordentlichen Synode bleiben würde, obwohl sie von den Vätern der Außerordentlichen Synode verworfen worden war.

Die letzte Synodensitzung wurde am 18. Oktober abgehalten. In seiner Abschlussansprache griff Papst Franziskus »Traditionalisten« und »Intellektuelle« massiv an. Er verurteilte eine »Versuchung, feindselige Starrheit zu leben und sich hinter dem geschriebenen Wort zu verstecken (dem Buchstaben) und nicht zu erlauben, von Gott überrascht zu werden – dem Gott der Überraschungen – (dem Geist); sich hinter dem Gesetz zu verstecken, in vermeintlicher Sicherheit dessen, was man weiß und nicht mit Blick auf das, was wir noch lernen und erreichen müssen. Seit der Zeit Christi ist das die Versuchung der Eiferer, der Gewissenhaften, der Besorgten und der heute sogenannten ›Traditionalisten‹ und auch der Intellektuellen.«

Er schloss mit den Worten: »Nun haben wir ein Jahr Zeit, die vorgeschlagenen Ideen mit einem wahren Geist der Unterscheidung reifen zu lassen und konkrete Lösungen für so viele Schwierigkeiten und zahllose Herausforderungen zu finden, mit denen sich Familien heute konfrontiert sehen müssen.«[123]

Die Implikationen dieser Äußerungen wurden kurz danach von Kardinal Marx offengelegt: »Die Türen stehen offen – weiter als sie jemals seit dem Zweiten Vatikanischen Konzil standen! Da lerne auch ich immer wieder von Franziskus selbst, er will Prozesse anschieben: Die Debatten sind ein Ausgangspunkt – die eigentliche Arbeit geht jetzt überhaupt erst los, in Rom und in der Kirche bei uns zu Hause.«[124]

Die Ordentliche Synode

Solche Aussagen stellten sicher, dass sich die Spannung bis zur Ordentlichen Synode 2015 noch erhöhte. Ein Zwischenfall, bezeichnend für das zweifelhafte Benehmen während des Synodenprozesses, war die Geschichte, die im Februar 2015 ans Licht kam, nämlich das Verschwinden der Exemplare des Buches *In der Wahrheit Christi bleiben,* die von Ignatius Press an alle Synodenväter versandt worden waren. Laut Edward Pentins Berichterstattung wurden Exemplare der Bücher am ersten Tag der Synode, am Montag, den 6. Oktober, den einzelnen Synodenvätern in einzeln adressierten Umschlägen in die Synodenhalle geschickt. Die Bücher wurden dem vatikanischen Postamt am Donnerstag oder Freitag derselben Woche übergeben. Gleich nach Eintreffen wurden sie in die Büros des Synodensekretariats gebracht. Dies war der Ort, wo ein Umschlag geöffnet, das Buch identifiziert und Kardinal Baldisseri informiert wurde. Aus Gründen, die unklar sind, wurde von der Vatikanpost nicht die korrekte Maßnahme ergriffen und die Umschläge wurden nicht gestempelt.

Pentin schreibt:

»Mehreren Quellen zufolge hat der Kardinal ›gekocht‹, als er davon erfahren hat, dass das Buch den Synodenvätern geschickt wurde. [...] Eine zweite Quelle aus dem Sekretariat berichtet, dass dann eine ›Diskussion‹ unter den Mitarbeitern stattgefunden habe, was mit den Büchern geschehen solle. Kardinal Baldisseri, so erklärte sie, sei ›eine Sicherung durchgebrannt‹, weil das Buch an die Synode geschickt worden war.«[125]

Dieselbe Quelle informierte Pentin, Kardinal Baldisseri habe die Bücherausgabe blockieren wollen, er sei aber durch den Vatikanpostbeauftragten darüber informiert worden, dass dies illegal sei. Er hat die Bücher dementsprechend zum Postbüro zurückgeschickt mit der Anweisung, sie richtig zu stempeln und dadurch ihre Auslieferung so lange wie möglich hinausgezögert. Erst am Mittwoch der zweiten Woche, als die Synode bereits zum Abschluss kam und ungefähr eine Woche nach ihrer ursprünglichen Anlieferung konnten die Bücher endlich zu den Postfächern der Kardinäle gebracht werden. Sie wurden dort eine Zeit lang aufbewahrt, um die gesetzlichen Vorschriften einzuhalten, und dann entfernt. Die meisten Synodenväter haben daher nie ein Exemplar des Buches erhalten, das die immerwährende Lehre der Kirche verteidigt.

So erschreckend dieser Vorfall auch gewesen sein mag, stand er in keinem Verhältnis zu der Veränderung der traditionellen katholischen Lehre durch die Veröffentlichung des *Instrumentum laboris,* dem Arbeitsdokument für die Ordentliche Synode im Juni 2015. In diesem Dokument, der *Relatio synodi,* der Außerordentlichen Synode, ist ein ausufernder Kommentar zugefügt, der die in dem früheren Dokument enthaltenen Themen weiterentwickelt, aber auch Themen angeht, die vorher nicht zur Sprache gekommen waren. Dieses Dokument enthält die Paragraphen 52, 53 und 55 der *Relatio synodi,* obwohl sie von der ersten Synode verworfen worden waren. Die Probleme des *Instrumentum laboris* gehen aber noch weit über diese eine Streitfrage hinaus. Kritiker argumentierten:

- »[Das Dokument] untergräbt die Lehre der Kirche über die wesentlichen Übel der künstlichen Geburtenkontrolle, indem es ein falsches Verständnis der Beziehung zwischen dem Gewissen und dem moralischen Gesetz propagiert (Paragraph 137).
- Es führt hinsichtlich der künstlichen Befruchtungsmethoden wie IVF Doppeldeutigkeit in die Kirchenlehre ein, indem es das »Phänomen« diskutiert, ohne irgendein Urteil über die Moralität einer solchen Methode abzugeben oder sich auf die vorhergegangenen Dokumente des Lehramtes wie *Donum vitae* oder *Dignitatis personae* oder den Verlust menschlichen Lebens, der aus dieser Anwendung resultiert, zu beziehen. (Paragraph 34).[126]
- Es reduziert die Unauflöslichkeit der Ehe auf ein »Ideal« (Paragraph 42).
- Es unterstellt, dass Kohabitation und »Zusammenleben« auch »positive Aspekte« haben und bis zu einem gewissen Grad als legitime Form der Verbindung angesehen werden könnten (Paragraphen 57, 61, 63, 99, 102).
- Es ebnet den Weg für die Akzeptanz gleichgeschlechtlicher Partnerschaften, indem es fordert »die besondere Natur solcher Partnerschaften in der Gesellschaft zu definieren« (Paragraph 8).

- Es leugnet die vollen Rechte der Eltern, für die sexuelle Bildung ihrer Kinder zuständig zu sein (Paragraph 86).«

Die Lebensschutzorganisation Voice of the Family schloss, dass »das *Instrumentum laboris* zusammen mit der *Relatio Post disceptationem* und der *Relatio synodi* der Außerordentlichen Synode die ganze Struktur der katholischen Lehre zu Ehe, Familie und menschlicher Sexualität in Frage stellt.«

Die Zusammenstellung des Komitees, das das Abschlussdokument der Synode schreiben sollte, bestätigte diese Sorgen. Es wurde deutlich, dass mindestens sieben der zehn Personen, die von Papst Franziskus ausgewählt wurden, Kirchenmänner mit »progressiven« Ansichten waren. Zu Kardinal Baldisseri und Erzbischof Bruno Forte kamen Kardinal Wuerl von Washington und Kardinal Dew von Wellington[127], Erzbischof Victor Manuel Fernandez aus Argentinien[128], Bischof Marcello Semeraro von Albano und der General der Jesuiten, P. Adolfo Nicolás.

Papst Franziskus nutzte also seine Macht aus, um besondere Ernennungen für die Synode zu tätigen, damit liberalen Prälaten eine Stimme und ein Votum bekämen, die andernfalls nicht präsent gewesen wären. Neben Walter Kasper selbst war der schlimmste von ihnen wohl Godfried Kardinal Danneels, eine führende Figur der St. Gallen-Gruppe. Danneels Vorgeschichte, einen Bischof gedeckt zu haben, der Kinder missbraucht hatte und die Legalisierung von Abtreibung und homosexuellen Partnerschaften zu befürworten, wurde bereits beschrieben. Andere kontroverse päpstliche Ernennungen waren Kardinal Dew, Kardinal Cupich aus Chicago, der offen die Zulassung von reuelosen Ehebrechern und praktizierenden Homosexuellen zu den Sakramenten unterstützt, sowie Walter Kardinal Kasper selbst.

Kurz vor Eröffnung der Synode äußerte Robert Kardinal Sarah die Befürchtungen vieler leitender Kirchenmänner:

»Weil der Beginn der XIV. ordentlichen Generalversammlung der Synode der Bischöfe zum Thema ›Berufung und Sendung der Familie in Kirche und Welt von heute‹ kurz bevorsteht, intensivieren die Ortskirchen, theologischen Fakultäten, Gruppen und Zusammenschlüsse von Familien die Vorbereitungen für dieses große kirchliche Ereignis. Gleichzeitig hat man das Gefühl, dass Meinungsmacher, Pressuregroups und Lobbys auftreten. Wir beobachten auch, dass bestimmte Kommunikationsstrategien umgesetzt werden. Es könnte sogar so scheinen, als würden neue Vorgehensweisen der Synodenversammlung daraufhin untersucht werden, bestimmten Strömungen eine Stimme zu verleihen, während andere zum Stillschweigen gebracht, wenn nicht gar völlig in den Hintergrund gedrängt werden sollen. Alles führt uns zu der Annahme, dass die kommende Synodenversammlung für viele Personen eine Synode mit hohen Einsätzen sein wird. Die Zukunft der Familie steht für die Menschheit tatsächlich auf dem Spiel.«[129]

Und genau so kam es. Zwei Tage vor Synodeneröffnung wurde verkündet, das Synodensekretariat habe zur Leitung der Diskussionen »eine neue Methode entworfen«. Die Synodenväter würden mehr Zeit in ihren kleinen, nach Sprache sortierten Gruppen verbringen und weniger Zeit in der Generalversammlung. Es werde keine *Relatio post disceptationem* geben, das heißt, dass die Synodenväter, im Gegensatz zum Vorjahr, als dieser Zwischenbericht die betriebene

Agenda aufdeckte und einen Gegenschlag auslöste, bis zum letzten Tag der Synode keinen Hinweis auf den Inhalt des Abschlussberichtes erhalten würden.

Papst Franziskus ist verärgert

In diesem Zusammenhang schrieben dreizehn Kardinäle an Papst Franziskus und äußerten ihre großen Sorgen. Unter ihnen waren Karlo Caffarra, der Erzbischof von Bologna, Thomas Collins, Erzbischof von Toronto, Timothy Dolan, Erzbischof von New York, Willem Eijk, Erzbischof von Utrecht, Gerhard Ludwig Müller, Präfekt der Kongregation für die Glaubenslehre, Wilfrid Fox Kardinal Napier, Erzbischof von Durban, George Pell, Präfekt des Wirtschaftssekretariat, Robert Kardinal Sarah, Präfekt für die Kongregation für den Gottesdienst und die Sakramentenordnung, Angelo Scola, Erzbischof von Mailand und Jorge L. Urosa Savino, Erzbischof von Caracas. Der Text des Briefs, der vom italienischen Journalisten Sandro Magister am 12. Oktober 2015 veröffentlicht wurde, trug die Bitte an Papst Franziskus heran, »einer Reihe von Sorgen Gehör zu schenken, die wir von anderen Synodenvätern gehört haben und die wir teilen.« Unter diesen Sorgen waren:

»Das *Instrumentum laboris,* in dem durch die neuen Synodenprozeduren ein übermäßiger Einfluss [...] garantiert wurde, enthält verschiedene problematische Sektionen und kann demzufolge nicht angemessen als richtungsweisender Text oder als Grundlage eines Abschlussdokuments dienen.

Die »neuen Synodenprozeduren« würden »in einigen Kreisen als Mangel an Offenheit und aufrichtiger Kollegialität betrachtet werden. In der Vergangenheit diente der Prozess zur Einbringung von Vorschlägen und ihrer Abstimmung dem wertvollen Zweck, die Orientierung der Synodenväter zu bestimmen. Das Fehlen der Vorschläge und der entsprechenden Diskussionen und Abstimmungen scheint eine offene Debatte zu verhindern und die Diskussion in die Circuli minores zu verbannen; daher erscheint es uns dringlich, das Erarbeiten von Vorschlägen, über die die ganze Synode abzustimmen hat, wiederherzustellen. Eine Abstimmung lediglich über das Schlussdokument kommt in einem Prozess der völligen Überarbeitung und Ausbesserung des Textes zu spät.«

»Zudem hat das Fehlen einer Beteiligung der Synodenväter an der Zusammensetzung der Redaktionskommission erhebliches Unbehagen ausgelöst. Ihre Mitglieder wurden ohne Beratung ernannt, nicht gewählt. Ebenso sollte jeder, der Teil der Redaktion irgendeines Textes auf der Ebene der Circuli minores ist, gewählt und nicht ernannt werden.«

Die Kardinäle schlossen: »Diese Tatsachen haben ihrerseits die Sorge entstehen lassen, dass die neuen Vorgehensweisen nicht dem traditionellen Geist und der Zielsetzung einer Synode entsprechen. Man versteht nicht, warum diese Änderungen der Prozeduren notwendig sein sollen. Einer gewissen Anzahl von Synodenvätern erscheint der neue Prozess darauf abgestimmt zu sein, bei wichtigen umstrittenen Themen vorgefertigte Ergebnisse zu erreichen.«[130]

Es begannen Berichte zu zirkulieren, dass Papst Franziskus im Beisein von Bischöfen und Priestern in Rage verfiel, als er den Brief in der Casa Santa Marta erhielt und es gab die Nachricht von einer Schimpftirade, wie man sie sicher seit Jahrhunderten nicht mehr aus dem Mund eines Papstes gehört hatte. *Il Giornale* erwähnte Gerüchte, wonach der Papst gesagt habe: »Wenn dies der Fall ist, dann können sie gehen. Die Kirche braucht sie nicht. Ich werde sie alle hinauswerfen!«[131] Laut anderen Berichten sagte er: »Wissen die nicht, dass ich hier an der Macht bin? Ich werde ihnen die roten Hüte wegnehmen.«

Was auch immer an diesen Berichten wahr sein mag, die Reaktion von Papst Franziskus in der Synodenhalle am Dienstag, den 6. Oktober machte seine Haltung deutlich. In einer unvorhergesehenen Rede an die Synodenversammlung richtete sich der Papst warnend gegen eine »Hermeneutik der Verschwörung«, die »soziologisch schwach und geistlich nicht förderlich ist.«[132]

Das Gleichgewicht stören

Papst Franziskus' Rede brachte auch eine andere Krise zur Sprache, die auf die »progressive« Gruppe gemünzt war, nämlich die offene Verteidigung der bestehenden katholischen Morallehre von Seiten Kardinal Erdös, dem Generalrelator der Synode. In seiner Eröffnungsansprache am ersten Tag vor der Vollversammlung wiederholte Erdö die Lehre der Kirche über den umfassenden Bereich der Sexualethik und lehnte ausdrücklich den »Kasper-Vorschlag« ab. Erdös Bekräftigung der katholischen Rechtgläubigkeit sorgte bei vielen Synodenvätern für Ermutigung, aber Papst Franziskus agierte entschieden, dies zu untergraben. In seiner ungeplanten Ansprache am nächsten Morgen belehrte er die Synodenväter, dass sie die Ordentliche Synode in perfekter Kontinuität mit der Außerordentlichen Synode im Vorjahr sehen sollten. Er forderte sie auf, nur drei Dokumente als formelle Dokumente von Bedeutung zu verstehen: seine eigene Eröffnungsansprache an die Außerordentliche Synode, die *Relatio* der Außerordentlichen Synode und seine eigene Abschlussansprache an die Synode. Er hob auch hervor, dass der Inhalt des *Instrumentum laboris* die großen Diskussionen der kommenden Tage leiten sollte.

Dies untergrub die Autorität von Kardinal Erdös Bericht und signalisierte den Synodenvätern, dass es sein Wunsch war, die Diskussionen entsprechend der Gleise zu führen, die die *Relatio synodi* vorgab, anstatt Kardinal Erdös Richtweisungen zu folgen. Der Papst machte auch klar, dass die Frage des Empfangs der heiligen Kommunion »geschiedener und wiederverheirateter« Katholiken auf der Tagesordnung der Synode stand. Der Inhalt der Ansprache des Heiligen Vaters wurde des Öfteren von P. Lombardi und anderen Sprechern in den Pressekonferenzen wiederholt.[133] Papst Franziskus' Aktionen schienen darauf abzuzielen, eine Schwächung von Kardinal Erdös Bemühungen der Neuorientierung der Ordentlichen Synode, hin zu einer Bekräftigung und Verteidigung der katholischen Lehre, zu bewirken.

In vielerlei wichtiger Hinsicht folgte die Ordentliche Synode einem ähnlichen Kurs wie die erste Versammlung im Vorjahr. Das Pressebüro schien einmal mehr die Berichte zu manipulieren. P. Rosica war schnell dabei, Vorträge zu erwähnen, in denen gesagt wurde, dass »die pastorale Sorge um die Menschen und die Sprache der Inklusion unsere Sprache werden müsse, immer im Bewusstsein der kanonischen und pastoralen Möglichkeiten.« Er bezog sich auch auf Ansprachen, die eine »neue Katechese der Ehe« forderten, sowie »eine neue Sprache für die Menschen unserer Zeit zu sprechen«, als auch neue »pastorale Wege für solche einzuschlagen, die vor der Ehe bereits zusammen leben« samt einer neuen Haltung gegenüber der Homosexualität.

Eine der Ansprachen, die von P. Rosica weitergegeben wurde, beinhaltete den Vorschlag, das Problem der heiligen Kommunion für Geschiedene und Wiederverheiratete könne in verschiedenen Teilen der Erde auf verschiedene Weise gelöst werden. Dies würde zu verschiedenen Praktiken führen, denen indirekt verschiedene Lehren zugrunde lägen, je nach Erdteil. Solche Rufe nach »Dezentralisierung« waren Teil der umfassenden Strategie, die von der »progressiven« Seite übernommen wurde.[134]

In seiner langen Ansprache vom 17. Oktober 2015, zur Halbzeit der Synode, erklärte Papst Franziskus, dass er die »Notwendigkeit einer gesunden ›Dezentralisierung‹ spüre und dass den »Bischofskonferenzen« Macht übertragen werden müsse. »Wir müssen uns darum bemühen, mehr durch diese Körperschaften zu verwirklichen« sagte er, denn die »Hoffnung des Konzils, dass solche Körperschaften den Geist der bischöflichen Kollegialität stärken können, ist noch nicht vollkommen hergestellt.«[135]

Der Bedarf der Übertragung der Macht samt einer »ernstgemeinten lehramtlichen Autorität« wurde von verschiedenen Synodenvätern wiederholt. Abt Jeremias Schröder OSB, der an der Synode als Vertreter der Vereinigung der Generaloberen teilnahm, äußerte, dass beides, »die soziale Akzeptanz der Homosexualität« und die Art, wie man mit »geschiedenen und wiederverheirateten« Personen umgehen sollte, Beispiele seien, »bei denen Bischofskonferenzen die Möglichkeit haben sollten, pastorale Lösungsversuche zu entwickeln, die mit dem im Einklang stehen sollten, was in den verschiedenen Zusammenhängen gepredigt, gelebt und gesagt werden kann.«

Der Abt behauptete, solche Vorschläge würden vom Großteil der Synodenväter unterstützt. »Es wurde oft thematisiert. Viele Vorträge in der Aula entwickelten den Vorschlag, dass es eine Delegierung und Autorisierung geben sollte, mit diesen Problemen zumindest pastoral auf verschiedene Weise umzugehen, je nach Kultur. [...] Ich denke, ich habe mindestens zwanzig solcher Ansprachen gehört, wobei nur zwei oder drei dagegengesprochen haben und betonten, dass die Einheit der Kirche auch in diesen Fällen beibehalten werden müsse und dass es schädlich sei, eine solche Übertragung von Autorität einzuführen.«[136]

Die Wahrheit ist, dass es eine erhebliche Opposition von konservativen Synodenvätern gab, wie die veröffentlichten Vorträge von Erzbischof Gadecki aus Posen, Erzbischof Tomas Peta aus Kasachstan, und dem Großerzbischof von Kiew, Sviatoslav Shevchuk. Der Widerstand solcher Kardinäle und Bischöfe hat aber nicht ausgereicht, um die Genehmigung einer Vielzahl von Paragraphen zu verhindern, die die bisherige Kirchenlehre in Frage stellte oder offen veränderten.[137] Von besonderer Bedeutung ist in dieser Hinsicht der Paragraph 85 der *Relatio,* in dem die Frage der »Integration« von geschiedenen und wiederverheirateten Katholiken besprochen wird, die nicht die volle Schuld an ihrer Lebenslage trügen. Dieser Paragraph wurde in die Apostolische Exhortation *Amoris laetitia* aufgenommen und erweitert. Im Paragraph

305 und der dazugehörigen Fußnote 351 erklärt Papst Franziskus, dass man in bestimmten Fällen jene, die »in einer objektiven Situation der Sünde« leben, zu den Sakramenten der Beichte und der heiligen Kommunion zulassen könne, ohne von ihnen eine Veränderung des Lebenswandels zu fordern, wenn man zu dem Urteil kommt, dass sie sich nicht in einer »subjektiven Schuldhaftigkeit« der Todsünde befinden. Dies verstößt gegen die bisherige Kirchenlehre, die besagt, dass jene, die in objektiver Todsünde leben, nicht an den Sakramenten teilhaben dürfen, auch wenn Faktoren vorliegen, die ihre Schuld vermindern mögen. In Bezug auf Geschiedene und Wiederverheiratete lehrte Johannes Paul II.: »Sie können nicht zugelassen werden, denn ihr Lebensstand und ihre Lebensverhältnisse stehen in objektivem Widerspruch zu jenem Bund der Liebe zwischen Christus und der Kirche, den die Eucharistie sichtbar und gegenwärtig macht.«[138] Hier besteht demnach ein Widerspruch zwischen den Lehren des Paragraphen 305 von *Amoris laetitia* und dem zitierten Paragraphen 84 von *Familiaris consortio.*

Um genehmigt zu werden, benötigt jeder Paragraph – den Synodenrichtlinien gemäß – eine Zweidrittelmehrheit, in diesem Fall 177 Stimmen. Paragraph 85 erhielt 178 Stimmen. Es wird deutlich, dass, wenn Papst Franziskus nicht zahlreiche Einzelpersonen als von ihm selbst speziell päpstlich Ernannte zur Synode hinzugefügt hätte – darunter Kardinal Kasper selbst –, die bekannterweise die Zulassung von unbußfertigen öffentlichen Sündern zu den Sakramenten förderten, dann wäre dieser Paragraph nicht approbiert worden. Diese Tatsache allein würde die bereits vorgebrachte Aussage bekräftigen, dass die Synode über die Familie manipuliert wurde, und zwar vom Papst höchstselbst. Aber es gibt genug Belege für die systematische Manipulation der Gesamtheit des synodalen Prozesses, um folgenden Kommentar von Bischof Schneider zu rechtfertigen: Die Manipulation der Synoden »wird für zukünftige Generationen und Historiker ein Makel bleiben, der die Ehre des Apostolischen Stuhls befleckt hat.«[139]

2. Was lehrt Papst Franziskus?

Amoris laetitia und die Dubia der Kardinäle

Papst Franziskus hat im Nachgang der Synode über die Familie im März 2016 die Apostolische Exhortation *Amoris laetita* veröffentlicht, die dazu dienen sollte, die Lehre der Synode zu vermitteln. Bei ihrer Länge von über zweihundert Seiten, ist eine Zusammenfassung schwierig, aber die kontroversesten Abschnitte sind hauptsächlich in Kapitel 8 zu finden. Besonders Paragraph 305 zusammen mit der Fußnote 351 wurde nun von verschiedenen Bischöfen als Erlaubnis interpretiert, den Kommunionempfang für geschiedene und zivil wiederverheiratete Katholiken zuzulassen: »Aufgrund der Bedingtheiten oder mildernder Faktoren ist es möglich, dass man mitten in einer objektiven Situation der Sünde – die nicht subjektiv schuldhaft ist oder es zumindest nicht völlig ist – in der Gnade Gottes leben kann, dass man lieben kann und dass man auch im Leben der Gnade und der Liebe wachsen kann, wenn man dazu die Hilfe der Kirche bekommt.«. Fußnote 351 erklärt dies schlechthin mit den Worten: »In gewissen Fällen könnte es auch die Hilfe der Sakramente sein.«

Es herrschen noch kontroverse Diskussionen über die korrekte Interpretation dieser Abschnitte. Viele Bischöfe pochen darauf, dass es für ein päpstliches Dokument unmöglich sei, vorherigen Kirchenlehren zu widersprechen. Dennoch veröffentlichten die Bischöfe von Buenos Aires ihre Richtlinien im September 2016.[140] Sie gestanden Priestern ein, »sie mögen ein Leben in Enthaltsamkeit empfehlen«, ergänzten aber: »Sollten die Partner diesen Vorsatz verfehlen«, dann soll es ihnen »nach einem Prozess der Unterscheidung der Geister« *Amoris laetitia* entsprechend »möglich sein, zum Sakrament der Beichte zugelassen zu werden« ohne den Vorsatz, den ehelichen Umgang einzustellen.[141]

Während die kontroverse Interpretation weiterging, bewahrte Papst Franziskus weiterhin Stillschweigen und hat auch Bischöfe wie Chaput von Philadelphia und Stanisław Gądecki von Posen – die die konservative Position eingenommen haben – nicht korrigiert. Aber die einzige Unterstützung des Papstes bekamen die Bischöfe von Buenos Aires und Malta[142] in Form von Briefen, in denen er sich für ihre liberalen Interpretationen bedankt. Franziskus schrieb seinen ehemaligen argentinischen Kollegen und dankte ihnen für ihre »sehr guten« Richtlinien, die »die Bedeutung des VIII. Kapitels von *Amoris laetitia* vollkommen erfasst haben.« Um das Ganze auf den Punkt zu bringen, fügte der Papst hinzu: »Es gibt keine anderen Interpretationen.«[143] Ein ähnlicher Brief wurde durch den langen Arm des Papstes, den Generalsekretär der Bischofssynode, Lorenzo Kardinal Baldisseri, nach Malta geschickt.

Mit Blick auf die unterschiedlichen Interpretationen und die offensichtliche Subjektivität, die *Amoris laetitia* in die katholische Morallehre eingeführt hat, verfassten einige Kardinäle einen Brief an den Papst und baten ihn um Klärung der Zweideutigkeiten im Dokument. Es gab sechs Unterzeichner, aber nur vier von ihnen gingen an die Öffentlichkeit – die Kardinäle Brandmüller, Burke, Caffarra und Meisner – die aber Unterstützung, so wird gemunkelt, von zwanzig oder dreißig weiteren hätten. Diese Kardinäle begannen ihr Unterfangen zunächst damit, dem Papst und der Kongregation für die Glaubenslehre am 19. September 2016 einen privaten Brief zu schreiben, mit dem oben genannten Anliegen und der Bitte um Klärung. Diese wurden in Form traditioneller Dubia verfasst, was bedeutet, dass der KGL umstrittene Punkte übermittelt werden, wenn die Kirchenlehre unsicher zu sein scheint. Die fünf Dubia können folgendermaßen zusammengefasst werden:

1. Ist es rechtmäßig geworden, wiederverheiratete, geschiedene Personen zur heiligen Kommunion zuzulassen?
2. Ist es noch die katholische Lehre, dass absolute moralische Normen existieren?
3. Befinden sich jene, die in der Verletzung eines Gebotes leben, d.h. des Gebotes gegen Ehebruch, in objektiver Sünde?
4. Ist es noch katholische Lehre, dass Umstände oder Intentionen niemals einen intrinsisch bösen Akt in einen »subjektiv« guten verwandeln können?
5. Ist es weiterhin noch katholische Lehre, dass das Gewissen keine Ausnahmen von absoluten moralischen Normen legitimieren kann?

Die Kongregation für die Glaubenslehre weigerte sich, im Gegensatz zur üblichen Praxis, auf diese Fragen zu antworten und es ist offensichtlich, dass sie auf die Anordnung des Papstes hin so handelte. Wegen der ausbleibenden Antwort veröffentlichten die Unterzeichner ihren Brief im November, womit sie ihre Infragestellung von *Amoris laetitia* offenlegten. Der Papst antwortete jedoch auch dann nicht explizit, es wurde aber über Ermutigungen seiner Ratgeber berichtet, die Dissidenten durch indirekte Mittel in Misskredit zu bringen. Die Mehrzahl der unterzeichnenden Kardinäle war bereits im Ruhestand, nur einer von ihnen hatte noch ein offizielles Amt inne, nämlich Kardinal Burke als Kardinalpatron des Malteserordens. Seine Erfahrungen werden im Kapitel 5 thematisiert. Abgesehen davon ist der Effekt der indirekten Anweisungen des Papstes die Haltung einer schockierten Empörung über die Blindheit der Kardinäle gegen die neue Öffnung der katholischen Lehre, die von mehreren Sprechern ausgedrückt wurde.[144] Was diese Öffnung präzise bedeutet, hat die Kirche noch nicht aufgedeckt, da Franziskus die ihm gestellten Fragen nicht beantwortet. Um uns eine Meinung darüber zu bilden, in welche Richtung der Papst die Kirchenlehre lenken will, ist eine Untersuchung der von ihm verfolgten Politik bei den vatikanischen Einrichtungen, die mit dem Schutz der Familie beauftragt sind, angeraten.

Die Generalüberholung der Päpstlichen Akademie für das Leben

Von 1978 bis zur Regierungszeit Benedikt XVI. waren die Verteidiger der traditionellen katholischen Ethik daran gewöhnt, den Vatikan als ein Bollwerk der Unterstützung für ihre Sache zu sehen, vor allem im Kampf gegen Abtreibung. Die Kombination von Johannes Paul II., dem »Pro-Life-Papst«, und Kardinal Ratzinger, der ihn in der Glaubenskongregation unterstützte, behielt im Vatikan bei einer Reihe von in der Politik bedeutungsvollen moralischen Fragen das letzte Wort. Diese moralische Autorität wurde auch von Nichtkatholiken und Konservativen respektiert, die sich vom Vatikan Antworten auf komplexe Fragen, wie den neuen reproduktiven Technologien, Klonen und Stammzellenforschung erhofften. Obwohl die KGL eine entscheidende Rolle dabei spielte, die Lebensschutzpositionen zu entwickeln, war eine der wichtigsten Vatikanabteilungen im katholischen Denken die Päpstliche Akademie für das Leben, die 1994 ins Leben gerufen wurde. Sie widmete sich den »wichtigsten Problemen der Biomedizin und des Rechts, die mit der Förderung und der Verteidigung des Lebens zusammenhängen, vor allem die direkte Beziehung, die sie zur christlichen Moral und den Vorgaben des kirchlichen Lehramtes haben.«

Gegründet von Johannes Paul II. und dem berühmten Lebensschutzarzt und Genetiker Jérôme Lejeune[145] konnte sich die Pontificia Academia Pro Vita (PAV) einiger der klügsten katholischen Köpfe in Europa rühmen, einschließlich der Philosophen Michel Schooyans und Joseph Seifert, aber auch des Bioethikers Elio Sgreccia. Nicht alle Mitglieder waren so bekannt, aber alle Mitglieder des Lebensrates waren dazu verpflichtet, einen Eid »als Diener des Lebens« abzulegen, der sie dazu verpflichtete, die Heiligkeit des menschlichen Lebens in all seinen Stadien zu verteidigen.

Schon vor dem Rücktritt von Papst Benedikt bildeten sich Risse in der PAV. Erste Anzeichen des Wandels zeichneten sich bereits 2008 mit der Ernennung von Erzbischof Rino Fisichella ab, einem aufstrebenden Karrieristen, dem die katholische Lehre des Lebensschutzes recht wenig am Herzen lag. 2009 kritisierte Fisichella die brasilianischen Bischöfe, öffentlich die Exkommunikation von Ärzten zu bekräftigen, die bei einer Abtreibung von Zwillingskindern bei einem neunjährigen Missbrauchsopfer mitgewirkt hatten. Entsprechend dem Kirchengesetz gehört Abtreibung zu den *graviora delicta,* d. h. Vergehen von solcher Schwere, dass sie eine automatische Exkommunikation nach sich ziehen, ohne dass überhaupt eine offizielle Stellungnahme nötig wäre. Fisichella schrieb jedoch, die Ärzte seien im Recht gewesen, denn sie hätten – so erklärte er – dabei geholfen, das Leben des Mädchens zu retten.

Bischof Cardoso Sobrinho von Recife stellte klar[146], dass das Kind und die Familie der Sorge von Ärzten anvertraut waren, die das Leben der Zwillinge durch einen Kaiserschnitt retten wollten, ohne dem Mädchen zu schaden. Er war gezwungen, eine öffentliche Erklärung zu den Exkommunikationen abzugeben, weil fälschlicherweise Berichte kursierten, die aussagten, dass die junge Mutter exkommuniziert worden sei. Dies sei nicht der Fall, da sie »moralisch nicht für diese schreckliche Tat verantwortlich war«. Bischof Sobrinho ergänzte: »Ich habe die Hoffnung, dass diejenigen, die von der Exkommunikation betroffen sind, die sie über sich gebracht haben, vielleicht einen Sinneswandel vollziehen und nicht erst im Angesicht des Todes damit beginnen, Buße zu tun.« Der Fall wurde in Brasilien als *cause célèbre* gehandhabt, wobei der Bischof bereits einen langen Kampf gegen die weltliche Presse und die Abtreibungslobbyisten geführt hatte. Fisichellas Artikel wurde daher als ein Zeichen dafür gewertet, dass der Vatikan sich in der Affäre gegen seinen eigenen Bischof und dessen Lehre stellte, und als Fisichella die Situation noch verschärfte und seine Kritiker zurechtwies, wurde dieser Eindruck noch verstärkt.

Der Artikel löste sofort einen Aufruhr in der weltlichen Presse aus, die ihn als Signal der baldigen Aufgabe der Unnachgiebigkeit der katholischen Kirche bejubelten. Die Mitglieder der PAV aber hatten zu entscheiden, was sie gegen einen Präsidenten tun würden, der öffentlich die Abtreibung befürwortete. Fünf Mitglieder protestierten öffentlich gegen den Artikel. Aber wie es so oft im modernen Vatikan geschieht, erhielt Fisichellas Karriere durch den Skandal Auftrieb.[147] Nach zwei Jahren des verbissenen Kampfes zwischen Pro-Life-Mitgliedern und Fisichella wurde er 2010 abgesetzt, aber in seine gegenwärtige Position als Leiter des Päpstlichen Rates zur Förderung der Neuevangelisierung berufen, ein Posten, der unter Franziskus sicherlich als Beförderung angesehen werden kann, da er mit einer hohen öffentlichen Bekanntheit und einer engen Beziehung zum Papst verbunden ist.

In den Folgejahren sorgte die PAV unter den Verteidigern des Lebens hinsichtlich verschiedenster Themen weiterhin für Beunruhigung. Darunter war ihre Billigung expliziter Sexualaufklärung für Kindern, entwickelt vom Päpstlichen Rat für die Familie und während des Weltjugendtags in Polen veröffentlicht. 2012 schrieb Joseph Seifert einen offenen Brief an Fisichellas Nachfolger, Msgr. Ignacio Cassasco de Paula, und warnte davor, dass die PAV Gefahr liefe, ihren Gründungsauftrag zu verraten, nachdem die 18. Generalversammlung In-vitro-Befruchtung zu befürworten schien, ein Verfahren, das von den Dokumenten der KGL *Donum vitae* (1987) und *Dignitatis personae* (2008) verurteilt worden war.

Die amerikanische Altmeisterin des Lebensschutzes, Judie Brown von der American Life League, war eine der ursprünglich korrespondierenden Mitglieder der PAV, die Fisichellas Befürwortung der Abtreibung kritisierte. Im Februar 2017 warf sie Papst Franziskus vor, die PAV durch seine neuen Statuten und Mitgliederernennungen »zerlegt« zu haben, »eines der herzzerreißendsten Ereignisse, die ich je in meinem Leben gesehen habe. Aber wenn man sich die derzeitige Vatikanpolitik anschaut, ist das nicht überraschend.«

»War das [die Recife-Affäre] der Anfang vom Ende? Viele weitere spätere Ereignisse – der derzeitige Leiter der Akademie, Erzbischof Vincenzo Paglia, der die vatikanische Art der Sexualerziehung befürwortet – bedeuten nichts Gutes für die Akademie und ihre Zukunft,« erklärte Brown.

Franziskus macht Klarschiff; neue Statuten, neue Mitglieder und eine neue Ausrichtung entsprechend *Amoris laetitia*

In den ersten zwei Jahres seines Pontifikats gab Papst Franziskus Pro-Life-Kämpfern einige Einblicke in sein Denken, immer jedoch in doppeldeutige Begriffe gehüllt. Im Juli 2013, im Flugzeug von Rom zum Weltjugendtag nach Rio de Janeiro, beantwortete er einige Frage. Eine bezog sich auf den berüchtigten Battista Ricca, ein Mitglied des päpstlichen Haushaltes, und Franziskus antwortete mit seinem berühmten »Wer bin ich, dass ich richte?«-Kommentar.[148] Die *New York Times* bezog sich auf diese Antwort und nannte sie »revolutionär«, da der Papst zum ersten Mal den umgangssprachlichen Begriff »schwul« benutzt hatte, um einen Homosexuellen zu bezeichnen. Die *NYT* kommentierte: »Franziskus' Wortwahl hätte nicht unterschiedlicher von der Benedikts XVI. sein können, der 2005 schrieb, dass Männer mit ›tiefsitzenden homosexuellen Neigungen‹ keine Priester werden sollten.« Als Dank für seinen Kommentar wurde Papst Franziskus sofort zum Helden der homosexuellen Politlobby; das Magazin *Advocate* brachte sein Gesicht als Titelbild und erklärte ihn zur: »Person des Jahres«. Im darauffolgenden September zwang er Pro-Life-Förderer zur Schadensbegrenzung, indem er der katholischen Welt sagte, sie solle nicht »besessen sein« von Abtreibung, »Schwulenehe« oder Verhütung. In einem langen Interview mit Antonio Spadaro erklärte Franziskus der *Civiltà Cattolica,* dass es »nicht nötig ist, immer nur über diese Themen zu sprechen. Die lehramtlichen und moralischen Lehren der Kirche sind nicht alle gleichwertig. Die kirchliche Pastoral kann nicht von der Weitergabe einer zusammenhangslosen Vielzahl von Elementen besessen sein, die ständig aufgedrängt werden.«

Im Oktober 2016, ein Jahr nach der zweiten Familiensynode inmitten der Furore der Dubia richtete Papst Franziskus die Akademie neu aus, indem er neue Statuten approbierte, sämtliche Mitglieder der Institution entließ und Fünfjahresmandate für die Mitglieder einführte. Die neuen Regeln schafften den Lejeune-Treueid zur katholischen Lehre ab, erlaubten die Berufung von Nichtkatholiken und es gab keinen Verweis auf das Festhalten an der katholischen Lehre durch die Mitglieder.[149]

Christine Vollmer, die venezolanische Gründerin einer Frauenunterkunft und Gründungsmitglied der Akademie, der Franziskus die lebenslange Mitgliedschaft entzog, kommentierte die Veränderungen[150]: »Ursprünglich mussten wir alle einen Eid vor dem Nuntius unseres Landes ablegen, dass wir Diener des Lebens sein und die Lehren der Kirche aufrechterhalten würden. Wir haben natürlich das neue ›Versprechen‹ noch nicht gesehen, aber die Formulierung der neuen Statuen klingt wesentlich schwammiger und die Akademie ist nun offen für Menschen anderer Religionen und Religionslose. Es ist zweifelhaft, ob sie sich dadurch mit der gebotenen Ernsthaftigkeit *Humanae vitae* widmen können!«

Vollmer warnte, dass die PAV seit dem Tod von Dr. Lejeune »immer mehr in die Richtung der ›harten Naturwissenschaft‹ und weniger der ›Pro-Life-Wissenschaft‹ gehe.« Die Akademie »wurde bewusst mit einer Liste von heterogenen Spezialisten gegründet, darunter Anwälte, Ärzte, Journalisten, Pro-Life-Aktivisten, Psychiater, Familienaktivisten, Priester, Lehrer und so weiter, damit die Intention der Gründer verwirklicht werden konnte, Fälle von lebensfeindlichen Tendenzen zu studieren und zu analysieren und einen Weg zu finden, ihnen entgegenzutreten.«

Und tatsächlich bedienen sich die neuen Statuten einer Sprache, die bisher noch nie von Vatikandikasterien benutzt wurde. Die Akademie für das Leben soll – so steht dort – »die Förderung der Qualität des menschlichen Lebens unterstützen, das seine materiellen und geistigen Werte in die Sicht einer authentischen ›menschlichen Ökologie‹ integriert, die hilft, die ursprüngliche Balance der Schöpfung zwischen der menschlichen Person und dem gesamten Universum wiederherzustellen.« Allerdings bietet der Autor dieser Zeilen keine Definition, was diese recht pompöse Qualifikation zu bedeuten hat.

Franziskus setzte seine Umstrukturierung im Juni 2017 fort und ernannte 45 neue Mitglieder, von denen nur dreizehn Wiederernennungen waren. Vielleicht ist das bemerkenswerteste Mitglied unter den Nichtkatholiken der japanische Nobelpreisträger und Mediziner Shinya Yamanaka, der Entwickler einer kontroversen Methode des Klonens von »embryoähnlichen« Stammzellen. Eine weitere ökumenische Wahl von Franziskus ist der Anglikaner Nigel Biggar. Seine Ernennung verursachte Empörung, als *The Catholic Herald*[151] enthüllte, er habe gegenüber dem Philosophen Peter Singer geäußert, eine legale Abtreibung solle bis zur 18. Woche möglich sein, weil ein Fötus nicht denselben moralischen Status wie ein erwachsener Mensch habe.

Der *Herald* zitiert Biggar:

»Unklar ist, ob ein menschlicher Fötus die gleiche Art Wesen ist wie ein Erwachsener oder ein gereiftes menschliches Wesen und daher dieselbe Behandlung verdient. Das wirft die Frage auf, wo und wann man die Grenze zieht und es gibt absolut keinen stichhaltigen Grund dafür, sie in dem einen Entwicklungsstadium anstelle eines anderen zu ziehen.«

In diesem Licht macht auch Biggars sehr milde Opposition gegen legalisierte Euthanasie Sinn, die er folgendermaßen begründet: Sie würde eine »radikale libertäre Gesellschaft schaffen, auf Kosten einer sozial-humanen«. Dies scheint eine schwache Qualifizierung eines Mitgliedes einer päpstlichen Akademie zu sein, die ursprünglich der Kirchenlehre und der Heiligkeit des menschlichen Lebens gewidmet war.

Dreizehn Mitglieder wurden aus der vorausgegangenen Zusammensetzung übernommen, aber diese Liste enthielt bemerkenswerterweise nicht viele der leuchtenden Vorbilder und gestandenen Verteidiger der katholischen Morallehre, die seit der Gründung Mitglieder der Akademie waren und von denen viele Johannes Paul II. und Benedikt XVI. nahestanden. Der belgische Philosoph Michel Schooyans, der Österreicher Joseph Seifert, der deutsche Robert Spaemann und der Engländer Luke Gormally fehlten auch, alle jene, die die Wortführer der Opposition gegen Fisichella waren und später lautstarke Kritiker der beiden Familiensynoden und von *Amoris laetitia*. Ebenfalls vor die Tür gesetzt wurden der australische Philosoph John Finnis und der berühmte amerikanisch-französische Bioethiker Germain Grisez, der einen »offenen Brief« an den Papst mitverfasst hatte, der *Amoris laetitia* überaus kritisch gegenüberstand. Auch eine Gruppe von mitteleuropäischen Psychologen, die ausgesprochenen Gegner der »Gender-Ideologie« Andrzej Szostek (Polen), Mieczyslaw Grzegocki (Ukraine), und Jaroslav Sturma (Tschechische Republik) blieben außen vor. Franziskus schien seine Reinigungsmaßnahme demnach auch auf Laien auszuweiten, die seinen Plänen im Weg standen.

Das Päpstliches Institut Johannes Paul II. für Studien zu Ehe und Familie; erst von den Synoden ausgeschlossen, dann gesäubert

In der Vorbereitungszeit der Synode 2014 veröffentlichten die Organisatoren Informationen darüber, wer und wer nicht zur Teilnahme eingeladen werden würde. Unter den prominentesten ausgeladenen Institutionen war das Institut Johannes Paul II. für Studien zu Ehe und Familie. Dieses Institut wurde von Johannes Paul II. 1982 nach der Familiensynode 1980 und der Promulgation seiner apostolischen Exhortation *Familiaris consortio* gegründet. Seitdem ist es unaufhörlich gewachsen und hat heute zehn Zweigstellen auf der ganzen Welt. Es war dieses Dokument von Johannes Paul II., das die Unmöglichkeit der Zulassungen zum Kommunionempfang von zivil wiederverheirateten Geschiedenen erklärte und das von den Synoden von Papst Franziskus attackiert werden sollte.

Das Institut veröffentlichte im Vorfeld der Synode 2014 eine Reihe von Artikeln, in denen die klassische katholische Morallehre wiedergegeben wurde, die *Familiaris consortio* zugrunde liegt und die ganz deutlich auf den »Kasper-Vorschlag« eingehen sollten. Einer dieser Artikel »Das wahre Evangelium der Familie: Die Unauflöslichkeit der Ehe: Gerechtigkeit und Barmherzigkeit« erhielt ein Vorwort von Kardinal Pell und wurde gleichzeitig in Italien, den Vereinigten Staaten, Spanien und Deutschland veröffentlicht. Bei einer vorbereitenden Konferenz in Rom im frühen Oktober 2014 machte der Philosophieprofessor Stansilaw Grygiel, der Karol Wojtyla nahegestanden hatte und auch am Institut lehrte, eine Andeutung, warum das Institut von den Synoden ausgeschlossen wurde. Er widerlegte direkt die Prämisse des Kasper-Vorschlags:

»Eine ›barmherzige‹ Nachsichtigkeit, die von einigen Theologen gefordert wird, ist nicht fähig, der fortschreitenden Verhärtung der Herzen Einhalt zu gebieten, die die Erinnerung daran verliert, wie die Dinge ›von Anbeginn‹ waren. Die marxistische Voraussetzung, dass die Philosophie die Welt verändern muss, anstatt sie zu betrachten, hat sich einen Weg in das Denken einiger Theologen gebahnt, wie bei denen, die mehr oder weniger willentlich genau das anstreben, anstatt sich den Menschen und die Welt im Licht des ewigen Wortes des lebendigen Gottes anzusehen und nicht aus dem Blickwinkel von vergänglichen soziologischen Tendenzen zu interpretieren. Als Resultat rechtfertigen sie die Taten der ›verhärteten Herzen‹ je nach Umstand und sprechen von der Barmherzigkeit Gottes, als ob sie eine Art Toleranz vermischt mit Mitleid wäre.

Eine Theologie, die auf diese Weise aufgebaut wird, bezeugt eine Missachtung des Menschen. Für diese Theologen ist der Mensch nicht länger reif genug, mit Mut – im Licht der göttlichen Barmherzigkeit – den Wahrheiten seiner eigenen Liebesbestimmung ins Auge zu blicken, einer Wahrheit, die ›von Anbeginn‹ stammt. (Mt 19,8).«

Im Anschluss an die Synoden setzte sich Papst Franziskus im September 2016 über die institutseigenen Richtlinien hinweg, die besagen, dass der Kanzler der Generalvikar Roms sein muss, und ernannte stattdessen Erzbischof Paglia für dieses Amt. Neuer Präsident sollte Msgr. Pierangelo Sequeri werden, der in der *Amoris laetitia*-Kontroverse eine ähnliche Linie eingeschlagen hat. Kurz danach strich der Papst eine

Eröffnungsansprache von Robert Kardinal Sarah und hielt die Ansprache selbst, in der er Theologen zurechtwies, die »eine zu abstrakte und fast schon künstliche theologische Idee der Ehe verbreiten«. Edward Pentin schrieb über die Ernennungen Paglias und Sequeris, dass »wenn man ihren Hintergrund bedenkt, und den Zeitpunkt, in dem nämlich die Lehre Johannes Pauls II. in diesem Bereich für unangemessen gehalten wird, ist ihre Ernennung als Leiter des päpstlichen Instituts zweifellos Grund zur Sorge für jene, die dort arbeiten und allgemein alle Mitarbeiter in diesem Bereich.«

Die Zukunft des *Familiaris consortio* gewidmeten Instituts bleibt ungewiss. Im Oktober 2016 kündigte Erzbischof Denis Hart die Schließung der Niederlassung des Institutes in Melbourne mit der angeblichen Begründung an, es habe zu wenig Studenten angezogen, um den Kostenaufwand zu rechtfertigen. Dan Hitchens, stellvertretender Herausgeber des *The Catholic Herald,* sah einen Zusammenhang der Schließung mit der Opposition des Institutes gegen die Richtung der Synoden und stellte fest, dass nicht nur die Studentenschaft gewachsen, sondern Melbourne auch »eine der reichsten Diözesen der Welt« sei. Sie konnte im Jahre 2011 mit ihren Rücklagen ein Gebäude für 36 Millionen Australische Dollar bauen, »genug Geld, um das JPII-Institut jahrzehntelang zu finanzieren.«

Hitchens schrieb: »Es ist offensichtlich: Das Institut Johannes Paul II. hat viele Gegner in Australien. [...] Die Förderer des Instituts sähen es als ›leuchtendes Beispiel der katholischen Rechtgläubigkeit inmitten eines Sumpfes von Modernismen innerhalb des katholischen Bildungssystems‹. Diese Rechtgläubigkeit machte es unbeliebt.«

Erzbischof Vincenzo Paglias und Papst Franziskus' Botschaft für die Lebensschützer

Vincenzo Paglia war seit Jahrzehnten eine führende Persönlichkeit der linken Strömung innerhalb der Kirche, auch wenn dies außerhalb Italiens weniger bekannt ist. Wenn er sich gelegentlich zugunsten der katholischen Morallehre ausgesprochen hat, dann erinnert seine gewohnheitsmäßige Doppeldeutigkeit an Papst Franziskus. Im August 2015 veröffentlichte der Päpstliche Rat für die Familie[152] unter seiner Führung ein Buch, das Argumente vorbrachte, warum geschiedene und zivil wiederverheiratete Katholiken nach einem »Weg des Ermessens« die Kommunion empfangen dürften, praktisch eine Wiederholung des »Kasper-Vorschlags«. Dem vermutlich schwierigsten Thema der zeitgenössischen Kirche näherte sich Paglia in der Öffentlichkeit mit kunstvoller Doppeldeutigkeit an. Er nannte es »pharisäerhaft, uns selbst damit zu begrenzen, Gesetze zu wiederholen und Sünde anzuprangern.« Die Kirche, sagte er »solle bereit sein, neue Wege zu finden, denen sie folgen könne.«

Im Februar 2017 löste Erzbischof Paglia einen Proteststurm aus, als er Marco Pannella, den Gründer der Partei Radicali Italiani, mit einer Lobrede bedachte, indem er ihn einen »Mann von großer Spiritualität« nannte und erklärte, dass Pannella – dessen Partei sich für die Legalisierung der Scheidung, der Empfängnisverhütung, der Abtreibung und der Euthanasie, sowie für Drogen stark gemacht hatte – »sein Leben für den kleinen Mann« und »zur Verteidigung der Würde aller, besonders der an den Rand gedrängten« verbracht hätte. Paglia nannte Pannellas Leben eine »Inspiration für ein besseres Leben, nicht nur in Italien, sondern für die Welt, die heute mehr denn je Männer braucht, die wie er sprechen können. [...] Ich hoffe, dass uns der Geist Marcos helfen kann, unserem Leben dieselbe Ausrichtung zu geben.« Die Ansprache führte zu Forderungen nach dem Rücktritt Paglias als Leiter der Päpstlichen Akademie für das Leben und des Instituts Johannes Paul II. für Studien zu Ehe und Familie.

Paglia hat 2012 dann wieder Schlagzeilen gemacht, als er sich als klerikaler Förderer der politischen Homosexuellen-Bewegung outete, wobei er immer genug Doppeldeutigkeit beibehielt, um sich bei Anschuldigungen herausreden zu können. Im Februar 2013 – nur Wochen vor Rücktritt Papst Benedikts – erklärte er einem Journalisten, dass der Staat die rechtliche Anerkennung für »de facto« zusammenlebende Paare gewähren sollte, auch für Homosexuelle. Zu dieser Zeit wurde im italienischen Parlament ein Gesetz diskutiert, mit dem homosexuellen Partnern Rechte zugestanden werden sollten, die denen für natürliche Ehen entsprachen.

Mit der Ernennung Paglias wurde deutlich, dass der PAV eine Reinigung bevorstand, die sie von ihren Gründungsgrundsätzen entfremden sollte. Die Ernennung Neil Biggars wurde von Paglia vorgeschlagen, so sagt man, zusammen mit dem Anglikaner und Erzbischof von Canterbury Justin Welby. Es ist aktenkundig, dass Biggar sich für die Legalisierung von Abtreibung ausgesprochen und dem ungeborenen Kind das Menschsein abgesprochen hat und es stellt sich die Frage, wie ernst Franziskus oder Paglia ihre eigenen Statuten nehmen wollen.[153]

Hinsichtlich seiner Arbeit als Leiter der Päpstlichen Akademie für das Leben gab Erzbischof Paglia bereits einen Hinweis auf seine Einstellungen im Fall des ernsthaft kranken britischen Kindes Charlie Gard.[154] Charlie Gards Eltern hatten einen Gerichts- und Medienkrieg geführt, um das Recht auf eine eigene Entscheidung darüber zu erkämpfen, was mit ihrem Sohn geschehen soll, und zwar gegen das Krankenhaus. Dort war die Entscheidung gefällt worden, dem Kind solle »das Sterben erlaubt werden« und es wurde verweigert, das Kind an die Eltern herauszugeben. Paglia veröffentlichte eine Klarstellung, die im Wesentlichen erklärte, dass es dem staatlichen Recht obliege, über die Behandlung des Kindes zu bestimmen, da die Eltern »in der schmerzlichen Entscheidung nicht alleine gelassen werden dürfen.« Michael Brendan Dougherty erklärte dazu in *The National Review:*

»Die Äußerung des Vatikans ist nicht nur herablassend, sondern auch eine tiefgreifende Verzerrung der Situation. Es stellt die Sachlage so dar, als seien die Eltern Gards einer Meinung mit den Ärzten, aber Gegenstand einer Manipulation von außen. Die Gards jedoch leisteten den Ärzten gegenüber Widerstand. Die Gards müssen nicht ›ihre Entscheidungen‹ fällen. Sie müssen gegen Autoritäten ankämpfen, die ihnen eine Entscheidung aufzwingen. Der gute Bischof schreibt, dass die Gards ›gehört und respektiert werden müssen, aber ihnen auch geholfen werden solle, die einzigartige Schwierigkeit ihrer Situation zu verstehen.‹ Die Personen, die ihnen ›helfen‹ sollen, zu verstehen, sprechen euphemistisch von einem ›würdevollen Tod‹.«

Die Aufregung gegen Paglia war so groß, dass der Papst sich einschalten musste, um einem eventuellen Mediendesaster vorzubeugen, in dem die Kirche sowohl als Gegnerin ihrer eigenen Lehre, als auch als Gegnerin der Wünsche der schmerzgebeugten Eltern dastehen würde. Schadensbegrenzung kam in Form einer Notiz auf dem Twitter-Account des Papstes, zwei Tage nach der Erklärung Paglias, wo zu lesen war: »Das menschliche Leben zu verteidigen, vor allem, wenn es durch Krankheit gezeichnet ist, ist eine Pflicht der Liebe, die Gott uns allen anvertraut.«

Einen weiteren Einblick in die Vergangenheit Erzbischof Paglias bietet ein Wandgemälde, das Paglia 2017 in Auftrag gegeben hatte und das von Dr. Thomas Ward, dem Präsidenten der National Association of Catholic Families in the UK, aufgrund seiner »erotischen Darstellung« Christi als blasphemisch beschrieben wurde. Das Wandgemälde wurde von dem homosexuellen argentinischen Maler Ricardo Cinalli für Paglias Kathedrale gemalt, als er noch Bischof von Terni war. Es zeigt einen fast vollständig nackten Christus, der zwei Fischernetzte mit verzerrten menschlichen Gestalten hochhebt, darunter eine nackte Darstellung Paglias selbst. Cinalli bestätigte, dass Paglia jeden Arbeitsschritt des Werkes selbst genehmigt hatte und er fügte hinzu, dass Paglia lediglich eine Grenze gezogen hatte, nämlich die Gestalten nicht beim sexuellen Akt darzustellen. Er solle aber zugestimmt haben, »dass der erotische Aspekt bei den Personen im Netz der bemerkenswerteste sei.«

Was hat das alles zu bedeuten?

Die Frage bleibt bestehen, was Papst Franziskus im Bereich von Familie und Sexualmoral lehren möchte. Ein Beweisstück ist ein Gespräch mit Erzbischof Bruno Forte, den Papst Franziskus zum Sondersekretär der Synoden ernannt hat. Bei einer Konferenz über *Amoris laetitia* im Mai 2016 erklärte Forte, dass der Papst ihm vor den Synoden gesagt habe: »Wenn wir explizit über die Kommunion für die wiederverheirateten Geschiedenen sprechen, dann können Sie sich nicht vorstellen, was für ein Durcheinander wir damit anrichten würden. Also werden wir nicht ausdrücklich darüber sprechen, sondern wir werden die Rahmenbedingungen sicherstellen, und ich werde dann die Schlussfolgerungen daraus ziehen.« Erzbischof Forte spaßte: »Typisch für einen Jesuiten.« Vielleicht ist das so. Diejenigen, die die Gesellschaft Jesu kennen, mögen antworten, dass dies nicht das ist, was die großen Jesuitentheologen wie der hl. Robert Bellarmin mit ihren Lehren im Sinn hatten, obwohl man den Eindruck haben könnte, dass einige gewandte Mitglieder des Ordens in Zeiten des Niedergangs genau solche Strategien verfolgten. Wenn das der Strang der jesuitischen Tradition ist, den Franziskus auf den päpstlichen Thron gebracht hat, dann hat die Kirche mit Sicherheit ein unglückliches Erbe angetreten.

In seiner fünfjährigen Regierungszeit hat Papst Franziskus nicht mit Widerrufen und Zurechtweisungen gespart und es wurde sein Markenzeichen, Pharisäertum und Unlauterkeit anzugreifen und uns zur Umkehr zum wahren Geist Christi aufzurufen. Aber ein Grundsatz, den er übersehen zu haben scheint, ist: »Euer Ja sei ein Ja; euer Nein ein Nein.« Zwischen markanten Sprüchen und Doppeldeutigkeiten werden die Gläubigen im Unklaren darüber belassen, was er denn nun eigentlich lehren will. Konservative sind über die Aufgabe der Lehren Johannes Pauls II. und Benedikts XVI. entsetzt, Liberale hingegen sind auch nicht zufrieden mit den vagen Lehren von *Amoris laetitia*. Das Dokument macht in der Frage um die Kommunion für wiederverheiratete Geschiedene nicht deutlich, zu welcher Lehre die Kirche wirklich steht, und es lässt andere Fragen der Sexualmoral völlig unbeantwortet, von der Abtreibung bis hin zur Homosexualität, in der man sich Klärungen wünschen würde. Papst Franziskus hat sich auf gewisse Weise auch als Feind der Liberalen gezeigt, wenn er wiederholt die Abtreibung verdammt (wenn auch mit manchmal verwirrenden Signalen) und sich stark gegen die Gender-Ideologie ausspricht. Aber wenn sein liberalisierendes Programm die eigentliche Richtung ist, könnten wir dann nicht von ihm erwarten, es mit Klarheit und Mut zu predigen, wie jemand, der im Geiste Christi spricht?

Eine Reihe unbeantworteter Fragen wird vom Pontifikat Franziskus' aufgeworfen. Welche Schlussfolgerungen soll man aus dem Umgang mit den vatikanischen Einrichtungen ziehen, die früher die Aufsicht über die Kirchenlehre hatten? Kann man sich sicher sein, dass die katholische Lehre weiterhin Abtreibung verurteilen wird, oder wird diese Lehre von Protestanten und Agnostikern verändert werden, die in die Päpstliche Akademie für das Leben gebracht wurden? Franziskus erklärt uns, dass die Kirche der Vergangenheit ein »künstliches Ideal der Ehe« aufrechterhalten habe, aber was ist der Kern der Ehelehre, die er nun predigt? Was bedeutete die Vorenthaltung der Antwort der Kongregation für die Glaubenslehre unter Papst Franziskus hinsichtlich der Lehre der objektiven moralischen Gesetzmäßigkeiten, und warum gilt es als Verbrechen, danach zu fragen? Wie kann eine Person wie Erzbischof Paglia als fähig angesehen werden, das Institut Johannes Paul II. für Studien zu Ehe und Familie und die Päpstliche Akademie für das Leben zu leiten? Soll man sich in diesem Pontifikat auf homoerotische Wandgemälde an allen Kirchenwänden einstellen, von San Francisco bis Manila? Oder wird Papst Franziskus so etwas einfach von der Hand weisen und sagen: »Wer bin ich, dass ich richte?« Oder wird er überhaupt irgendetwas dazu sagen? Allgemein gefragt: Glaubt Franziskus, dass seine Herde Antworten auf solche Fragen überhaupt verdient, oder ist sie nur eine Herde von dummen Schafen, die von ihrem Hirten in jedwede Richtung getrieben wird, in die er sie nach eigenem Gutdünken drängt?

Kapitel V Gnade! Gnade!

»Die Kirche ist eine Liebesgeschichte. Wenn wir das nicht verstanden haben, dann haben wir nichts von dem verstanden, was die Kirche ist.«
Papst Franziskus, Morgenbetrachtung in der Kapelle des Casa Santa Marta, 24. April 2013

1. Die Zerschlagung der Franziskaner der Immakulata

Als Jorge Mario Bergoglio auf den Balkon des Petersdoms stieg und den Namen Franziskus annahm, schien er der perfekte Reformpapst zu sein, den die Öffentlichkeit wollte. Indem er diesen Namen wählte, ehrte er einen großartigen mittelalterlichen Heiligen und Reformer, den hl. Franz von Assisi, der am ehesten mit der »heiligen Armut« identifiziert wird, dem zentralsten Thema des Pontifikats von Papst Franziskus. Selektive Heilgenmalerei hatte den hl. Franziskus auf einen Sandalen tragenden und pazifistischen Tierfreund reduziert, obgleich der wahre Heilige ein unnachgiebiger Verteidiger des Glaubens war und den Gehorsam zu Gottes Kirche predigte. Ganz und gar nicht zimperlich mit Proselytismus – mit freimütiger Aufforderung an Nichtkatholiken zu konvertieren – reiste der hl. Franziskus nach Ägypten, um den Sultan zu konfrontieren, predigte im Namen Christi und riskierte das Martyrium. Gleichzeitig weisen seine Briefe auf seine Insistenz hin, Gott in der Liturgie mit kostbarem und schönem Altarsschmuck die Ehre zu erweisen.

Authentische »franziskanische Spiritualität« wurde in unserer Zeit mit der Gründung eines neuen religiösen Ordens wiederentdeckt und verkörpert, den Franziskanern der Immakulata (FFI). Sie wurden 1970 in Frigento, Italien, von P. Stefano Maria Manelli und Gabriel Maria Pellettieri gegründet und stellten in ihrem Zusammenschluss von Franziskanerconventualen die Rückkehr zur strengeren Form des Ordenslebens dar. Manelli wurde als Pionier im geistlichen Leben betrachtet und war Autor der *Traccia Mariana,* seines marianischen Plans für das franziskanische Leben. Darin führte er das Charisma des Ordens, das Gebet und die Hingabe an die Jungfrau Maria aus. Es kann als Herz der einzigartigen Spiritualität des Instituts angesehen werden.

Die besondere Verehrung Mariens durch das neue Institut wurzelte in der Spiritualität des hl. Maximilian Kolbe, dem polnischen Franziskaner, der in Auschwitz starb. 1990 wurde das Institut durch den Erzbischof von Benevento zu einem »Institut bischöflichen Rechts« erhoben. Während ein Großteil der Kirche an Berufungsmangel litt, nahmen die FFI-Berufungen zu und bald wurde ein Frauenzweig des Institutes notwendig. 1993 errichtete der Bischof von Montecassino die franziskanischen Schwestern des dritten Ordens der Immakulata, ein Ordensinstitut von Frauen, die nach der *regula bullata*[155] und der *traccia* lebten.

1998 machte Johannes Paul II. die Franziskanerbrüder der Immakulata zu einem »Institut des geweihten Lebens päpstlichen Rechtes« und weitete seine Anerkennung im selben Jahr auf den Schwesternzweig aus. Das Institut wuchs immer weiter und breitete sich auf der ganzen Welt aus, in Argentinien, Österreich, Benin, Brasilien, Kamerun, Frankreich, Italien, Portugal, Nigeria, auf den Philippinen und in den Vereinigten Staaten. Es war besonders in armen Ländern aktiv, wo es schwer war, für die missionarische Arbeit andere Orden zu finden. Mit dieser Erneuerung folgte P. Manelli den Idealen des Zweiten Vatikanischen Konzils im Dekret *Perfectae caritatis,* das eine Erneuerung des Ordenslebens herbeiführen wollte und eine »Rückkehr zu den Quellen« forderte, zu den ursprünglichen Charismen der Gründer.

Mit ihrer Geschichte und ihrem Geist schienen die Franziskaner der Immakulata alles zu sein, wofür der hl. Franziskus damals stand und was Papst Franziskus von einem Ordensinstitut verlangen konnte: strengste Armut, ein intensives Gebetsleben und eine missionarische Verpflichtung. Besonders die Armut wurde von den Brüdern auf buchstäblichste Weise gelebt: Ihre Gemeinschaften lebten von Spenden im Vertrauen auf die Vorsehung, Menschen zu finden, die sich um sie sorgten. Man könnte sie ein Paradebeispiel für die von Papst Franziskus geforderte Armut und Hilfe für die Armen nennen.

Doch nur einige Monate nach dem Erscheinen Papst Franziskus' auf dem Balkon von St. Peter würde sich die Geschichte der Franziskaner zum Schlechten wenden. Die Geschehnisse können von da an nur als päpstliche Verfolgung eines blühenden Ordens beschrieben werden. Eine Verfolgung, die vielleicht als eine der befremdlichsten der Neuzeit in Erinnerung bleiben wird.

Ein fataler Fehler: Liebe zur liturgischen Tradition

In den letzten Jahren des Pontifikats von Benedikt XVI. hatten die Franziskaner begonnen, den traditionellen Messordo zu benutzen, wie er vor dem Zweiten Vatikanischen Konzils üblich gewesen war. Selbst nach Veröffentlichung des Motu Proprio *Summorum Pontificum* 2007 wurde die alte Liturgieform von Bischöfen auf ganzer Breite abgelehnt, besonders in Italien. Trotzdem verzeichnete man ständig wachsendes Interesse an der alten Messe und es könnte durchaus dieses wachsende Interesse an der traditionellen Form der Liturgie gewesen sein, gerade bei den jüngeren Mitgliedern der FFI, das den Zorn des Vatikans auf sich zog. Als der Orden beschloss, bevorzugt den alten Ritus zu feiern, wurde er sofort zur zweitgrößten Gruppe innerhalb der Kirche, die diese Entscheidung getroffen hatte, denn er zählte zu dieser Zeit 200 Priester, 360 Brüder und 400 Schwestern. Das Signal dieser beliebten Gemeinschaft in die Weite der Kirche hinein, die ordentliche Form aufzugeben, konnte nicht von Männern geduldet werden, die sich dem neuen katholischen Paradigma verpflichtet hatten.

Die Mitglieder der FFI begannen nach der Veröffentlichung von *Summorum Pontificum,* regelmäßig den alten Ritus zu zelebrieren. Während des Generalkapitels 2008 entschieden sie, die außerordentliche Form der Messe im ganzen Orden einzuführen, während sie die ordentliche Form in den Gemeinschaften und Pfarreien zelebrierten, die ihnen anvertraut waren. Dieser Versuch der »Biritualität« sollte katastrophale Auswirkungen haben. Sensibilisiert gegenüber der politischen Konsequenz, als »Traditionalist« etikettiert zu werden, zelebrierte P. Manelli bewusst in der ordentlichen Form, wenn er zur Visitation bei anderen Pfarreien des Ordens war. Er war darum bemüht, zu erklären, dass seine Brüder trotz ihrer liturgischen Entscheidung nicht das Zweite Vatikanische Konzil ablehnten. Im Mai 2012 bestätigten auch das Generalkapitel der Franziskanerschwestern der Immakulata und der kontemplative Zweig des Ordens, dass sie den Gebrauch des alten Ritus in ihren Kirchen vorzögen.

Bis Herbst 2011 hatte diese Entscheidung in Rom für wenig Aufsehen gesorgt. In einem Brief vom 21. November 2011 von P. Manelli und seinen Beratern erließ der Generalsekretär des Ordens einige indikative Normen für den Gebrauch der außerordentlichen Form in allen Häusern, wobei einige Gemeinschaften dem alten Ritus den Vorzug gaben und andere bei der ordentlichen Form blieben. Diese wurden von der päpstlichen Kommission Ecclesia Dei in einem Schreiben vom 14. April 2012 genehmigt.

Das Dekret und der Beginn der offenen Verfolgung

All dies änderte sich, als der brasilianische Kardinal João Braz de Aviz im Januar 2011 in die Kongregation für die Ordensleute berufen wurde: Im darauffolgenden Jahr ordnete er eine Untersuchung der Angelegenheiten des Ordens an. Am 11. Juli 2013 verfasste die Kongregation ein Dekret, in dem von jedem FFI-Priester verlangt wurde, die Zelebration der alten Form der Messe einzustellen. »Sollte es einen Anlass dafür geben, muss für die außerordentliche Form (den Vetus Ordo) eine explizite Erlaubnis von den kompetenten Autoritäten eingeholt werden, für jedes einzelne Ordensmitglied und jede Gemeinschaft, die diese Anfrage stellt.« Die Ordenskongregation löste den Generalrat des Ordens auf und setzte einen Apostolischen Kommissar ein, den Kapuzinerpater Fidenzio Volpi. Er wurde zum ausführenden Oberen aller Gemeinschaften des Ordens und sollte finanziell durch diesen getragen werden. Es wurde auch weithin bekannt, dass es mysteriöse »Anschuldigungen« gegen den Orden und seinen Gründer, P. Manelli, gebe, aber beide Parteien, Volpi und der Vatikan, weigerten sich, genau zu erklären, um was für Anschuldigungen es sich handelte, während allerlei Gerüchte im Internet verbreitet wurden. Diese Gerüchte umfassten finstere Erzählungen über irgendein »geheimes Gelübde«[156], das Ordensmitgliedern aufgezwungen werde. Reißerische Geschichten sickerten an die Boulevardpresse durch, in denen anonyme »ehemalige Schwestern« zu Wort kamen, die angaben, sie seien gezwungen worden, ihre Gelübde mit dem eigenen Blut zu schreiben und sich selbst zu »geißeln«, für die Dauer von »fünf Vaterunser, fünf Ave Maria und fünf Salve Regina.«[157]

Langsam aber sicher kam die Wahrheit ans Licht, als Informationen von glaubwürdigeren Quellen überprüft wurden, die oft später auch durch offizielle Seite Bestätigung fanden. Es wurde bekannt, dass eine Gruppe von fünf oder sechs »Abgefallenen« des Ordens sich bei Kardinal Braz de Aviz beschwert hatte, besonders wegen der Zelebration des alten Ritus, aber auch wegen anderer dunkler Andeutungen, die angeblich bald an die Öffentlichkeit kommen sollten, aber schlussendlich niemals veröffentlicht wurden.

Unter diesen Dissidenten war P. Alfonso Maria Bruno, der vor allem für seine Medienarbeit bekannt war, die ihn in Italien populär machte. P. Bruno wurde unverzüglich zum Sprecher des Ordens in Italien gewählt und erklärte gegenüber *Catholic News Agency,* dass der Gegenstand der Messe nur »die Spitze des Eisberges« sei, während er es ablehnte, dies weiter zu spezifizieren. Die FFI-Mitglieder standen nun unter dem Generalverdacht irgendeines unangemessenen Verhaltens, eine Andeutung, die angesichts der sexuellen Missbrauchsskandale einem »Todeskuss« gleichkam. Ein anderer wichtiger Name in dieser Geschichte ist der des Amerikaners P. Angelo M. Geiger. Auch er pflegte eine ausufernde Präsenz in den sozialen Medien und wurde der Internet-Wächter des Ordens, der alle Informationen auf den YouTube-Kanälen, Facebook-Seiten und der Internetseite des Ordens filterte. P. Bruno ging so weit, den kontemplativen Schwesternzweig der Kongregation der »Häresie und des Ungehorsams« zu bezichtigen. Da kein Journalist Zugang zu irgendeinem Mitglied außer diesen beiden hatte, war es unmöglich, derartige Anschuldigungen zu prüfen.

Angesichts all dessen sahen sich die Brüder und Schwestern gezwungen, am 3. August 2013 eine »offizielle« öffentliche Erklärung abzugeben, dass die Anschuldigungen unwahr seien. P. Manelli »hat nicht nur niemals die Verwendung des Vetus Ordo aufgezwungen – von einem exklusiven Gebrauch ganz zu schweigen. Dafür gab er selbst ein persönliches Beispiel, indem er überall einmal nach dem alten und einmal nach dem neuen Ordo zelebrierte.« Diese Veröffentlichung hatte wenig Wirkung, da das Dekret des Vatikans bereits umgesetzt und im Lauf der kommenden drei Jahre noch ausgeweitet wurde.

Wichtiger als die Form der Messe – trotz der größeren politischen Implikationen – war die Affäre als ein Anzeichen für die neuen Methoden des Papstes. Papst Franziskus' Vorgehensweise, mit dem Brief der »Abgefallenen« umzugehen, war von Anfang an ein Bruch mit dem Regierungsstil Benedikts XVI. Das Kirchengesetz sieht den Grundsatz der Beweisbarkeit und ein ordnungsgemäßes Verfahren vor, aber das Fehlen jeglicher üblichen Rechtfertigung für die ursprüngliche Visitation im Jahre 2012 oder die darauffolgende Ernennung eines Kommissars waren bezeichnend. Kein spezifischer Grund für Fehlverhalten wurde im Dekret oder zu einem späteren Zeitpunkt festgehalten. Die Gründe für die kanonischen Maßnahmen schienen unzureichend, sogar banal zu sein.

Der zweite Unterzeichner des Dekrets, Erzbischof José Rodríguez Carballo, ist eine Gestalt von besonderer Bedeutung. Der Vatikanist Sandro Magister schrieb: »Rodríguez Carballo [...] genießt das uneingeschränkte Vertrauen des Papstes. Sein Aufstieg zum zweiten Bevollmächtigten der Kongregation wurde von Franziskus selbst zu Beginn seines Pontifikats befürwortet.« Rodríguez Carballos Ernennung bei der Kongregation für die Ordensleute war sogar die erste wichtige Ernennung von Papst Franziskus im April 2013, weniger als einen Monat nach dem Konklave. Aber Rodríguez Carballo war bereits zu diesem Zeitpunkt berüchtigt, da er vorher in seiner zehnjährigen Amtszeit als Generalminister des Franziskanischen Ordens in einen riesigen Finanzskandal verwickelt gewesen war, bevor er in den Vatikan berufen wurde.

Der Skandal hat die finanzielle Sicherheit der Franziskaner ins Wanken gebracht, wie Carballos Nachfolger, P. Michael Perry, in einem Brief an seine Ordensbrüder offenlegte. Was die Medien einen »Riesenbetrug« nannten, hatte den Franziskanerorden hart getroffen: Betrug und Unterschlagung von mehreren zehn Millionen Euro zwangen den Orden finanziell in die Knie. Unter der Führung Rodríguez Carballos hatte der Orden Geld in Auslandsfirmen in der Schweiz investiert, die wiederum in Waffenhandel, Drogenhandel und Geldwäsche verwickelt waren.

Es scheint so, dass er die vorsätzliche Misswirtschaft mit Rücklagen in Italien durch Personen außerhalb des Ordens erlaubte, die sich selbst mit Hilfe von Ordensmitgliedern bereicherten. P. Michael Perry sprach in seinem Brief davon, dass der Orden sich »in schwieriger, und ich hebe hervor, sehr schwieriger, finanzieller Lage befindet, mit einem großen Berg von Schulden«, und er fügte hinzu: »Das System der finanziellen Aufsicht und Kontrolle der Verwaltung über das Ordensvermögen war entweder zu schwach oder wurde kompromittiert, was ihre Wirksamkeit, eine transparente, verantwortungsvolle Verwaltung garantieren zu können, begrenzte.« Brüder waren in eine »Reihe von fragwürdigen finanziellen Aktivitäten« verwickelt und P. Perry musste Anwälte und die staatlichen Autoritäten einschalten, um den Skandal zu untersuchen.

Ohne im Fall der Franziskaner auf den vollständigen Bericht der Schweizer Behörden zu warten, beförderte Papst Franziskus seinen Vertrauensmann in eine noch einflussreichere und hochrangige Position in der Kirchenhierarchie.

P. Videnzio Volpis »Schreckensherrschaft«

P. Manellis Reaktion auf das Dekret im Juli war beispielhaft. Obwohl er in der Schusslinie stand und später sogar wegen Misswirtschaft im Orden und schlimmerer Straftaten angeklagt wurde, empfahl der Ordensgründer der ganzen Organisation den Gehorsam dem Heiligen Vater gegenüber und drückte sein Vertrauen aus, dieser Gehorsam würde »größere Gnaden« hervorbringen. Seine Hoffnung war vielleicht, dass der neue Papst eine objektive Untersuchung zum Zustand des Institutes einleiten und Gerechtigkeit in eine Situation bringen würde, in der eine Handvoll Brüder gegen eine Mehrheit ihres Institutes rebellierte.

Es wurde publik, dass P. Volpi – der behauptet hatte, seine »Arbeit« sei ihm »durch den Vikar Christi ausdrücklich befohlen worden« –, beauftragt worden war, die »Abtrünnigen« in den Reihen der Brüder ausfindig zu machen, Einheit zu schaffen und die Finanzen des Ordens zu untersuchen. Dies bedeutete eine vollständige Übernahme des Institutes, der Priester, Brüder, Schwestern und Tertiaren. P. Volpis Regime war gnadenlos: Die Generalregierung wurde aufgelöst und abgesetzt und P. Manelli wurde de facto unter Hausarrest gestellt, mit der Anordnung, im Süden Italiens in Abgeschiedenheit zu bleiben. Vier Laiengelehrte verfasste eine Petition gegen das Verbot der außerordentlichen Form, was jedoch ignoriert wurde.

Bereits im Dezember 2013 hatten viele Katholiken schließlich genug und forderten in einer Petition die Absetzung P. Volpis. »Im Zeitraum von fünf Monaten hat P. Volpi das Institut zerstört, Chaos und Leiden ausgelöst, Empörung bei den Gläubigen bewirkt, Kritik von der Presse geerntet, sowie Unruhe und Fassungslosigkeit in die kirchliche Welt gebracht.« Auch dieser Brief wurde ignoriert.

Am 8. Dezember 2013 antwortete P. Volpi darauf mit weiteren Sanktionen, einschließlich der Schließung des Ordensseminars. In diesem Brief kritisierte er den »Ungehorsam und die Hindernisse, die mir bei meiner Arbeit in den Weg gelegt wurden, sowie die Haltung des Verdachts und der Kritik gegen unsere Heilige Mutter Kirche – sogar bis zu der verleumderischen Anklage der ›Zerstörung des Charismas‹ durch meine Person.«

Dieser Brief sollte die »erste« offizielle Anklage wegen Fehlverhaltens gegen P. Manelli sein, der beschuldigt wurde, »Kontrolle über die Rücklagen« des Institutes Laien übertragen zu haben, »Personen, die geistige Kinder und Verwandte des Gründers P. Stefano M. Manellis sind, sowie den Eltern etlicher Schwestern«, um sie dem Einfluss des Kommissars zu entziehen. P. Volpi denunzierte die Ordensmitglieder, die um die Errichtung eines neuen Institutes ersuchen wollten, das den Alten Ritus pflegen sollte. Er ordnete auch an, die Laienorganisation der Tertiaren bis auf weiteres zu suspendieren.

Mit der Unterbrechung der Seminarstudien und der Aussetzung des privaten Studienprogramms wurden die Theologiestudenten nach Rom versetzt, um dort ihr Studium fortsetzen zu können. Philosophiestudenten wurden an das Diözesankolleg von Benevento geschickt. Diakon- und Priesterweihen wurden für ein Jahr ausgesetzt. Alle Kandidaten für die ewigen Gelübde wurden aufgefordert, formell in einem »Eid« der Gesetzeskonformität ihre Akzeptanz der Ordentlichen Form der Messe und der »Dokumente des Zweiten Vatikanischen Konzils« zu protokollieren. Kandidaten, die dieser Aufforderung nicht nachkamen, wurden sofort aus dem Institut entlassen. Jedes Ordensmitglied musste schriftlich seine Bereitschaft bekunden, als Franziskanischer Bruder der Immakulata in der erneuerten Form weiterzuleben. Die Laienmission der Immakulata Mediatrix in Italien wurde formell suspendiert, genau wie der Drittorden der FFI und alle Publikationsaktivitäten – eine der Hauptaufgaben des Ordens – wurden gestoppt.

P. Volpi beförderte einen der ursprünglichen fünf Abtrünnigen, P. Bruno, zum Generalsekretär (der dieses Amt heute nicht mehr bekleidet). Unter P. Manelli war Bruno mit den Public-Relations des Ordens und den sozialen Netzwerken beauftragt gewesen. Seine Position in Beziehung zu den Medien war besonders nützlich, als die Kommission ihre Arbeit begann. Er war der erste, der die Entscheidung des Vatikans, einen Kommissar einzusetzen, öffentlich machte und den Journalisten eine einseitige Interpretation der Lage gab. Einige nannten ihn den Kopf der Brüder, die anstrebten, das Institut in eine liberale Richtung zu lenken.

Während P. Volpis »Schreckensherrschaft« verließen zahllose Brüder die offiziellen Strukturen des Institutes. Obwohl detaillierte Informationen über den derzeitigen Status des Ordens schwierig zu bekommen sind, besagen Schätzungen, dass mehr als zwei Drittel des Instituts versuchten, eine andere Lösung zu finden; viele Stimmen riefen nach einer Neugründung. Eine kleine Gruppe von Brüdern bat darum, das Institut zu verlassen, um auf den Philippinen Zuflucht zu suchen. Sechs Brüder traten an Erzbischof Ramon Cabrera Argüelles von Lipa heran, um die Möglichkeit einer Neugründung des Instituts mit dem ursprünglichen Charisma innerhalb seiner Diözese in Angriff zu nehmen. Sie wurden von P. Volpi und P. Bruno verfolgt und mit Suspension a divinis bestraft. Normalerweise ist die Bitte, ein Institut, einen Orden oder eine Kongregation zu verlassen, üblich und wird tausendfach aus einer Vielzahl von Gründen gewährt. Im Fall der Brüder der Immakulata wurden alle Mitglieder am Austritt gehindert und gezwungen, in einer Atmosphäre der Unterdrückung zu leben, eine Anordnung, die nicht dem kanonischen Recht entspricht. Inmitten all dessen hat P. Volpi niemals geklärt, welche Verstöße sich der Orden hat zu Schulden kommen lassen.

P. Volpis Anschuldigungen gegen P. Manelli, sich mit dem Eigentum des Ordens davon zu machen, wurden durch weltliche Gerichte abgeschmettert. Volpi hatte Gerichtsverfahren wegen Verdachts auf Betrug, Veruntreuung und Dokumentenfälschung eingeleitet und P. Manelli antwortete darauf mit einer Verleumdungsklage wegen Diffamierung gegen P. Volpi. Die Gerichte verurteilten P. Volpi dazu, das Vermögen zurückzugeben, darüber hinaus zur Zahlung von 20.000 Euro Schadensersatz und einer öffentlichen Entschuldigung. Im Juli 2015 entschied das Gericht von Avellino, dass es kein Fehlverhalten von P. Manelli oder sonst irgendjemandem, der mit der FFI assoziiert ist, gegeben habe und ordnete an, das Eigentum der Mission der Immakulata Mediatrix (MIM) und des Drittordens der Franziskanischen Brüder der Immakulata (TOFI) zurückzugeben, das anfänglich von P. Volpi beschlagnahmt worden waren. Der Wert dieses Vermögens wurde auf 30 Millionen Euro geschätzt.

Erzbischof Ramon Cabrera Argüelles von Lipa auf den Philippinen hatte den sechs vor dem kommissarischen Regime fliehenden Brüdern Zuflucht und ein *celebret* – die Erlaubnis, die Messe zu zelebrieren – in seiner Erzdiözese angeboten. P. Volpis Reaktion folgte sofort: Er nahm im Herbst 2014 an der Bischofskonferenz teil und drängte die Bischöfe dazu, keine Priester aufzunehmen, die das malträtierte Institut verlassen wollten. Dabei beschuldigte er die Brüder sogar, den Papst »stürzen« zu wollen. In der Zwischenzeit hatte Erzbischof Cabrera Argüelles seinen Rücktritt angekündigt, drei Jahre vor seinem vorgesehenen Ruhestand, und dieses Gesuch wurde 2017 von Papst Franziskus angenommen. Obwohl der Rücktritt nicht unbedingt in Verbindung zu den Ereignissen hinsichtlich der Brüder stehen muss, kann dies auch nicht ausgeschlossen werden.

Am 4. April 2016 ordnete die Kongregation für die Ordensleute dann in dem Reskript *Ex audientia* an, dass Bischöfe zuerst den Vatikan befragen müssen, bevor sie ein Institut diözesanen Rechts in ihrer Diözese zulassen. Dies war die einzig formelle Antwort des Papstes in Bezug auf diese Angelegenheit und bildet einen bürokratisierenden Schritt, weg vom »Graswurzel«-Ansatz, wenn es um Ordensgründungen geht. Viele Kommentatoren waren sich darüber einig, dass diese Aktion nur ein Ziel hatte: Die Diözese auf den Philippinen, die versucht hatte, eine Neugründung der Brüder der Immakulata zu ermöglichen.

Die Schwestern der Immakulata

Ein Jahr nach der Übernahme der Brüder wandte der Vatikan seine Aufmerksamkeit den Schwestern zu. Kardinal Braz de Aviz ordnete eine Visitation der Schwestern an, die von

Schwester Fernanda Barbiero vom Institut der Schwestern der hl. Dorothea geleitet werden sollte, die für ihre moderat feministischen Tendenzen in einem »up-tu-date«-Orden bekannt ist. Sr. Barbiero wurde die gleiche Macht wie dem Kommissar der Brüder übertragen. Aber es gab einen entscheidenden Unterschied: Während die Visitation der Brüder durch eine kleine Gruppe von Abtrünnigen verursacht wurde, standen die Schwestern völlig geeint gegen die Visitation und keine einzige hatte Beschwerde beim Vatikan eingelegt.

Zwischen Mai und Juli 2014 rief Sr. Barbiero zwei andere apostolische Visitatorinnen für den kontemplativen Zweig des Institutes hinzu, die Priorinnen der Armen Klarissen Schwester Damiana Tiberio und Cristiana Mondonico, die laut Berichten dem Alten Ritus mit Geringschätzung gegenüberstanden. Die Visitatorinnen erklärten den Nonnen, dass sie zu viel beteten und zu viel Buße täten! Und dass sie »zu klausuriert« lebten und ein Umerziehungsprogramm brauchten, das den Kriterien des Zweiten Vatikanischen Konzils entspräche.

Die Schwestern der Immakulata reichten gegen die Machtausbreitung der Visitatorinnen Berufung beim Tribunal der Apostolischen Signatur ein, der damals noch Raymond Kardinal Burke vorstand, der versucht hatte, die Brüder zu schützen. Die Signatur bestätigte, dass die Visitatorinnen ihre ihnen durch das kanonische Recht zugewiesene Kompetenz überschritten hatten. Vier Monate später wurde Kardinal Burke von Papst Franziskus seiner Position als Vorsitzender der Signatur enthoben.

Worum ging es bei der ganzen Sache?

Am 7. Juni 2015 kamen die extremen Maßnahmen zu einem überraschenden Ende: P. Videnzio Volpi erlitt einen Schlaganfall. Er wurde sofort ins Krankenhaus eingewiesen, starb aber um 11.00 Uhr desselben Tages. Der neue Kommissar für das Institut wurde der Salesianer Sabino Ardito, einen Kirchenrechtler, der die gleiche Aufgabe ausführte, aber auf viel maßvollere Weise. Zum Zeitpunkt dieser Niederschrift ist der derzeitige Status und die Anzahl der Mitglieder, die geblieben sind, nicht bekannt. Jüngste Nachrichten berichteten von einer Schließung von mindestens fünfzehn der FFI-Niederlassungen, 60 Brüder haben offiziell darum gebeten, von ihren Gelübden befreit zu werden – es ist nicht bekannt, wie viele einfach fortgegangen sind – und zumindest einige der Schwesternhäuser können wegen der Krise keine neuen Berufungen annehmen. Der neue Kommissar bereitet sich darauf vor, die Konstitution des Ordens neu zu schreiben und die besondere Weihe an Maria abzuschaffen, eine Erlaubnis, die von Papst Johannes Paul II. erteilt worden war. Auch wurde der Vorschlag gemacht, das Gelübde der absoluten Armut abzuschaffen, sodass der Orden in Zukunft Immobilien besitzen darf. Der Sinn dieser Regelung scheint zu sein, es dem Vatikan zu ermöglichen, den Orden durch seinen Besitz zu kontrollieren.

P. Volpis Briefe und sein Agieren schafften zumindest in einem Punkt Klarheit: »Die Intervention gegen die Franziskaner der Immakulata wurde durch ihre wachsende Verbundenheit zu traditionellen katholischen theologischen Positionen und nicht nur zur traditionellen lateinischen Messe ausgelöst.« [Hervorhebung im Original]. Während viele Katholiken versucht haben, die Teilhabe und die Approbation der Affäre durch Papst Franziskus kleinzureden, kann die kontinuierliche Auflösung des Ordens nach P. Volpis Tod, vor allem, nachdem es so viele Appelle der Gläubigen an Franziskus gab, nur wenige im Zweifel lassen.

Der Vatikanist Sandro Magister schrieb über das »Erstaunen« der katholischen Welt hinsichtlich der Angriffe auf den Orden: »Die Franziskaner der Immakulata waren eine der blühendsten Ordensgemeinschaften, die innerhalb der katholischen Kirche in den letzten Jahrzehnten geboren wurde.« Bemerkenswert ist auch, dass die Ordensleute, die die Übernahme überwachen sollten, selbst aus Orden stammen, die stark im Niedergang begriffen sind; einschließlich den Kapuzinern von P. Volpi und den Salesianern von P. Ardito. Während die Franziskaner der Immakulata in nur etwas mehr als 40 Jahren ein exponentielles Wachstum verbuchen konnten, erlitt der Franziskanerorden in einem ähnlichen Zeitraum einen drastischen Einbruch bei den Berufungen und schrumpfte von 27009 Mitgliedern 1965 auf 15794 im Jahre 2005 – ein Rückgang von 41 Prozent. Die Frage ist berechtigt, ob nicht der Erfolg der FFI mit ihrem traditionelleren Charisma den Zorn der »Progressiven« auf sich gezogen hat, die sich mit dem Scheitern ihres 50 Jahre alten Projektes konfrontiert sahen.

Diese Spekulation wurde im September 2016 durch den Vatikanisten Giuseppe Nardi wiederholt, der schrieb: »Der Kommissar und der Leiter der Ordenskongregation bestätigten, was Beobachter von Anfang an befürchtet hatten: Der Grund für die Untersuchung war das oben beschriebene Merkmal des Ordens. Ein Neuer-Ritus-Orden, der sich auf den traditionellen Ritus zubewegte, zahllose Berufungen unter jungen Menschen verbuchte und die Aufmerksamkeit anderer Neuer-Ritus-Orden auf sich zog, die Interesse an dieser ›Erfolgsgeschichte‹ hatten, sollte offenbar nicht existieren.« Die Zerstörung der FFI war eine wohlverstandene Botschaft an die anderen Orden, ihre Köpfe einzuziehen.

Bei alledem war die Haltung von Papst Franziskus typischerweise undurchsichtig. Die zahllosen Petitionen und Anfragen von Gläubigen und Brüdern stießen auf taube Ohren. Er saß als Zuschauer auf dem Olymp, um sich das Messen der Kräfte innerhalb des Vatikans (José Rodríguez Carballo und Kardinal Braz de Aviz) anzusehen, die in Machtpositionen waren, aber eine fragwürdige Vergangenheit hinter sich hatten. Keine kanonische Anklage wurde jemals gegen P. Manelli vorgebracht, die informellen Anklagen blieben unbewiesen und kein kirchliches oder weltliches Gericht verurteilte Manelli wegen unangemessenen Verhaltens. Aber selbst die Verurteilungen seines eigenen Kommissars durch die weltlichen Gerichte entlockten dem Papst keine Antwort.

Viele offene Fragen verbleiben, aber die vielleicht dringlichste ist die erste: Was war das wahre Motiv für den Angriff auf die Franziskanischen Brüder und Schwestern der Immakulata? Wenn es nicht um die liturgische Frage ging, warum war das dann die erste Einschränkung, die sie zu erleiden hatten? Warum wurde nie ein anderer Grund genannt? Warum wurde nie angesprochen, dass das Dekret von Kardinal Braz de Aviz gegen *Summorum Pontificum* verstoßen hat, ein päpstliches Dekret?

Diese Fragen werden alle umso dringlicher, wenn man den Fall der Franziskaner der Immakulata mit dem Fall der Legionäre Christi vergleicht. Der erste Orden wurde vom heiligmäßigen P. Manelli gegründet, der vor weltlichen Gerichten von allen Anschuldigungen freigesprochen wurde; der zweite Orden wurde von einem sexuell freizügigen Drogenabhängigen, Marcial Maciel, gegründet, der seine Zeit seinen Mätressen und dem Anhäufen eines Vermögens aus Spenden von Reichen widmete. Wenige Gruppen repräsentierten die Allianz von Kirche und Kapitalismus, gegen die Papst Franziskus regelmäßig wetterte, mehr als die Legionäre. Im Gegensatz dazu waren die Franziskaner der Immakulata reinste Waisenknaben in der Welt kirchlicher Politik. Ihre Nachfolge des hl. Franziskus war vollkommen, in ihrem Leben der echten Armut, der weltentsagenden Unschuld und ihrer Hingabe zu ihrer geistlichen Berufung. Wo sonst wäre die »Kirche der Armen« gewesen, von der Papst Franziskus seit Anbeginn seiner Wahl gesprochen hat, wenn nicht hier?

Im Fall der Legionäre Christi wurden die Anschuldigungen gegen den Gründer und die Justizmaßnahmen von Anfang an offengelegt. Velasio Kardinal De Paolis verhielt sich ihnen gegenüber wie ein wohlwollender Vater, obwohl ihr Charisma ein ganz anderes war als das seine.

Als Joseph Kardinal Ratzinger 2005 zum Papst gewählt wurde, traf er persönlich die Entscheidung, im Fall Marcial Maciel, dem Gründer der Legionäre Christi, zu ermitteln. Drastisch unmoralisches Verhalten wurde mit Beweisen vor weltlichen und kirchlichen Gerichten belegt und thematisiert. Benedikt XVI. bestrafte nicht die Kongregation als Ganzes, versuchte aber, behutsam auszusieben, welche Auswirkungen des schlechten Einflusses des Gründers gehabt hatte und was vom Charisma beibehalten werden konnte.

Das war die Richtung, der Kardinal De Paolis folgte. Die Untersuchungen waren langwierig und schwierig, aber sie wurden im Jahre 2014 erfolgreich abgeschlossen.

Als Jorge Bergoglio 2013 zum Papst gewählt wurde, genehmigte er die Untersuchung der Brüder der Immakulata. Es wurden keine offiziellen Anklagen gegen den Gründer P. Stefano Manelli erhoben und keine Beweise vorgelegt. In den Medien wurde eine Kampagne entfacht, um P. Manellis Ruf zu zerstören, der mit Hausarrest bestraft wurde, ohne Möglichkeit sich selbst zu verteidigen. Gleichzeitig wurde sein Orden dem tyrannischen Regime eines Kapuzinerpaters unterstellt, der den Orden ruinierte und von Anfang an das Ziel verfolgte, ein wesentliches Element des Institutscharismas zu zerstören, den Alten Ritus der Messe.

Vergleicht man die Behandlung der beiden Institute miteinander, erkennt man nur einen Unterschied hinsichtlich ihrer weltlichen Eigenschaft. Die Legionäre Christi zeichneten sich seit ihrer Gründung dadurch aus, dass sie eine enge Beziehung zu reichen Spendern und finanziellen Institutionen hatten, sowie durch ihre großzügigen Spenden an den Vatikan. Diese scheinen die Gründe dafür gewesen zu sein, warum die Anschuldigungen gegen ihren Gründer zurückgehalten und für lange Zeit unterdrückt wurden. Die Fakten sprechen für sich und wir sehen, welches dieser Kinder der Kirche Barmherzigkeit erfahren hat und welches eine Härte, die ihresgleichen sucht.

2. Der Eingriff in den Malteserorden

Nationale Spaltungen unter den Rittern

Der Malteserorden ist der Name, der heute dem mittelalterlichen Orden der Hospitaliter-Ritter gegeben wird. Fünf Jahrhunderte lang regierte der Orden erfolgreich die Inseln Rhodos und Malta, was der Grund war, warum er im allgemeinen Sprachgebrauch nach letzterer Insel benannt wurde. Obwohl der Orden heute von Rom aus arbeitet – er hatte Malta 1798 an Napoleon abgetreten –, wurde die Souveränität (durch eine seltsame, aber voll anerkannte Anomalie) durch internationale Gesetze weiterhin anerkannt: Die Großmeister haben den Rang eines souveränen Fürsten, seine Botschafter sind in über einhundert Ländern akkreditiert und haben den gleichen Rang wie Diplomaten anderer Staaten und die Hauptsitze des Ordens in Rom genießen extraterritorialen Status.[158] Die Ritter, die sich heutzutage der Hospitaliter-Tradition widmen, leiten karitative Einrichtungen auf der ganzen Welt. Das Herz des Ordens ist eine kleine Anzahl zölibatär lebender Ritter, die Ordensgelübde ablegen, wie sie es schon als kämpfende Elite der Kreuzzüge taten. Die Mehrheit des Ordens besteht heute aber aus ehrenamtlichen Rittern und Damen, die in nationalen Assoziationen zusammengeschlossen sind. In der Vergangenheit repräsentierte der Orden höchste aristokratische Exklusivität, aber dieser Charakter wurde bereits vor langer Zeit verwässert: Seine Zusammensetzung reicht von einigen strikt aristokratischen Kreisen – wie man sie noch in einigen europäischen Niederlassungen finden kann – bis hin zu Ländern, in denen er überhaupt keinen Adelscharakter hat.

Der Konflikt mit Papst Franziskus, in dessen Verlauf er im Januar 2017 den Rücktritt des Großmeisters erzwang, hatte seine Wurzeln in einer nationalen Rivalität, die mit der letzten großen Wahl des Regierungsrates des Ordens losgetreten worden war. Auf der einen Seite stand die deutsche Assoziation, die bei weitem die reichste der nationalen Gliederungen des Ordens ist, da sie hohe Subventionen von der deutschen Regierung erhält und die mit einer stattlichen Anzahl an karitativen Einrichtungen auch die effizienteste ist, darunter Malteser International. Sie lag im Streit mit dem Großmeister, dem Engländer Fra' Matthew Festing[159], dessen Amt eine Ernennung auf Lebenszeit darstellte. Auf Grund schlechten Wahlmanagements durch Förderer des Großmeisters auf der einen und effektive Gegenmaßnahmen auf der anderen Seite, brachte die Wahl 2014 die Deutschen in eine starke Position in der Regierung des Ordens: Drei der zehn Ratsmitglieder stammten aus Deutschland (Freiherr von Boeselager, Graf Esterhazy de Galantha und Graf Henckel von Donnersmarck), während zwei weitere – beides ebenfalls Adlige – Kandidaten der deutschen Lobby waren. Auf der anderen Seite gab es vier Ratsmitglieder, die den Großmeister unterstützten, samt einem zehnten Mitglied, das man als Wechselwähler bezeichnen könnte. Fünf der Ratsmitglieder, neben dem Großmeister, waren Professritter.

Großmeister Festing war ein engstirniger Engländer, der, durch die Wahl 2008 nach Italien berufen, keine großen Fortschritte mit der Sprache und noch weniger im Navigieren durch die Labyrinthe der italienischen und vatikanischen Kreise gemacht hatte. Obwohl er aus einer angesehenen Offiziersfamilie stammte, war Fra' Matthew kein Aristokrat und es ist durchaus möglich, dass seine bescheidene Art zur Feindseligkeit beigetragen hat, die einige Deutsche ihm gegenüber an den Tag legten. Fra' Matthew war auch durch und durch ein Traditionalist, im lehramtlichen und liturgischen Sinne, wie auch zwei oder drei seiner Unterstützer im Rat, und allein diese Tatsache förderte den Mangel an Verständnis zwischen beiden Seiten hinsichtlich religiöser Themen. Nicht alle der nichtdeutschen Ratsmitglieder waren Professritter, aber alle von ihnen – im Gegensatz zu den Adligen der deutschen Seite – waren Männer der Mittelschicht, die ihre Inspiration aus der religiösen Berufung des jahrhundertealten Ordens bezogen. Dies war der Aspekt, den der Großmeister fördern wollte, und in den neun Jahren seiner Amtszeit unternahm er viel, um das geistliche Leben des Ordens zu stärken. Er genehmigte Regeln der strengeren Ordensobservanz für die Professritter, errichtete ein Institut für Spiritualität, das eine jährliche Zeitschrift für Spiritualität veröffentlichte und richtete Vorbereitungskurse für Professritter und Kapläne ein, deren Zukunft (wie man leider sagen muss) unter dem neuen Management unsicher aussieht. Als Fra' Matthew Festing seine Amtszeit als Großmeister antrat, gab es nur etwa dreißig Professritter, aber er stärkte diese Gruppe gewaltig, und heute gibt es rund sechzig Mitglieder aus verschiedenen Ländern; es ist bemerkenswert, dass keine dieser Berufungen – trotz wiederholten Drängens – aus Deutschland kam. Hinzugefügt werden muss, dass die Professritter heute zumeist keine Adligen sind, ein Grund, warum die hochrangige aristokratische deutsche Assoziation sie mit Misstrauen betrachtet.

In den Jahren vor 2017 tauchten Berichte auf, dass Wohltätigkeitseinrichtungen, die von der deutschen Assoziation geleitet wurden – darunter auch Malteser International – als Teil ihrer Arbeit in Asien, Afrika und anderswo verdeckt Kondome verteilten. Dies geschah unter der Verantwortung Albrecht Freiherr von Boeselagers als Großhospitalier, einem Posten, den er bis 2014 innehatte, bis Großmeister Festing eine Untersuchung durch ein Ethik-Komitee unter dem Vorsitz von Kardinal Eijk anordnete – ein weiterer Teil von Fra' Matthews Arbeit, die heute zum Stillstand gekommen ist. Der Bericht wurde 2016 übermittelt, und es war ersichtlich, dass es in der Kondomaffäre Boeselager war, der Rede und Antwort zu stehen hatte: Falls er die Hilfsprogramme auch nicht selbst angeordnet hatte, so hatte er als Amtsinhaber zumindest versäumt, sie offenzulegen. In der Zwischenzeit war Boeselager aber in das Amt des Großkanzlers gewählt worden, das den Premierminister des Ordens darstellt. Der Großmeister wünschte eine Disziplinarmaßnahme gegen ihn wegen seiner Handlungen als Großhospitalier und wurde dabei von Kardinal Burke, dem Kardinalpatron des Ordens, unterstützt.[160]

Im November 2016 hatte Kardinal Burke eine Audienz bei Papst Franziskus, bei der er den Skandal mit der Kondomverteilung erklärte und den Papst um Erlaubnis bat, etwas dagegen zu unternehmen. Ein Brief des Papstes vom 1. Dezember schien die Genehmigung zu erteilen. Bezüglich der Kondome stand dort: »Besondere Sorge soll den Methoden und Mitteln gelten, die gegen das moralische Gesetz verstoßen, damit sie nicht in karitativen Initiativen und Hilfsgütersendungen benutzt und verteilt werden. Wenn in der Vergangenheit in dieser Hinsicht Probleme entstanden sind, so hoffen wir, dass sie restlos gelöst werden können. Ich wäre offen gesagt verärgert, wenn tatsächlich einige hochrangige Amtsträger – wie Sie mir selbst gesagt haben – nicht interveniert haben, um dem Ganzen ein Ende zu setzen, obwohl ihnen diese Vorgänge bekannt waren, besonders hinsichtlich der Verteilung von Verhütungsmitteln jeglicher Art.«[161]

Dies schien ein Signal dafür zu sein, den nächsten Schritt einzuleiten. An anderer Stelle ging der Papst in dem Brief auf seine zurückliegenden Erfahrungen mit dem Orden in Argentinien ein, ein Hintergrund, der erklärt werden muss. Diese Anspielungen beziehen sich auf Bergoglios Umgang mit dem argentinischen Politiker Esteban Caselli, selbst Malteserritter und Botschafter des Ordens. Mit ihm assoziiert war Bischof Héctor Aguer, ein Ehrenkaplan des Ordens. 1997, als sich die Frage der Nachfolge von Kardinal Quarracinos stellte, standen Aguer und Bergoglio als Weihbischof von Buenos Aires zur Wahl und Caselli nutzte seine Vatikanbeziehungen um zu erreichen, dass Aguer bei der Wahl zum Erzbischof Bergoglio vorgezogen würde. Als Letzterer dann doch gewählt wurde, unternahm Caselli einen Versöhnungsversuch. Er arrangierte die Finanzierung eines Erste-Klasse-Tickets nach Rom durch die Regierung, als er zur Überreichung des Palliums in die Ewige Stadt reisen musste. Bergoglio schickte den Flugschein zerrissen zurück.[162] Die Manöver des Jahres 1997 hatten keinen besonderen ideologischen Touch (Aguer schien ein insgesamt gepflegterer und kultivierterer Kandidat zu sein, der allerdings nicht unbedingt konservativer war), aber als in den kommenden fünfzehn Jahren Bergoglio sichtbar nach links rückte, entwickelten sich Caselli und Aguer zu führenden Persönlichkeiten der konservativen Opposition gegen ihn. Der Konflikt brach im Jahre 2010 wieder aus, als die schlechten Beziehungen Bergoglios zur Kirchner-Regierung einen solchen Punkt erreichten, dass eine Gruppe von Bischöfen und Laien darum ersuchten, ihn als Erzbischof von Buenos Aires abzusetzen. Bischof Aguer war zu diesem Anlass nicht unbedingt die erwünschte Alternative, aber Caselli mit seinen Vatikanbeziehungen war wieder der federführende Laienagitator in dieser Sache.

Diese Ereignisse in seinem Heimatland hatten Papst Franziskus eine außergewöhnliche Erfahrung mit dem Malteserorden machen lassen. Der Orden ist eine dezentralisierte Organisation und seine Politik (wenn man sie so nennen kann) ist es immer gewesen, Assoziationen in einem Land einzusetzen und sie ihren eigenen Weg gehen zu lassen. Das Resultat war, dass er im Großteil Lateinamerikas einen typisch plutokratischen Charakter zeigte, mit weniger Sorge um karitatives Wirken, mit dem er sich andernorts auszeichnet. Der Orden verkörperte mit anderen Worten eine Art rechten, kapitalistischen Katholizismus, gegen den die bergoglianische Rhetorik immer gerichtet war. Bergoglio war sich vermutlich auch eines weiteren Aspektes bewusst, nämlich des Skandals mit der italienischen Freimaurerloge P2. Dieser erreichte 1990 seinen Höhepunkt, nachdem der Chef der Loge durch seine Mafiafeinde ermordet aufgefunden wurde und seine rechte Hand, der Bankier Umberto Ortolani, wegen betrügerischen Bankrotts ins Gefängnis kam. Ortolani war zufällig ein Malteserritter (der natürlich seine Mitgliedschaft in der Loge geheim gehalten hatte) und war sogar Botschafter des Ordens in Lateinamerika. Diese Ereignisse der Vergangenheit helfen, die Andeutungen des Papstbriefs an Kardinal Burke zu erklären, die wenig Relevanz zu dem Thema hatten, das in ihm aufgeworfen wurde. Der Papst wies auf »Manifestationen eines weltlichen Geistes hin, die dem katholischen Glauben entgegenstehen« und warnte vor »Erscheinungen und Niederlassungen, Bewegungen und Organisationen«, z. B. der Freimaurerei, die schon immer ein Stachel in Bergoglios Fleisch gewesen war. Diese Andeutungen wurden von einigen Journalisten in eine Story verdreht, in der die Intervention des Papstes sich in Wirklichkeit gegen den »weltlichen« Katholizismus wandte, der durch den Großmeister, im Gegensatz zu Boeselager und dessen Lager, repräsentiert würde. Wie die vorhergehende Darlegung zeigt, könnte nichts weiter von der Wahrheit entfernt sein.

Mit dem Papstbrief gerüstet, stellte sich Kardinal Burke am Hauptsitz des Ordens in Rom vor und kündigte an, dass es Zeit wäre, gegen den Kondomskandal vorzugehen. Die ursprüngliche Idee war, Disziplinarmaßnahmen gegen Boeselager einzuleiten, was während der Vorbereitung der Anklagen seine Suspendierung bedeutet hätte. Diese Entscheidung bedurfte aber einer Zweidrittelmehrheit im Hohen Rat und wurde durch die deutsche Partei vereitelt. Der Großmeister machte daher ausnahmsweise von seiner Macht als Ordensoberer Gebrauch, um Boeselagers Rücktritt zu fordern, unter Berufung auf das Gehorsamsversprechen, das er als Obödienzritter abzulegen hatte (eine besondere Klasse innerhalb des Ordens, die für Nicht-Professritter bestimmt ist, die hohe Ämter bekleiden). Nachdem Boeselager diese Forderung zurückwies, entließ ihn der Großmeister am 8. Dezember 2016, da er sein Gehorsamsversprechen gebrochen hatte. Es wurde nicht behauptet (wie einige später vorbrachten), der Papst habe persönlich die Entlassung Boeselagers gefordert; stattdessen bezog man sich auf den Brief, der eine Garantie des päpstlichen Rückhaltes für die Entscheidung des Großmeisters darstellte.

Der Spur des Geldes folgen

Mit diesem Streit moralischer und disziplinärer Art fiel eine weitere Affäre zusammen, die die außerordentliche Intervention von Seiten des Vatikans erklärt. Sie betraf einen großen Treuhandfond, der Jahre zuvor von einem französischen Spender mit dem Ziel eingerichtet worden war, dass ein Teil des Geldes nach seinem Tod dem Malteserorden zu Gute kommen sollte. 2013 wurde der Fond durch eine Treuhänderin in Genf verwaltet, die für die Verwaltung von Treuhandvermögen in Steueroasen und dergleichen bekannt war; sie hatte bereits bei anderen Gelegenheiten Medieninteresse auf sich gezogen, als vertrauliche Finanzgeschäfte aufgedeckt wurden, wie beispielsweise zur Zeit der Panama-Dokumente. Die Namen des Schweizer Fonds und der Treuhänderin sind sehr wohl bekannt und wurden bereits veröffentlicht, aber sie werden hier wegen der gerichtlichen Schritte, die die Treuhänderin sofort zur Wahrung ihrer Anonymität eingeleitet hatte, nicht genannt. Es kann jedenfalls gesagt werden, dass 2013 unter dem damaligen Großkanzler der Orden wegen ihrer Verwaltung des Fonds eine Klage gegen die Treuhänderin einleitete, und andere potentielle Nutznießer wurden in den Fall involviert, einschließlich des Hospitalordens des heiligen

Johannes von Gott. Sie reichten eine Klage beim Staatsanwalt ein, der mit der Einfrierung der Anlagen des Fonds reagierte.

Als 2014 Boeselager Großkanzler wurde, begann er eine neue Politik und weitere Personen wurden in die Affäre mit hineingezogen. Unter ihnen waren zwei Banker, ebenfalls Malteserritter, die in der Schweiz arbeiteten. Vertraut mit ihnen war der Apostolische Nuntius in Genf, Erzbischof Silvano Tomasi; er war der Präsident einer Stiftung, Caritas in Veritate, deren Schatzmeister einer der Banker war. Erzbischof Tomasi erfreute sich überraschend freundschaftlicher Beziehungen mit der prozessfreudigen Treuhänderin, die die Angewohnheit hatte, ihre E-Mails an ihn mit »Caro Silvano ...« [»Lieber Silvano ...«] zu beginnen. Die drei genannten Personen standen in enger Verbindung zu Großkanzler Boeselager und sie unterstützen die neue Strategie, für die er eintrat: die Klage gegen die Treuhänderin einzustellen und mit ihr eine Einigung zu erzielen, bei der sie einen vereinbarten Teil des Fonds freigeben sollte. In welchem Ausmaß der Vatikan Nutznießer war, ist umstritten. Erzbischof Tomasi erwartete Geld aus dem Fond, man geht davon aus, dass es von Boeselager abhing, sicherzustellen, dass der Vatikan seinen Anteil des Geldes, das dem Malteserorden zustand, bekam. Es wurde in der Tat behauptet, der Vatikan warte nur darauf, dem Orden den Souveränitätsstatus abzuerkennen und dessen Rücklagen mit allem Drum und Dran in seinen Besitz zu bringen.

Trotz alledem, die Abmachung, eine gesonderte Einigung mit der Treuhänderin zu erzielen, stand in Opposition zu Großmeister Festing, der die Klage zu Ende führen wollte. Das Ganze hatte den Haken, dass die Treuhänderin damit drohte, die ganze Kommunikation mit Boeselager und seinen Verbündeten zu veröffentlichen, sollte sie gerichtlich befragt werden, ein Schicksal, das nur abgewendet werden konnte, wenn man einen Kompromiss aushandelte. Was der Sache den Feinschliff gab, war der letztmögliche Termin einer Anklageerhebung Ende Januar 2017.

Der Vatikan greift ein

Das bedeutete, dass die Entlassung Boeselagers am 8. Dezember 2016 eine wirkliche Krise herbeiführte, und zwar eine, die nichts mit der Verteilung von Kondomen zu tun hatte. Ohne ihn im Amt des Großkanzlers gab es keine Hoffnung darauf, eine Anklage im Januar zu vermeiden, und mehrere Parteien, die sich Geld erhofften, würden leer ausgehen. Zudem würde eine große Menge an peinlicher privater Korrespondenz an die Öffentlichkeit gelangen. Glücklicherweise war Boeselager (von seinem Standpunkt aus) in einer guten Position und hatte die Fäden in der Hand. Zufälligerweise wurde sein Bruder Georg in die Kardinalskommission der Überwachung des IOR berufen; die Ernennung wurde am 15. Dezember angekündigt. Mit anderen Worten wurde er einer der Leiter der Vatikanbank. Es war bekannt, dass Albrecht Boeselager selbst wie Pech und Schwefel mit Kardinal Parolin, dem Staatssekretär, zusammenhielt. Tatsächlich deckte im April ein deutscher Malteserritter auf, dass die beiden seit zwei Jahren systematisch zusammenarbeiteten, um Kardinal Burkes Position im Orden zu untergraben. Erzbischof Tomasi war natürlich auch bestens mit dem Staatssekretariat verbunden. Es war nur eine Frage von Tagen, bis die Vatikanmaschinerie sich in

Bewegung setzte, um die ungelegene Absetzung rückgängig zu machen. Kardinal Parolin schrieb dem Großmeister einen hitzigen Brief, in dem stand, dass die Intentionen des Papstes in einem Kontext des Dialoges verstanden werden müssten und dass er niemals die Entlassung von irgendjemandem im Auge gehabt habe (eine Behauptung, die im Lichte dessen, was bald geschehen sollte, ziemlich ironisch war). Aber der Großmeister und Kardinal Burke, die die Haltung des Papstes im Licht seines Briefes vom 1. Dezember interpretierten, sahen keinen Grund, nachzugeben. Nun sollten von Kardinal Parolin härtere Maßnahmen ergriffen werden und seine nächsten Schritte nahmen eine sehr aufschlussreiche Form an. Am 22. Dezember kündigte Parolin die Einsetzung einer Kommission (beschönigend »Gruppe« genannt) an, um die Entlassung des Großkanzlers zu untersuchen. Sie bestand aus Erzbischof Tomasi als deren Präsident, den zwei Bankern, die mit dem Schweizer Treuhandfond in Verbindung standen, einem gebrechlichen belgischen Malteserritter, der ein vorbehaltsloser Parteigänger Boeselagers war und einem kurialen Jesuiten, dessen Qualifikation für dieses Amt, wie man von seinen Aussagen während der folgenden Untersuchung schließen kann, eine nichtssagende Gleichgültigkeit hinsichtlich der Moralität des Gebrauchs von Kondomen gewesen sein mag.

Der erste Punkt, der über dieses Vorgehen herausgestellt werden soll, ist der der Jurisdiktion. 1952, als ein Streit zwischen dem Malteserorden und dem Heiligen Stuhl entbrannt war, hat Papst Pius XII. persönlich eine besondere Kommission aus fünf Kardinälen für Verhandlungen einberufen, denn nichts Geringeres hätte dem souveränen Charakter des Ordens entsprochen. Doch jetzt wurde vorgeschlagen, unter der Autorität des Staatssekretariats fünf Personen ohne Status zu ernennen, um die Entscheidungen des Großmeisters des Ordens und des Kardinals, auf dessen Anweisung hin er handelte, zu beurteilen. Der zweite Fehler war der offenkundige Interessenkonflikt von mindestens drei Mitgliedern der Kommission. In der Tat ist es erstaunlich, dass Kardinal Parolin mutwillig auf diese Weise direkt die Aufmerksamkeit auf den wahren Konflikt zog, ein Zusammenhang, der von der Presse sofort aufgegriffen wurde: Wenn auch nichts anderes, so wurde deutlich, was er für das wahre Problem hielt. Und die dritte Anomalie war das Missverhältnis zwischen dem angeblichen Ziel der Kommission – die Untersuchung der Entlassung des Großkanzlers – und dem, was sie letztendlich tat. Am 7. Januar 2017 ließ Erzbischof Tomasi einen Brief unter den Mitgliedern des Ordens verbreiten, von denen die meisten nicht im Besitz detaillierter Informationen über den Umstand der Entlassung sein konnten und lud sie ein, ihm alle Informationen einzureichen, die ihnen nützlich erschienen. Was er damit tatsächlich bewirken wollte, war, eine Schmutzkampagne gegen Großmeister Festing zu starten, auf deren Basis seine Entlassung forciert werden konnte. Die Kommission führte ihre Arbeit in unangebrachter Eile durch und stellte – lange vor dem Stichtag Ende Januar – einen böswillig diffamierenden Bericht zusammen, der ausschließlich das Werk der Feinde des Großmeisters war.

Unter diesem heftigen Angriff war die Antwort des Großmagistrats des Ordens von Anfang an zum Scheitern verurteilt. Nach der Entlassung Boeselagers war Fra' Matthew Festing nach England in die Weihnachtsferien gereist. Allein zu Hause verfasste er eine Reihe aggressiver Erklärungen, die einen schlechten Eindruck machten, als sie in der Presse erschienen. Währenddessen war der Posten des Großkanzlers in Rom dem ältesten verfügbaren Ritter übertragen worden, Fra' John Critien, der bis zu diesem Zeitpunkt der Hüter der Kunstsammlungen des Ordens gewesen war. Er war ein liebenswürdiger Mann ohne jegliche Erfahrung in Diplomatie oder Jurisprudenz. Als Antwort auf die Angriffe gegen den Großmeister veranlasste er – ohne sorgfältige Bearbeitung – eine Verteidigung, verfasst durch den offiziellen Anwalt des Ordens, die in der veröffentlichten Form obskur und unbeholfen wirkte. Als Kardinal Parolins Kommission eingesetzt wurde, antwortete der Großmeister am 23. Dezember mit einem Brief an den Papst, in dem er in respektvoller Form erklärte, warum die Kommission »inakzeptabel« sei, ein Wort, das später als Beweis seiner Unnachgiebigkeit missbraucht wurde. Die Presse war sich eines »scharfen Konflikts« sicher, der zwischen dem Malteserorden und dem Papst entflammt war; wobei dazu gesagt werden muss, dass Fra' Matthew Festing eine solche Sichtweise gänzlich fremd war. Er glaubte an die Unterstützung des Papstes bei der Aktion zur Bestrafung der Kondomverteilung und dass er sich lediglich einer Intervention widersetzte, die auf Kardinal Parolins Eigeninitiative zurückging. Gleichsam ungerechtfertigt war die Sichtweise eines grundsätzlichen Aufeinanderprallens der kompromisslosen Moral von Seiten des Großmeisters und Kardinal Burkes und der »barmherzigeren« Politik, die von Papst Franziskus verfolgt wurde. Sein Brief vom 1. Dezember mit der Verurteilung von »Verhütungsmitteln aller Art« als »Widerspruch zu dem moralischen Gesetz«, schien klar genug – es sei denn, er hätte seine Meinung seitdem geändert.

Während der sieben Wochen, bis Papst Franziskus die Abdankung von Fra' Matthew erzwang, war der Orden damit beschäftigt, sein Recht zu verteidigen, sich selbst zu regieren. Einige Stimmen kommentierten das Bestehen auf der eigenen Souveränität als Arroganz gegenüber dem Heiligen Stuhl. Dies kommt jedoch der Verurteilung der Arroganz desjenigen gleich, der seine Rechte an seinem eigenen Haus verteidigt, just bevor die Regierung beschließt, es zu konfiszieren. Natürlich besteht man auf Rechten, die in der Vergangenheit anerkannt wurden. Wie bereits erwähnt, gab es in den 50er Jahren einen Konflikt, der aus den Ambitionen eines mächtigen Kardinals erwuchs, der sich selbst den Titel des Großmeisters gab. Am 19. Februar 1953 entschied ein Urteil des Heiligen Stuhls selbst, dass der Malteserorden – als ein religiöser Orden – der Jurisdiktion der Ordenskongregation unterliege, gleichzeitig wurde die Souveränität des Ordens als politische Einheit bestätigt. Es gab keinen Hinweis auf eine Jurisdiktion des Staatssekretariats über den Orden, was folgerichtig ist, da diese Vatikanabteilung für die Beziehungen mit anderen Staaten verantwortlich ist, zu denen auch der Malteserorden gehört. Wenn man sich vor Augen führt, was zur damaligen Zeit geschah, wird man feststellen, dass das Staatssekretariat keinen Versuch unternahm, in den Disput einzugreifen, sondern absolut korrekt handelte, indem einfach die normalen diplomatischen Beziehungen mit dem Orden aufrechterhalten wurden.

Während der Zeit von 2016 bis 2017 hingegen ignorierte Kardinal Parolin die Entscheidung von 1953. Die Entlassung des Großkanzlers war eine politische Entscheidung der Ordensregierung, und selbst wenn sie das nicht gewesen wäre, wurden keine Anstalten gemacht, die zuständige Abteilung, nämlich die Ordenskongregation, einzuschalten. Kardinal Parolin als Staatssekretär beanspruchte für sich die absolute Autorität über den Orden, als ob es sich um einen Kirchenvorstand handele. Der Unterschied in den beiden Fälle liegt darin, dass in den 1950er Jahren Papst Pius XII. das Gesetz respektierte und der Streit mit einem Sieg des Ordens endete (der Kardinal wurde nie Großmeister). Angeblich hat diese Niederlage den Vatikan immer gewurmt, der den besagten Konflikt als die erste Schlacht in einem unbeendeten Krieg betrachtete.

Kardinal Parolins Missachtung des Gesetzes wurde schnell vom Papst selbst übernommen. Am 23. Januar rief er Fra' Matthew Festing zu sich in den Vatikan. Er sollte niemanden darüber informieren und allein kommen. In ihrer Audienz am folgenden Nachmittag forderte er von Fra' Matthew dessen sofortigen Rücktritt, während Freiherr von Boeselager als Großkanzler wieder eingesetzt werden sollte. In einer erstaunlichen päpstlichen Intervention wurde also der Mann, der verdächtigt wurde, die kirchliche Morallehre zu missachten, belohnt, und der Obere, der versucht hatte, ihn zurechtzuweisen, verlor sein Amt.

Was steckte dahinter?

Man muss wohl kaum betonen, wie unverhältnismäßig die Entlassung des Großmeisters in diesem Fall war: Selbst wenn Fra' Matthew bei der Entlassung Boeselagers falsch gehandelt hätte, war sein Rücktritt wirklich die angemessene Strafe? Für diesen Schritt gibt es allerdings eine einfache und sogar absurde Erklärung. Fra' Matthew Festig verkörperte die

Werte des britischen Militärs und er war empört, als Boeselager seinem Rücktrittsgesuch nicht nachkam. Ein Gentleman, so sagte er, würde in so einem Fall das Anständige tun und von selbst gehen, ohne auf den Hinauswurf zu warten. In den Wochen vor dem 24. Januar sagte er offen im Magistralpalast: »Wenn der Papst mich um den Rücktritt bitten würde, dann würde ich gehen.« Er sagte dies nicht, weil er meinte, dass es geschehen könnte – immerhin handelte er zu diesem Zeitpunkt in dem Glauben, die Unterstützung des Papstes zu haben –, sondern als einen Hinweis auf seinen persönlichen Ehrenkodex. Aber wie alles, was im Palazzo di Malta gesagt wurde, wurde seine Bemerkung bald im Vatikan bekannt. Dem Papst wurde dies mitgeteilt und er sah sofort die Chance auf einen einfachen Sieg. Daher bat er am 24. Januar Fra' Matthew um den Rücktritt, denn er wusste von vornherein, dass er ihn bekommen würde.

Man sollte auch die Anreize des Sieges berücksichtigen: Rache für die Niederlage der 1950er Jahre, als der Vatikan als Verlierer aus der Auseinandersetzung hervorgegangen war; Rache für die Opposition, die Bergoglio selbst in Argentinien durch Mitglieder des Ordens erfahren hatte; Rache sogar für den Falklandkrieg, in dem ein anderer argentinischer Diktator von einem Engländer geschlagen worden war. Wer könnte da widerstehen, den Spieß umzudrehen? Man könnte hinzufügen, dass es (angeblich) der Sieg eines populistischen Papstes gegen einen aristokratischen Orden war, obwohl die Meisterleistung von Papst Franziskus in dieser Sache überhaupt nicht das war, was sie zu sein schien. Wenn man es genauer betrachtet, war die eigentliche Wirkung seines Eingreifens, einen aristokratischen *coup d'état* innerhalb des Ordens zu fördern. Dies kann einfach durch Aufzählen der Namen der deutschen Mitglieder des Ordensrates belegt werden: Albrecht Freiherr von Boeselager, Janos Graf Esterhazy de Galantha und Winfried Graf Henckel von Donnersmarck[163], die die Unterstützung des Präsidenten der deutschen Assoziation, Erich Prinz Lobkowicz, und dessen Bruders Johannes genossen, welche die Opposition bei der Entlassung Boeselagers anführten. Sie sind es, die nun das Ruder in der Hand halten, während die andere Partei des Ordens – die nichtadligen Mitglieder des Rates, die den Großmeister unterstützten – in der Versenkung verschwunden sind. Es ist ein Bild, das das genaue Gegenteil des päpstlichen Schlages gegen Privilegierte ist, das von einigen Journalisten gezeichnet wurde.

Der bedeutsamste Aspekt der päpstlichen Aktion jedoch war die Unterminierung Kardinal Burkes, gegen den Papst Franziskus im Untergrund Widerstand mobilisiert hatte, seitdem die Dubia im Dezember des Vorjahres veröffentlicht worden waren. Burke wurde in seiner Funktion als Kadinalpatron des Malteserordens suspendiert, während Erzbischof Becciu anstelle des Großmeisters als Sonderdelegat zur Leitung des Ordens eingesetzt wurde, in völliger Missachtung der Souveränität des Ordens. Die persönliche Bedeutung dieses Umsturzes ist noch augenscheinlicher: Mit einem Streich wurden Fra' Matthew Festing und Kardinal Burke als sein engster Verbündeter aus dem Orden entfernt und die ganze Kontrolle wurde Boeselager übertragen, seinem erklärten Feind, der 2014 vehement gegen die Ernennung Burkes zum Kardinalpatron protestiert hatte.

Papst Franziskus' Eingriff wurde nach den bekannten Methoden durchgeführt. Der Rücktritt des Großmeisters benötigte noch – um der Verfassung des Ordens zu entsprechen – die Billigung des Großrates. Am 25. Januar, dem Tag nach Fra' Matthews Rücktritt, bekam der amtierende Großkanzler einen Telefonanruf von Erzbischof Becciu, der ihn im Namen des Papstes vor jedem Versuch eines Widerstandes in letzter Minute warnte. Am gleichen Tag kam ein außenstehender, aber ihm gewogener Kurienprälat zum Orden, um einen privaten Rat zu geben. Er zog die Ritter ins Vertrauen und sagte wörtlich: »Ihr müsst verstehen, dass Papst Franziskus ein gnadenloser und rachsüchtiger Diktator ist, und wenn ihr auch nur den kleinsten Versuch unternehmt, euch zu wehren, wird er den Orden zerstören.«

Der Orden nahm diese Warnungen ernst und der Souveräner Rat stimmte am 28. Januar noch in Anwesenheit des Großmeisters für die Kapitulation: Fra' Matthews Rücktritt wurde angenommen, Fra' John Critien trat als Großkanzler zurück und Freiherr von Boeselager trat sein Amt wieder an und erschien sofort im Ratsraum, nachdem der Großmeister diesen verlassen hatte. Nur Tage nach seiner Wiedereinsetzung stoppte Boeselager die Klage gegen die Treuhänderin in Genf. Der Orden erhielt 30 Millionen Euro aus dem Fond und Erzbischof Tomasi wurden 100.000 Schweizer Franken für seine eigene Stiftung übertragen. In der Kondomaffäre wurde Boeselagers Dementi bezüglich seiner Verantwortung ohne Untersuchung angenommen und er ist nun derjenige, der faktisch den Orden kontrolliert.

Seitdem hielt der Druck auf den Orden von Seiten des Vatikans unablässig an: In seinem Gespräch mit dem Papst am 24. Januar hatte Großmeister Festing seinem Rücktritt zugestimmt, indem er davon ausging, dass eine normale Wahl seinen Nachfolger bestimmen würde, und er fragte den Papst: »Aber was ist, wenn sie mich wiederwählen?« Papst Franziskus erklärte ihm, dass dies akzeptabel wäre. Diese Antwort wurde von Fra' Matthew dem Ritter erzählt, der ihn im Auto bei seiner Rückkehr vom Vatikan begleitete und war am selben Abend jedem im Magistralpalast bekannt. Auf jeden Fall wurde die Wahl im späten April unter strenger Aufsicht des Vatikans vorgenommen, samt einem Versuch, Fra' Matthews Teilnahme daran zu verhindern, was als Titular-Baili-Großprior des Ordens sein Recht war; damit war klar, dass seine eventuelle Wiederwahl nicht geduldet werden würde. Das Resultat der Wahl war ein Niemand als Oberhaupt des Ordens, nicht als Großmeister, aber als Statthalter des Großmeisters für zwölf Monate, als beste Deckung für die kontinuierliche Kontrolle Boeselagers (der als Nicht-Professritter selbst nicht zur Wahl stand). Dieses Resultat wurde angesichts der umfassenden Sorge um viele Probleme im Orden erwirkt, die mit der Zeit zum Vorschein kamen: Der fragwürdige finanzielle Hintergrund der Krise, der willkürliche Eingriff des Vatikans, die Ungerechtigkeit Fra' Matthew Festing gegenüber und die Kondomaffäre, die unter den Teppich gekehrt wurde, sowie die Säkularisierung des Ordens, die sicherlich in die »Reformen« miteinbezogen ist, von denen Boeselager und die deutsche Partei sprachen.[164]

Papst Franziskus' Eingriff in den Orden zeigt das bekannte Muster seiner Methoden: Was Kardinal Burke betrifft, gab ein anfängliches Gespräch den Eindruck der Unterstützung, gefolgt von einem umfassenden Verrat mit dem Ziel, einen Gegner zu demütigen. Was den Großmeister betrifft, kam eine private Vorladung, allein zu einer Audienz zu kommen, es niemandem zu erzählen, und dann eine überraschende Forderung nach Rücktritt. Damit verbunden ist eine unbekümmerte Haltung gegenüber der Morallehre der Kirche, aber eine sehr praktische Wertschätzung von Geld und Macht, die schwerlich zu den Ambitionen einer »Kirche der Armen« und zur Verurteilung der »Weltlichkeit in spirituellen Angelegenheiten« passt.

Dennoch – anders als bei den Franziskanern der Immakulata – hat der Malteserorden als solcher nicht durch den Schlag gegen seine Regierung gelitten. Gelitten haben Rechtsgrundsätze. Nur Tage nach der Entlassung des Großmeisters war gegen das, was der Papst getan hatte, ein Chor an Kritikern zu hören, hauptsächlich Anwälte. Es wurde herausgestellt, dass, wenn der Heilige Stuhl sich ungehemmt über die Souveränität des Malteserordens hinwegsetzten konnte, die italienische Regierung auch nichts davon abhalten würde, Polizei in den Vatikan zu entsenden, um die Finanzlage zu kontrollieren. Es gibt nur wenig Zweifel daran, dass nur diese Überlegungen Papst Franziskus und Kardinal Parolin daran hinderten einzumarschieren und den Orden bedingungslos zu übernehmen, wie ihre ursprünglichen Erklärungen nahelegten. Es war ein charakteristisches Merkmal in einer Episode, in der das Kalkül von Macht und finanzieller Kontrolle im Vordergrund stand und der Moral nur geringe Beachtung geschenkt wurde.

Kapitel VI Der Kreml Santa Marta

Bestrafungen und Belohnungen

Einer der bekanntesten katholischen Journalisten im englischsprachigen Raum, Damian Thompson, kommentierte Anfang 2017 das Regime von Papst Franziskus im Vatikan mit folgenden Worten: »Es ist nicht schwer, eine lateinamerikanische Eigenart an den Geschäftsgebaren und dem miteinander Abrechnen zu entdecken, die im vergangenen Jahr offensichtlich geworden ist.«[165] Tatsächlich hat sich dieser Aspekt schon in früherer Zeit auf seinem eigenen Boden gezeigt. Vor seiner Wahl stand Kardinal Bergoglio im Konflikt mit einer Kongregation, dem Institut des fleischgewordenen Wortes, das vor dreißig Jahren in Argentinien gegründet wurde und sich zu einem blühenden Orden entwickelte, der viele Berufungen anzog. Diese Kongregation wurde von vielen Mitgliedern der nationalen Hierarchie abgelehnt, die sich von einer Bewegung mit konservativem Charakter herausgefordert fühlten, aber Papst Benedikt XVI. überstimmte sie und wies das Ansuchen des argentinischen Bischofs ab. Nur Tage nach seiner Wahl griff Papst Franziskus den Fall wieder auf und kurz darauf schickte er den Gründer des Instituts, P. Buela, ins Exil nach Spanien.

Zwei Mitglieder der argentinischen Hierarchie fühlten auch, dass der Wind sich gedreht hatte. 2014 wurde Msgr. José Luis Mollaghan als Erzbischof von Rosario abgesetzt, mit der Begründung, er stehe im Konflikt mit seinem Klerus, und ein Jahr später Msgr. Oscar Sarlinga als Bischof von Zárate, angeblich wegen wirtschaftlicher Probleme in seiner Diözese. Was sie gemeinsam hatten, war, dass sie 2011, als Kardinal Bergoglios 75. Geburtstag nahte, einen Brief mit dem Inhalt nach Rom geschrieben hatten, dass dessen Rücktrittsgesuch sofort akzeptiert werden sollte.

Eine andere Person, mit der kurzer Prozess gemacht wurde, war der gebürtige Argentinier Rogelio Livieres, Bischof von Ciudad del Este in Paraguay. Wie bereits oben beschrieben, gründete er ein Seminar, das enormen Erfolg verzeichnen konnte und Studenten aus ganz Südamerika anzog, darunter auch einige Seminaristen aus Bergoglios eigenem Seminar in Buenos Aires. Während Livieres Amtszeit wuchs in seiner Diözese die religiöse Aktivität in jederlei Hinsicht, allein die Anzahl der Diözesanpriester stieg von 14 auf 83. Es stimmt, dass Livieres einen schlimmen Fehler machte: Er beförderte einen fremden Priester, der von seinem vorherigen Oberen als »brillante, charismatische Persönlichkeit« beschrieben wurde und ignorierte die Tatsache, dass dieser Mann in seiner vorherigen Karriere beschuldigt worden war, Seminaristen belästigt zu haben. Dieses Fehlurteil war aber nicht der Grund der Anklage von Papst Franziskus gegen Bischof Livieres.[166] Die eigentliche Anschuldigung war, dass Livieres im Konflikt mit dem Rest der Kirchenhierarchie in Paraguay stehe – wie sollte es anders sein, wenn man bedenkt, mit wem er es da zu tun hatte? Im September 2014 wurde Bischof Livieres abgesetzt, sein Seminar wurde aufgelöst und seine außergewöhnliche Arbeit in Südamerika war zerstört.

Wenn man sich diese Tatsachen vor Augen führt, dann mag man vielleicht zugeben, dass einige Päpste – einige sehr wenige – mit Ungeduld für bestimmte kirchliche Probleme den Papstthron bestiegen, in die sie zu ihrer Zeit hineingeworfen wurden und die sie kurzerhand lösten. Aber selbst ein Kenner päpstlicher Entscheidungen müsste sich wirklich den Kopf zerbrechen, um irgendetwas zu finden, was den oben genannten Fällen ähnlich ist. Die kuriale Aufrüttelung durch Paul VI. (1963 – 1978), das antimodernistische Streben Pius X. (1903 – 1914) vielleicht? Diese sind kaum mit derartigen Mustern von persönlichen Vergeltungsmaßnahmen vergleichbar. Es bleibt bei der Tatsache, dass kein moderner Papst auf den Thron stieg, der zu so vielen Personen ein schlechtes Verhältnis hatte, wie Jorge Bergoglio. Seine Vorgänger haben zumindest souverän genug gehandelt, um ihre Taten nicht wie unwürdige Rache aussehen zu lassen.

Gleichsam an peronistische Vetternwirtschaft erinnerte die Belohnung von zwei Männern, die Kardinal Bergoglio als seine Vertreter in Rom eingesetzt hatte, während er in Buenos Aires war. Msgr. Guillermo Karcher wurde mit der Würde eines päpstlichen Zeremoniars ausgezeichnet und machte eine Zeit lang im Vatikan sein Einfluss geltend, aber es scheint, dass er nun die Gunst des launischen Papstes verloren hat. Msgr. Fabián Pedacchio wurde zuerst als ein informeller päpstlicher Sekretär eingesetzt und war bereits dafür bekannt, die Macht des eigentlichen Amtsinhabers zu schmälern (des maltesischen Msgr. Xuereb), bevor er im Jahre 2014 offiziell dessen Nachfolger wurde.

Das neue Regime im Casa Santa Marta

Als Papst Franziskus gewählt wurde, wurde keine seiner Taten mehr als frischer, demokratischer Geist gerühmt als seine Entscheidung, die alten Papstwohnungen im Apostolischen Palast hinter sich zu lassen und stattdessen in die Räume des Casa Santa Marta zu ziehen, dem bekannten Gästehaus für Kardinäle auf Besuch, wo er seitdem lebt. Die eigentlichen Auswirkungen dieser Entscheidung wurden irgendwie übersehen, beispielsweise der Umstand, dass die Umrüstung des Casa Santa Marta für seine neue Bestimmung zwei Millionen Euro gekostet haben soll, wobei die alten päpstlichen Wohnungen natürlich weiterhin in Stand gehalten werden müssen. Aber es lohnt sich, die psychologische Seite dieser Entscheidung zu beleuchten. Omar Bello hält fest, dass Papst Franziskus einen Blick in die alte Wohnung mit seinen großzügigen Zimmern warf, wo die Päpste traditionell ihre Mahlzeiten in strenger Abgeschiedenheit eingenommen hatten, und sofort erkannte, dass dies den Papst von der Kurie isolierte. In Santa Marta hat Papst Franziskus die Kardinäle in seiner Nähe, und er speist in einem öffentlichen Speiseraum. Ein Journalist stellte heraus, dass dies als »Kontrollmethode dient, um beim Mittagessen Informationen darüber zu erhalten, was in den verschiedenen Bereichen des Vatikans geschieht.«[167] Dieser eiserne Griff, in dem Kardinal Bergoglio schon seine erzbischöfliche Kurie in Buenos Aires gehalten hatte, wurde so nun auf seine neue Position übertragen.

Kapitel 3 hat teilweise das Regime beschrieben, das Papst Franziskus von seiner Festung aus führt: Es ist eines, in dem die Erwartung von Reformen zunichtegemacht und durch chaotische Unsicherheit abgelöst wurde. Die *udienza di tabella,* die sicherstellten, dass die Dikasterienoberhäupter zweimal im Monat Audienzen zugesichert bekommen, wurde abgeschafft, und der Zugang zum Papst ist strikt an seine Laune gebunden. Bischöfe, die im Vatikan arbeiten, wissen zu berichten, dass die alten brüderlichen Treffen mit dem Papst verschwunden sind; einige von ihnen haben seit seiner Wahl kaum noch mit dem Papst gesprochen. Nichts könnte weniger »kollegial« sein, als die Behandlung seiner Untergebenen durch den Helden der St. Gallen-Mafia. Die Kontrolle des Staatssekretariates über den Rest der Kurie ist umfassender als jemals zuvor. Und jeder, von den Kardinälen bis zu den Monsignori, wird ständig auf Trab gehalten, durch das Kritteln, die schroffen öffentlichen Zurechtweisungen, die Entlassungen und die geheimen Unterminierungen, die Markenzeichen des neuen Regimes sind.

Pietro Kardinal Parolin, der im Oktober 2013 zum Staatssekretär ernannt wurde, war der erste kuriale Liebling und wurde von Franziskus wegen seiner Entschlossenheit, die Befugnisse seines Büros zu festigen und sogar zu erweitern, geduldet. Aber es ist nicht Franziskus' Art, dass jemand sich in Sicherheit wähnen kann. Seit einiger Zeit hatte der Papst Parolins Subsitut, Erzbischof Angelo Becciu, als willigen Handlanger benutzt, da er mehr von seinem Herrn zu gewinnen hat. Becciu war der Mann für die Drecksarbeit des Papstes und er wusste, sie gründlich zu erledigen. Er war es, der PricewaterhouseCoopers 2015 anrief, um sie zu informieren, dass die Finanzprüfung sich vom Staatssekretariat fernzuhalten habe; er war es, der den Malteserrittern in einer plumpen Übernahme des Ordens durch den Papst aufgezwungen wurde; und er war auch die Schlüsselfigur in der gewaltsamen Entlassung des Generalrevisors im Juni 2017. Es ist im Vatikan weitgehend bekannt, dass Becciu mehr Macht hatte als Parolin. Im Juni 2018 wurde Becciu in den Kardinalsstand erhoben. Sein Nachfolger als Substitut des Staatssekretärs war der venezolanische Erzbischof Edgar Peña Parra, ist ein langjähriger Freund Kardinal Rodriguez Maradiagas und seines in Ungnade gefallenen Weihbischofs Pineda. Beccius Ernennung zum Kardinal ist ein Zeichen dafür, dass die Macht der korrupten lateinamerikanischen Hierarchie im Vatikan unter Papst Franziskus stetig zunimmt.

Die Gunst in diesem Regime genießen Kriecher wie Kardinal Coccopalmerio, der seinen Einfluss nutzte, um den Priester Inzoli, der Kindesmissbrauch betrieben hatte, zu decken und der als seinen Sekretär Msgr. Luigi Capozzi einstellte, bis dieser auf einer Drogen- und Schwulenparty verhaftet wurde. Oder ein unverbesserliches Schlitzohr wie Kardinal Calcagno, dessen düstere Vergangenheit als Bischof von Savona ihn nicht dafür disqualifiziert, für die Reichtümer der Kirche verantwortlich zu sein. Oder Kardinal Baldisseri, dem gewieften Manipulator der »Barmherzigkeit« während der Familiensynode.

Auf der anderen Seite erleben die Kardinäle, die Papst Benedikts Vertrauenspersonen waren, eine Eiseskälte: Kardinal Burke, Müller und Sarah, zu denen man vielleicht noch Kardinal Ouellet hinzunehmen kann, der heutzutage völlig umgangen wird, weil er sich als zu unabhängig zeigt.[168] Lässt man einmal die Ideologie beiseite, sind dies alles Männer, die ehrlich in Wort und Tat sind und an deren moralischer Integrität nie jemand einen Zweifel geäußert hat. Diejenigen, die Papst Franziskus um sich schart, haben normalerweise den Ruf von »Reformern« und diejenigen, die ihm entgegenstehen, sind die »Anti-Reformer«. Dies wirft die Frage auf: Wie kann man denn diese Reform beurteilen, die die Verschlagenen fördert und die Offenen und Aufrichtigen verbannt?

Soutane und Degen in der Kurie

Der englische Journalist Damian Thompson zitiert einen Priester, der in der Kurie arbeitet und der als brennender Befürworter Papst Franziskus' begann, mit den Worten: »Bergoglio teilt die Kirche in jene, die mit ihm sind und jene, die gegen ihn sind – und wenn er vermutet, dass man sich unter den Letzteren befindet, dann wird er sich rächen.«[169] Dies war die Erfahrung dreier Priester in der Kongregation für die Glaubenslehre. Im Sommer 2016 wurden sie vom Papst persönlich zu ihm zitiert. Ihnen wurde vorgeworfen, ablehnende Kommentare gegen ihn geäußert zu haben, und sie wurden entlassen.[170] Kardinal Müller versuchte sie zu verteidigen, und in einer Audienz, die ihm erst nach monatelangen Versuchen gewährt wurde, protestierte er bei Franziskus: »Diese Personen gehören zu den besten Mitarbeitern meines Dikasteriums. [...] Was haben sie verbrochen?« Der Papst wies seine Klage schroff zurück und schloss die Audienz mit den Worten: »Und ich bin der Papst, ich brauche keine Gründe für meine Entscheidungen anzugeben. Ich habe entschieden, dass sie gehen müssen, also müssen sie gehen.«[171]

Kardinal Müller selbst zog dann als ex officio Wächter der katholischen Rechtgläubigkeit die Ungunst des Papstes auf sich, als er sich gegen die Veränderungen der Kirchenlehre in Bezug auf die Ehe aussprach. Nach vierjährigem Geplänkel, in dem er praktisch durch Kardinal Schönborn als offizielle Lehramtsautorität ersetzt wurde, wurde Kardinal Müller im Juli 2017 nach Ablauf seines Fünfjahresmandats in den Ruhestand versetzt. Sein Mandat nicht zu erneuern, steht im Widerspruch zur normalen Praxis, wie auch sein verfrühter Ruhestand im Alter von 69 Jahren (während Coccopalmiero beispielsweise die Gunst des Papstes mit seinen 79 Jahren immer noch genießt).[172] Auch sei erwähnt, dass Müllers Ersatz in der Kongregation, Erzbischof Ladaria, in der Vergangenheit beschuldigt wurde, einen Priester zu decken, der Jungen belästigt hatte.

Noch drastischer ist in vielerlei Hinsicht die Behandlung von Robert Kardinal Sarah, dem Präfekten der Kongregation für den Gottesdienst und die Sakramentenordnung. Papst Franziskus berief ihn im November 2014 in dieses Amt und gab ihm zu jener Zeit Anweisung, die liturgische Linie weiterzuführen, die von Papst Benedikt XVI. vorgegeben wurde.[173] Ihm zum Verhängnis wurde seine Meinung über die moderne Art, die Messe zu lesen. Im Juli 2016 sprach Sarah auf einer Konferenz in London und drängte auf die Wiederherstellung der traditionellen Praxis, ad orientem zu zelebrieren, d.h. mit dem Gesicht des Priesters zum liturgischen Osten hin. Im Gegensatz zu dem, was normalerweise angenommen wird, hat es niemals eine Anweisung gegeben, dass der Priester die Messe zum Volk hin lesen sollte; dies war eine Praxis, die in den 1960er Jahren eingeführt wurde, als man noch glaubte, dies sei der Brauch der Frühkirche gewesen, was heute aber als widerlegt gilt. Dies wurde bereits 1993 von Kardinal Ratzinger als Präfekt der Glaubenskongregation erklärt und wird auch generell aus seinen liturgischen Schriften ersichtlich. Der Kirche

Anweisungen zur liturgischen Authentizität zu erteilen, ist die Aufgabe der Kongregation für den Gottesdienst. Aber Kardinal Sarahs Worte stießen auf Protest bei jenen, die annahmen, die Praxis der letzten fünfzig Jahre stehe außer Zweifel.

Was als Nächstes passierte, ist zunächst ein Beleg für die hinterhältigen Intrigen, die in der derzeitigen Kurie zum täglichen Brot gehören. Die Protestbriefe kamen in Rom an, als Kardinal Sarah während des Sommers nicht in Rom war. Ohne ihm die Möglichkeit zu geben, sich um diese zu kümmern, brachte der Sekretär der Kongregation, Erzbischof Arthur Roche, diese Briefe zu Papst Franziskus, der nicht für seine Sachkenntnis in liturgischen Fragen bekannt ist, und daher nur aus der Kenntnis der einen Seite heraus handelte, nämlich der unwissenden Seite. Seine Reaktion kam bei allem, was der Vatikan jemals gesehen hat, vielleicht einer stalinistischen Säuberung am nächsten. Im Oktober wurden nahezu alle Mitglieder der Gottesdienstkongregation – von denen viele von Benedikt XVI. ernannt worden waren und seinen liturgischen Vorstellungen folgten – in einer beispiellosen Massenentlassung vor die Tür gesetzt und 27 neue Mitglieder wurden ernannt, um deren Plätze einzunehmen, sodass Kardinal Sarah völlig isoliert zurückblieb.[174] Er war gezwungen, seine Zusage zu einer liturgischen Konferenz zurückzuziehen, bei der er über das Thema: »Die Bedeutung des Motu Proprio *Summorum Pontificum* für die Erneuerung der Liturgie in der westlichen Kirche« referiert hätte. Diese Maßnahme gegen Kardinal Sarah passt zum Verhaltensmuster von Papst Franziskus, einem Kurienmitglied bei seiner Ernennung Sicherheit zu vermitteln, dann aber eine Kehrtwende zu vollführen; und auch zu seiner Art, diejenigen, die er als Feinde betrachtet, dadurch zu bekämpfen, dass er sie nicht entlässt, sie aber unterminiert und machtlos zurücklässt. Die Belohnung für Erzbischof Roches Intervention jedoch war, dass er nun derjenige ist, der in der Kongregation für den Gottesdienst und die Sakramentenordnung das Sagen hat.

Das Gebot der St. Gallen-Gruppe war die Liberalisierung der Kirche. Mit ihrem Kandidaten an der Macht sehen wir heute, was das bedeutet. Eine Haltung frommen Entsetzens gegenüber jedem, der sich als der Linie des Papstes abtrünnig erweist, ist die herrschende Orthodoxie. Als die vier Kardinäle Brandmüller, Burke, Caffarra und Meisner einen Brief unterzeichneten, der um Klärung von Zweideutigkeiten in *Amoris laetitia* bat, kommentierte der Dekan der Heiligen Rota, Erzbischof Vito Pinto: »Was diese Kardinäle getan haben, ist ein großer Skandal, der dazu führen könnte, dass der Heilige Vater ihnen die Kardinalswürde entzieht. [...] Man kann das Wirken des Heiligen Geistes nicht anzweifeln.«[175] Blase Kardinal Cupich von Chicago (der seinen Kardinalshut im Oktober 2016 erhalten hatte und amerikanischen Prälaten vorgezogen wurde, die viele für näherliegende Kandidaten hielten) erklärte für seinen Teil, dass die Kardinäle »sich bekehren müssten«. An anderer Stelle eröffnete Erzbischof Rino Fisichella, Präsident des Rates zur Förderung der Neuevangelisierung, das Jahr der Barmherzigkeit mit dem Vorschlag, dass Papstkritiker sich eine Exkommunikation zuziehen sollten, die nach kanonischem Recht für physische Gewalt gegen den Papst vorgesehen ist, da »Worte wie Felsbrocken und Steine sind.«[176] Das ist der Weg, auf dem man in der Kirche unter Papst Franziskus Karriere macht, und diese Lektion wird gut gelernt.

Die Gedankenpolizei des Liberalismus

Die Unterwürfigkeit der Linie des Papstes gegenüber ist nicht auf wenige Speichellecker in der Kurie beschränkt, sie wurde auch in den äußersten Randbereichen der Kirche gang und gäbe. Man kann die Schicksale einiger der 45 Unterzeichner eines Briefes verfolgen, der am 29. Juni 2016 an Kardinäle und Patriarchen mit der Bitte geschrieben wurde, den Papst um Korrektur einer Liste von fragwürdigen Vorschlägen zu bitten, die in *Amoris laetitia* enthalten sind. Einer der Unterzeichner wurde unverzüglich aus seiner Position als Direktor für akademische Angelegenheiten einer Päpstlichen Universität entlassen, nachdem sein Erzbischof Druck gemacht hatte. Einem anderen, einem Dominikaner, wurde von seinem Oberen verboten, öffentlich über die päpstliche Exhortation zu sprechen, einem dritten wurde befohlen, seine Unterschrift zurückzuziehen, und ein Kardinal hatte einen vierten unter Druck gesetzt, seinen Namen von der Liste zu streichen.[177]

Es muss gesagt werden, dass beides, die *dubia* der Kardinäle und der eben genannte Brief, in Form einer Bitte um Klarstellung geschrieben wurden, nicht als Opposition. Sie können der offenen Ablehnung von päpstlichen Anweisungen gegenübergestellt werden, die ohne Repressalien von »progressiven« Theologen in unserer Zeit gemacht wurden, beispielsweise im Fall der Priesterweihe für Frauen. Unter Papst Franziskus allerdings wird es schon zur Straftat, wenn man um Klärung bittet. Man wird sich auch an seine eigene Ächtung von Autoritäten in *Evangelii gaudium* (2013) erinnern, »schenkt jenen keinen Glauben, die Fragen aufwerfen, ständig auf die Fehler von anderen hinweisen und von Auftritten besessen sind.« Es gibt Menschen, die ein Talent dafür haben, ihre eigenen Fehler zu kritisieren.

Ein Zeichen der Zeit in Rom ist eine Gruppe, die sich selbst »Osservatorio per l'Attuazione della Riforma della Chiesa di Papa Francesco« (Observatorium für die Umsetzung der Kirchenreform von Papst Franziskus) nennt. Wie Sandro Magister im November 2016 berichtete, schickte dieser Club von Enthusiasten zu Beginn des akademischen Jahres eine E-Mail mit folgendem Inhalt an den Lehrkörper des Päpstlichen Institutes Johannes Paul II. für Studien zu Ehe und Familie:

»Wie es bereits in anderen katholischen pastoralen, akademischen und kulturellen Instituten vorgekommen ist, hat unser Observatorium für die Umsetzung der Kirchenreform von Papst Franziskus – eine Initiative von katholischen Laien, die das Pontifikat Papst Franziskus' fördern – für das derzeitige akademische Jahr mit der Überprüfung der Inhalte von Veröffentlichungen der Fakultät und der Lehren des Päpstlichen Institutes Johannes Paul II. für Studien zu Ehe und Familie begonnen, um die Anpassungen und möglichen Uneinigkeiten mit den Inhalten der Ansprache von Papst Franziskus zum Anlass der Eröffnung des neuen akademischen Jahres Ihres Institutes (Sala Clementina, 28. Oktober 2016) aufzuzeigen, in der Sie gebeten wurden, die notwendigen Öffnungen des Glaubensverständnisses im Dienst der pastoralen Sorge des Nachfolgers Petri zu unterstützen.

Besonders werden die Inhalte der Veröffentlichungen und angebotenen Kurse im Hinblick auf ihre Übereinstimmung mit dem überprüft, was in der apostolischen Exhortation *Amoris laetitia* ausgedrückt wird, damit sie einer Kirche entsprechen, die nicht eine Kirche der eigenen Vorstellung und

Gestalt ist, und ihre Forschung und Lehre sich nicht länger an einem allzu abstrakten theologischen Ideal der Ehe orientiert, das fast künstlich konstruiert und weit von der konkreten Situation und den tatsächlichen Möglichkeiten der realen Familien entfernt ist.« (Papst Franziskus, Ansprache vom 28. Oktober 2016).

Zu diesem Zweck werden wir eine analytische und kritische Prüfung vornehmen, bei den von Ihnen veröffentlichten Studien, den vom Institut approbierten Graduierten- und Dokoratsthemen, der Zusammenfassung der Kurse, deren Bibliographien und ebenso durch Befragungen von Studenten nach den Lehrstunden auf dem Platz vor der Lateranuniversität.

Sicherlich erfüllen wir eine nützliche Aufgabe, um den Dienst zu fördern, den Sie mit Hingabe an die Kirche und den Heiligen Vater leisten und wir werden Sie über die Resultate unserer Beobachtungsstudie auf dem Laufenden halten.«[178]

Die Bedeutung dieser »Beobachtungsstudie« ist natürlich, dass das Institut Johannes Paul II. der akademische Körper ist, der eingesetzt wurde, um die Familien- und Ehelehre dieses Papstes zu schützen, was bei dem gegenwärtigen Amtsinhaber keinerlei Begeisterung hervorruft.

Wie Sandro Magister herausstellt, gibt es einen Vorgänger für diese Posse päpstlicher Zeloten in der katholischen Welt: Es ist das Sodalitium Pianum, das unter der Regierung Pius X. (1903 – 1914) ins Leben gerufen wurde, um die päpstliche Verurteilung des Modernismus zu stärken. Diese Gruppe überprüfte Vorlesungen von Seminarprofessoren und berichtete den Autoritäten jedwede Äußerung, die der Rechtgläubigkeit nicht zu entsprechen schienen. Seitdem wurde diese Gruppe von den Liberalen als Beispiel eines intellektuellen Terrorregimes von Pius X. angesehen. Ganz allgemein könnte man es als Schande empfinden, dass unsere eigene Zeit ein Echo auf das geschaffen haben sollte, was bis jetzt als restriktivstes Pontifikat der Neuzeit galt, aber die Ironie geht noch weiter. Zweifelsohne ist es natürlich, dass ein Regime, das auf strikte Orthodoxie besteht, mit nach Polizeistaat riechenden Maßnahmen, so bedauerlich sie auch sein mögen, gestützt werden sollten. Die heutige »Observierung« dieses modernen Big Brothers entspringt aber der Regierung des progressiven, liberalen Papstes, der von den freien Geistern der St. Gallen-Gruppe gewählt wurde, um den Autoritarismus von Benedikt XVI. und Johannes Paul II. zu überwinden.

Die Diktatur der Barmherzigkeit

Journalisten, die sich mit römischen Angelegenheiten befassen, werden sich zunehmend dessen bewusst, dass der Vatikan »unter Papst Franziskus Kritiker der päpstlichen Sichtweise systematisch zum Schweigen bringt, entlässt und ersetzt.«[179] Nachrichten über die angewandten Mittel lassen einem den kalten Schauer über den Rücken laufen. Gianluigi Nuzzi berichtete, dass im März 2015 eine umfangreiche Abhöraktion in Autos, Büros und privaten Wohnungen des Kurienklerus aufgedeckt wurde, und in einer unerklärlichen Ausnahme die Gendarmerie (der interne vatikanische Sicherheitsdienst) nicht zur Untersuchung gerufen wurde.[180] Klerus und Laien, die in der Kurie arbeiten, finden offensichtliche Anzeichen dieser Maßnahmen bei ihren Telefonaten, in denen sie, nachdem aufgelegt wurde, die letzten Momente ihres aufgezeichneten Gespräches nochmals hören, ein wohlbekanntes Zeichen von Abhörung.[181] Kurienmitarbeiter sind sich sicher, dass ihre Telefone und E-Mails systematisch ausspioniert werden.

Was Papst Franziskus selbst betrifft, so kann man den Berichten Damian Thompsons entnehmen, dass Wutausbrüche, seine Unhöflichkeit gegenüber Untergebenen und seine vulgäre Sprache im Vatikan berüchtigt sind. Thompson zitiert eine gut platzierte Quelle aus dem Vatikan: »Franziskus muss zu seinem Glück nicht bei einer Neuwahl im Konklave antreten. Nach der Misere und dem Unsinn der vergangenen Jahre, glauben Sie mir, würde er sofort nach dem ersten Wahlgang ausscheiden.«[182] Dies ist eine Tatsache, der wenige Personen in der Kurie widersprechen würden. Sie sind aufgewacht und haben erkannt, dass die Wahl des »Großen Reformers« im Jahre 2013 zur Folge hatte, sie einer argentinischen Diktatur alten Stils zu unterwerfen, samt aller bekannten Methoden. In den ersten Monaten, inspiriert durch die öffentlichen Eskapaden, die Franziskus sich erlaubte, hat er sich unter dem Vatikanklerus den Spitznamen »Toto, der Clown« eingefangen. Mit der Zeit wurde ihnen klar, dass sie ihn unterschätzt hatten und sein derzeitiger Spitzname ist »Ming«, nach dem grausamen Kaiser aus den Flash-Gordon-Comics. Ein Kardinal kommentierte: »Im Vatikan fürchtet jeder Papst Franziskus, niemand respektiert ihn, von Kardinal Parolin an abwärts.«

Angst ist in der Kurie das dominierende Gefühl unter der Regierung von Franziskus, gepaart mit gegenseitigem Misstrauen. Es sind nicht nur die Informanten, die sich durch das Denunzieren unachtsam geführter Gespräche einschmeicheln wollen – wie es die drei Untergebenen von Kardinal

Müller am eigenen Leib erfahren haben. In einer Organisation, in der die moralisch Korrupten an ihrem Platz bleiben durften und sogar von Papst Franziskus befördert wurden, ist unterschwellige Erpressung an der Tagesordnung. Ein Kurienpriester hat geistreich bemerkt: »Man sagt, es gehe nicht darum, was man weiß, sondern wen man kennt. Im Vatikan stimmt das nicht: Es zählt, was man über die weiß, die man kennt.«

Diese Sachlage in der römischen Kurie ist beispiellos, aber man kann Austen Ivereighs Biographie von Papst Franziskus lesen, um einen Zeit und Ort mit ähnlicher Atmosphäre aufzuspüren. Als er das Perón-Regime der Jugend Bergoglios beschreibt, erklärt er, dass nach 1952 »Perón defensiv und paranoid wurde und in einen autoritären Wahnsinn absank, der populistisch-nationalistische Regierungen in Lateinamerika häufig befällt. [...] Staatsangestellte mussten Parteimitglieder sein, Meinungsverschiedenheiten wurden als Abfall bezeichnet und Oppositionelle [...] wurden bezichtigt, Volksfeinde zu sein.«[183] Der Autor selbst bemerkte die Parallele nicht, aber einige der Elemente können sogar in seinen Berichten gefunden werden. Wenn er über Franziskus' Pontifikat berichtet, stellt er eine Skizze der vatikanischen »Reformen« vor, die man wirklich als Meisterleistung des Verdrehens erkennen kann, aber selbst zwischen der Propaganda scheint durch, wie autokratisch und unbeliebt die Methoden des Papstes sind: »Franziskus hat einem engen Kreis von Mitarbeitern etwas angemaßt, was normalerweise durch vatikanische Institutionen erarbeitet wird, und die Umgehung der alten Kanäle erzeugt große Verbitterung. Franziskus außerordentliche Popularität außerhalb der Kirchenkreise steht in starkem Kontrast zu seinem Ruf im Vatikan, wo erhebliches Murren herrscht. [...] Es ist das Bergoglio-Paradox: der kollegiale, volksnahe Papst übt seine souveräne Autorität mit Maßnahmen aus, die überheblich erscheinen können. Er hat eine ganz persönliche Art des Regierens, die Systeme umgeht, auf engen Beziehungen beruht, die mehr durch Personen als durch Dokumente arbeitet und strenge Kontrolle ausübt. [...] In vielerlei Hinsicht ist Franziskus der zentralisierteste Papst seit Pius IX.«[184]

Die Erinnerung an Pius IX (1846–1878) und den Kirchenstaat wird wachgerufen, wenn man sich ein Phänomen ins Gedächtnis ruft, das man seit Generationen nicht mehr gesehen hat. Am 4. Februar 2017 erwachten die Römer und fanden ihre Stadt mit Plakaten tapeziert vor, die den Papst verhöhnten.[185] Diese Plakate zeigten Franziskus in einer seiner weniger jovialen Stimmungen, darunter der Text: »A France', hai commissariato Congregazioni, rimosso sacerdoti, decapitato l'Ordine di Malta e i Francescani dell' Immacolata, ignorato Cardinali ... ma n'do sta la tua misericordia?« Was so übersetzt werden könnte: »He, Franzl, Du hast Orden zerstört, Priester abgesetzt, den Malteserorden und die Franziskaner der Immakulata enthauptet, Kardinäle missachtet, wo ist denn nun Deine Barmherzigkeit?«

Die Satire, die im Romanescodialekt verfasst wurde, erinnert gewollt an die Pasquille, die in der Zeit päpstlicher weltlicher Macht erschienen, und man muss in diese Zeit zurückgehen, um die letzten Fälle von öffentlicher politischer Satire gegen einen regierenden Papst in den Straßen Roms zu finden. Dies ist ein Zeichen, wie sehr die Beliebtheit von Franziskus, eine Annahme, auf der sein nie dagewesener Stil beruht, in Italien und darüber hinaus in den Keller gesunken ist. Ein anderes Zeichen dafür sind die Teilnehmerzahlen bei den Generalaudienzen auf dem Petersplatz, die mehr oder weniger wöchentlich gehalten werden und die in der Vergangenheit mehrere zehntausend Gläubige angezogen hatten. Die offiziellen Statistiken der Teilnahme an diesen Ereignissen seit der Wahl Franziskus' zum Papst sehen folgendermaßen aus:

2013: 51 617
2014: 27 883
2015: 14 818

Für 2016 gibt es noch keine Schätzungen, aber man geht davon aus, dass es weniger als 10 000 sind: weniger als ein Fünftel von dem, was sie vor vier Jahren und zur Zeit Benedikts XVI. waren.[186] Denen, die die Massen unter den Kolonnaden des Petersdoms schrumpfen sehen, ist die Botschaft klar: Der Papst des Volkes wird von seinem Volk verlassen. Die Zahl der Messbesucher in Italien nimmt ebenfalls ab und scheinbar auch im Rest der Welt. Franziskus Pontifikat, das die Kirche wiederbeleben sollte, entpuppt sich nach fünf Jahren des Hypes als ein ungehemmtes Scheitern.

Der politische Papst

Es scheint, dass Papst Franziskus selbst zu realisieren begonnen hat, auf welchem gefährlichen Boden er sich mit seiner »Chaos schaffenden« (»Hagan lío«) Philosophie bewegt. Kurz vor Weihnachten 2016 wurde von seinem Ausspruch berichtet: »Es ist nicht unmöglich, dass ich in die Geschichte eingehen werde als derjenige, der die katholische Kirche gespalten hat.«[187] Diese Gedanken sind auch jenen um ihn herum nicht entgangen, und im März 2017 veröffentlichte die britische Zeitung *The Times* einen Artikel mit der Überschrift: »Anti-Reform-Kardinäle fordern, dass der Papst zurücktritt.«[188] Der Artikel zitierte einen Bericht von ein paar Tagen zuvor, in dem Antonio Socci erklärte: »Ein Großteil der Kardinäle, die ihn gewählt haben, sind sehr besorgt und die Kurie, […] die seine Wahl organisiert hat und ihn bisher begleitete, ohne sich jemals von ihm zu distanzieren, entwickelt die Idee eines moralischen Appells, um ihn dazu zu überreden, in den Ruhestand zu gehen.«[189] Diese »Anti-Reform«-Kardinäle (man beachte die Orthodoxie der Medien, die die Gegner von Franziskus so tituliert) sollen um die zwölf an der Zahl sein und Auslöser ihrer Haltung sei die Angst vor einem Schisma, das durch Franziskus ausgelöst werden könnte. Ein Omen ist auch, dass in den letzten Monaten des Jahres 2016 eine theologische Studie über die Möglichkeit, einen Papst abzusetzen, veröffentlicht und im Vatikan herumgereicht wurde. Wenn dies wirklich geschähe, wäre das vielleicht der einzige Weg, auf dem sich Papst Franziskus' Pontifikat als wahrlich innovativ erwiese.

Jene, die schockiert darüber sind, dass Franziskus als »Diktatorpapst« bezeichnet wird, würden nicht in Frage stellen, dass er seit Jahrhunderten der politischste Papst auf dem Thron ist. Das ist keine Verleumdung seiner Feinde, sondern wird auch von seinem uneingeschränkten Verehrer Austen Ivereigh betont. Man muss verstehen, dass der Schlüssel zum rücksichtslosen Stil von Papst Franziskus, zu seiner Gleichgültigkeit gegenüber Reformen, zu seinen tyrannischen Taten, sein fieberhaftes Streben nach einem guten öffentlichen Image darin besteht, dass seine Hauptsorge in der Tat nicht die Regierung der Kirche ist. Ivereigh hat Franziskus' Ambitionen, sich zu einer Führungspersönlichkeit auf politischem Felde zu machen, detailliert ausgeführt; er legte mit einer bombastischen Vision der »Dekadenz« der westlichen Zivilisation los, die von Lateinamerika dazu ausgenutzt werden würde, sich selbst wieder zu behaupten, und sein Traum war es, den Kontinent als »la patria grande« (großes Vaterland) zu einen, um die imperialistische Dominanz der Vereinigten Staaten herauszufordern. Dieses Ziel stand hinter der Ernennung Kardinal Parolins zum Staatssekretär, der ein vielgerühmter päpstlicher Nuntius in Mexiko und Venezuela war und der sich vorgenommen hatte, den Kontinent unter dem Banner des Heiligen Stuhls zu vereinen. Die aktuellen Ergebnisse dieser Intention wurden von einem italienischen Journalisten analysiert:

»Das Image von Franziskus, der die Chance hatte, sich als ›moralischer Führer des Kontinents‹ zu etablieren, versinkt ohne die Unterstützung von Barack Obama rapide in einer Krise, trotz der herausragenden Arbeit des Staatssekretärs Parolin: Mit Trump wackelt die Vatikandiplomatie in Kuba; in Kolumbien scheiterte das Friedensreferendum erbärmlich, weil die Protestanten des Landes es sabotierten; in Venezuela sind alle politischen Parteien einer Meinung, dass die vatikanischen Bestrebungen um Frieden mehr geschadet, als genutzt haben; und schließlich Brasilien: Nach dem Erfolg des Weltjugendtages hat Rio de Janeiro nun einen Bürgermeister, der ein protestantischer Bischof ist, antikatholisch und vor allem kritisch gegenüber der Bischofskonferenz.«[190]

Wie diese Analyse darlegt, zerschlug die Wahl Donald Trumps zum Präsidenten die Voraussetzungen, auf denen Franziskus' Strategie basiert. Mit all seiner Macho-Latino-Rhetorik hing sein Plan von einem liberalen Präsidenten im Weißen Haus ab, der (oder die) bereit wäre, sich selbst vor den Forderungen Lateinamerikas zu erniedrigen. Dieses Vorhaben brach mit einem US-Präsidenten, dessen Antwort auf die Störenfriede auf der anderen Seite des Rio Grande ist, eine Mauer zu bauen, in sich zusammen. Darum setzte Papst Franziskus 2016 alle seine Karten auf die Clinton-Präsidentschaft. Jene, die ihn umgaben, angefangen von Kardinal Parolin (wer eignet sich auch besser, ihn in der Amerikafrage zu beraten?), sagten ihm, dass Donald Trump keine Chance auf den Sieg habe und Franziskus Anordnungen an die APSA waren, Hilary Clintons Präsidentschaftskampagne zu finanzieren (es wird heute gesagt, dass das Geld aus dem Peterspfennig kam – den Spenden der Gläubigen – die angeblich für karitative Maßnahmen genutzt werden)[191]. Franziskus intervenierte in der Kampagne auch mit Ansprachen, in denen er implizit Trump kritisierte, kein Christ zu sein. Als der Feind entgegen aller Erwartungen doch gewann, wurde Franziskus wütend auf seine Ratgeber. Dies mag einer der Gründe sein, warum Kardinal Parolin seine Gunst verloren hat: Er hat sich in der Frage der Vereinigten Staaten als fehlbar erwiesen und er ist damit gescheitert, die Ziele für Lateinamerika durchzusetzen.

Die globale Szene, in der sich Papst Franziskus seinen Triumph ausgemalt hatte, veränderte sich bis zur Unkenntlichkeit. Mit der Annäherung zwischen den Vereinigten Staaten und Russland, mit dem Ausstieg Großbritanniens aus der EU rückten Merkel und Macron bei dem Versuch zusammen, die Fetzen der liberalen Weltordnung zu schützen, die vor etwas mehr als einem Jahr servierfertig zubereitet schien. In dieser Weltordnung wollte Franziskus die Rolle des Hohepriesters spielen: Wo geht er jetzt hin?

Die politischen Konsequenzen dieses Fiaskos sind zahlreich. Das Weiße Haus hat gegen den Vatikan gute Karten im Spiel, und man mag überrascht sein, dass diese bisher nicht ausgespielt wurde. Bekannt ist die Überwachung des Konklaves 2013 durch die CIA, und der Gedanke, dass die amerikanische Regierung von diesem Wissen Gebrauch machen könnte, soll, so sagt man, in der Kurie schlaflose Nächte bereiten. Die Gelegenheiten für Interventionen sind schnell zu finden. Mit der Unfähigkeit des Heiligen Stuhls, seine kriminellen Finanzstrukturen zu reformieren, für die die Beweise von Tag zu Tag mehr werden, kann man leicht voraussehen, was die internationale Gemeinschaft unter der Führung Amerikas ankündigen wird: was genug ist, ist genug. Der brutale Rauswurf Libero Milones im Juni 2017, des Generalrevisors, der nicht wenige Freunde in Amerika hat, könnte die letzte Provokation gewesen sein.

Die grundlegende Ursache für dieses Dilemma ist, dass Franziskus seine Grenzen überschritten hat. Er ist ein cleverer Politiker – der cleverste auf dem Papstthron seit Jahrhunderten und außerordentlich fähig, arglose Kirchenmänner wie die Kardinäle Burke, Sarah und Müller zu umgehen – aber als ein weltlicher Staatsmann ist er überfordert. Überfordert ist er auch als Oberhaupt der katholischen Kirche, was mehr Talent erfordert als das eines peronistischen Parteibosses. Diese Tatsache beginnt auch von denen erkannt zu werden, die sein Pontifikat studieren. Der Journalist, den wir gerade zitierten, hat geschrieben:

»Nachdem eine Pressekampagne den argentinischen Papst zu einem Idol hochstilisiert hat, fangen die Menschen an zu verstehen, dass das Werk Ratzingers im Wesentlichen zutiefst unterschätzt wurde. In einem Vatikan, der von Fehden durchsetzt war, hat der deutsche Papst das Ansehen des IOR gestärkt, eine Nulltoleranz für Kindesmissbrauch eingeführt und eine tiefgehende Studie der kritischen Bereiche der modernen Kirche angesichts zukünftiger Herausforderungen unternommen. Dadurch kam Franziskus mit einem Vorteil sondergleichen an die Macht, dessen er sich vermutlich nicht einmal bewusst war. Er hingegen umgab sich mit einer mittelmäßigen Clique von Männern, die seine Sicht verstellten und die ihm auch nicht die Gefahrenpunkte und Risiken aufzeigen, die immer größere Dimensionen annehmen und ihn damit auch von seinen Vorgängern distanzierten.«[192]

Ein mehr auf das Lehramt konzentrierter Gesichtspunkt geht aus der Analyse des Vatikanisten Giuseppe Nardi von 2016 hervor: »Dreieinhalb Jahre nach Beginn seines Pontifikats stößt Papst Franziskus an seine Grenzen. Der durch Gesten und Worte vermittelte Eindruck einer latenten Absicht, die Lehre der Kirche ändern zu wollen, muss sich entweder irgendwann konkretisieren oder in sich zusammenbrechen. [...] Es ist Franziskus selbst, der sich durch die von ihm provozierte Stimmung in die Enge getrieben hat. Es geht nicht mehr um ein spontanes Wort zu diesem oder jenem, das ebenso improvisiert wie unverbindlich bleibt. Seine pastorale Arbeit und seine Führungsfähigkeiten, die Verantwortungsbewusstsein und Vorbildcharakter verlangen, stoßen an ihre Grenzen. Daran könnte Franziskus scheitern.«[193]

Solche Kommentare zeigen auf die groben Schnitzer, die im Konklave 2013 gemacht wurden, als der Kardinal »vom Ende der Welt« zum Oberhaupt der Kirche gewählt wurde. Indem ein wenig bekannter Außenseiter gewählt wurde, kam ein Mann an die Macht, der sich durch seinen Charakter und die Prioritäten, die er setzte, als ungeeignet herausstellte, dieses Amt zu bekleiden. Für viele Katholiken ist dieses Eingeständnis schwer zu akzeptieren. In lebendiger Erinnerung finden wir keinen Fall, bei dem ein solches Fehlurteil bei einer Papstwahl begangen wurde. Einige der Päpste der Moderne waren großartige Männer, andere waren adäquat; seit Jahrhunderten gab es aber keinen, der, so brutal es auch klingen mag, so unter der Würde des Amtes war wie Franziskus. Wie konnte das geschehen?

Man sollte im Hinterkopf behalten, dass Jorge Bergoglio ein Mann ist, der in einer entstellten politischen Kultur aufgewachsen ist und von Ordensleuten geformt wurde, deren Traditionen des Gehorsams und deren politisches und soziales Engagement durch den Aufstand der 1960er Jahre auseinandergerissen und verzerrt wurde. Das bedeutet, dass er weniger in der tief verwurzelten kulturellen Disziplin aufgewachsen ist, die seinen Vorgängern eine gewisse Messlatte vorgehalten hatte. Die Kirche kennt durchaus Kleriker – auch solche von hehrem Charakter –, die in ihrer religiösen Berufung eine zu politische Linie eingeschlagen hatten und Bergoglio hat niemals die Reinheit der religiösen Hingabe gezeigt, die ihn vor solch einem Irrtum geschützt hätte. Vor seiner Wahl zeichnete er sich nicht durch irgendwelche geistlichen oder lehramtlichen Schreiben oder Predigten aus, für die andere Päpste bekannt waren. Sein fehlendes Interesse an Lehramt und Liturgie ist bekannt, und selbst einige seiner Gebetsgewohnheiten haben zu Bemerkungen geführt. Lucrecia Rego de Planas sagte in einem Kommentar, dass Franziskus bei der Messzelebration niemals vor dem Tabernakel oder der konsekrierten Hostie knie, obwohl die liturgischen Vorschriften dies so vorsehen und dass er das schon lange so gehalten habe, bevor Altersgebrechlichkeit dies entschuldigen würde.[194] Was sollen Katholiken mit einem Papst anfangen, der die Zeichen der Ehrerbietung vor dem Allerheiligsten Sakrament unterlässt, die alle Priester und Gläubigen durch Gebot und Tradition bezeugen?

Wir können diese Schwächen mit dem gewöhnlichen Ton des Volkslehramtes verbinden, den Papst Franziskus zu seinem Wahrzeichen gemacht hat, in Pressekonferenzen, auf internationalen Flügen und bei anderen improvisierten Alternativen zum Stuhle Petri. Aldo Maria Valli hat auf die »Banalisierung als die dominante Note und Konformismus als eine intellektuelle Angewohnheit« hingewiesen.[195] Das Gleiche könnte man über die verdrehten Beleidigungen des Papstes sagen, gegen jeden, der ihm widerspricht, ein Phänomen, das sich sogar auf offizielle Dokumente ausbreitet. Eine Enzyklika wie *Evangelii gaudium* (2013) ist voll von Phrasen wie »narzisstischer und autoritärer Elitismus« und »selbstbezogener und prometheischer Neupelagianismus«. Jesus Christus prangerte »falsche Propheten, die in Schafskleidern zu euch kommen, inwendig aber reißende Wölfe sind« an; aber wir mussten auf Papst Franziskus Pontifikat warten, um als päpstliche Lehre die Warnung zu erhalten, die Kirchenbank mit einem prometheischen Neupelagianer zu teilen. Das ist offenbar die Sprache einer frischen Neuevangelisierung, die durch die pastoralen Bedürfnisse der Armen inspiriert ist.

All dies schien dem oberflächlichen Blick der Medien für lange Zeit entgangen zu sein. Medien, für die Theologie ein zu tiefes Wasser ist und die auf öffentliche Gesten mit kindischer Naivität hereinfallen. In Italien hat bereits seit mehreren Jahren eine Handvoll Journalisten, unter denen Sandro Magister hervorsticht, kritisch über die Vatikanaffären berichtet, aber in der englischsprachigen Welt war das Schweigen ohrenbetäubend. Nur eine Handvoll katholisch-konservativer Webseiten wie *National Catholic Register* und *LifeSiteNews* hat aus Hingabe zum Lehramt die Art der messerscharfen Berichterstattung geleistet, die die Mainstreammedien aus den Augen verloren haben. Zwei kritische Bücher wurden auf Italienisch veröffentlicht, Antonio Soccis *Non è Francesco* (2014) und Aldo Maria Vallis *266* (2016). In Amerika deutet sich ein Ausscheren an, zumindest in der Welt der Veröffentlichungen: George Neumayrs *The Political Pope* (2017) repräsentiert die konservative Haltung gegen Papst Franziskus, und ihm folgte Philip Lawlers *Lost Shepherd: How Pope Francis is misleading his flock* (2018).

In den vergangenen Monaten begann sich zu zeigen, dass man »nicht alle Menschen für alle Zeit belügen kann«. Der Medienkonsens, der Franziskus als den großen Reformer pries, hat am 2. Juli 2017 einen großen Riss erlitten, als die römische Tageszeitung *Il Tempo* ihre Titelseite und die Seiten zwei und drei einer Reihe von Artikeln widmete, die seine Leistungen beurteilten und viele Versäumnisse anprangerten. Der Leitartikel trug die Überschrift »Crollo di fedeli, temi etici, gay, immigrati e Isis-Islam. Quanti errori. Ora le epurazioni. Cala la popolarità di Francesco« (»Rückgang der Gläubigen, ethische Probleme, Schwule, Immigranten und

IS-Islam. Was für Fehler! Jetzt die Säuberungen. Franziskus Beliebtheit sinkt.«) Die schnelle Entfernung von Libero Milone, Kardinal Müller und Kardinal Pell aus dem Vatikan bezeugt die Krisensituation, und das als Versuch zu erklären, dass Papst Franziskus seine falschen Entscheidungen in den Reißwolf gibt, wird bei genauerem Hinsehen ins Wanken geraten. Die Gerüchte, dass Geld aus dem Peterspfennig für die Finanzierung von Clintons Präsidentschaftswahlkampf benutzt wurde, ziehen immer größere Kreise und deuten auf einen enormen Skandal hin.

Papst Franziskus hat immer noch einen überwältigenden Vorteil. Die liberalen Medien haben viel in sein Image als revolutionäres Idol investiert – einen Mann, den das *The Wall Street Journal* im Dezember 2016 als »Anführer der globalen Linken« bezeichnete – und sie werden diesen Mythos nicht so schnell aufgeben. Obama ist weg vom Fenster und Hillary ist gedemütigt, darum ist Papst Franziskus für sie wichtiger als je zuvor. Für Nichtchristen ist die Sorge, Franziskus könnte mit seinen Versuchen, die Lehre der Sexualmoral zu liberalisieren, etwas erreichen, irrelevant. Was die Säkularen an Franziskus lieben, ist sein traditionsbrechender Stil, der die Mystik und die Autorität der Kirche unterminiert. Der Glaube, dass die liberalen Medien der Welt ihre Sicht aufzwingen können, hat vor kurzem einem Schlag erlitten. Hillary Clinton hat sich auf sie verlassen und ist gescheitert. Vielleicht werden wir erleben, dass Papst Franziskus denselben Weg geht.

Abschließend lohnt es sich, einen Blick darauf zu werfen, was die Veröffentlichung des vorliegenden Buches über Franziskus' Herrschaftsmethoden zutage gefördert hat. Die italienische Ausgabe *Il Papa Dittatore* wurde am 21. November 2017 als eBook veröffentlicht, und die Reaktion des Vatikans gab ein neuerliches Beispiel für die Sorge des Papstes um seinen Ruf und seinen Hang zu strenger Kontrollsucht. In den ersten Tagen nach Erscheinen des Buches glaubte man im Vatikan, einen in England lebenden Gentleman als den pseudonymen Urheber identifiziert zu haben, der daraufhin mit Telefonanrufen belästigt wurde. Als diese Annahme sich als falsch herausstellte, wurde die Suche ausgedehnt, bis mir am 12. Dezember ein Vatikanjournalist berichtete, dass dem Papst eine kurze Liste mit sechs möglichen Verfassern vorgelegt worden sei. Nicht weniger aufschlussreich war die Ansprache, die Papst Franziskus anlässlich der Weihnachtsgrüße an die Kurie am 21. Dezember hielt, eine Zusammenkunft, die mittlerweile dafür bekannt ist, als Schauplatz für nörgelnde Zurechtweisungen des Papstes zu gelten[196]. Als Reaktion auf die Vorwürfe, dass sein Pontifikat im Hinblick auf Reformen unfruchtbar sei, betete Franziskus eine Liste vorgenommener Veränderungen herunter (jedoch ohne den spezifischen Kritikpunkten dieses Buches entgegenzutreten). In seiner Rede griff er ferner die »Vertrauensbrecher und Ausbeuter der Mutter Kirche« an – worin möglicherweise eine Anspielung auf die Enthüllungen vatikanischer Quellen liegen könnte, ohne die die vorliegende Denkschrift nicht möglich gewesen wäre. Es gab jedoch eine Falschdarstellung von anderer Seite, mit der Papst Franziskus ebenfalls ins Gericht ging. Nämlich diejenige, wonach er beispielsweise als ein weltfremder alter Einsiedler gelte, der nur eine Zeitung lese und seit zwanzig Jahren kein Fernsehen geschaut habe. Der Papst nutzte die Gelegenheit, die Darstellung herabzusetzen, er sei schlecht informiert. Eine Verteidigung in letzter

Minute von Papst Franziskus, die wir heutzutage vernehmen, nämlich dass seine Reformbestrebungen von einem nebulösen Mitarbeiterstab zunichtegemacht würden, wird somit von seinem eigenen Begünstigten verworfen. Gewiss würde niemand mit Kontakt zum Casa Santa Marta daran zweifeln, dass es Franziskus' Fachgebiet ist, minutiös zu kontrollieren, was im Vatikan und darüber hinaus geschieht. Sein Urteilsvermögen und seine Fähigkeit, weiterhin das Image nach außen darzustellen, das ihm bisher so nützlich war, werden jedoch zunehmend in Frage gestellt.

In den ersten Monaten des Jahres 2018 wurden Anzeichen dafür deutlich, dass Franziskus wahrscheinlich von der weitreichenden Korruption, derer er sich persönlich mitschuldig gemacht hat, eingeholt wird. Eines davon war die skandalöse Lage in der Diözese seiner rechten Hand, Kardinal Rodríguez Maradiaga, in Honduras – ein Geflecht von Missbräuchen, deren Details sukzessive ans Licht kommen, trotz der Bemühungen des Papstes, sie zu vertuschen[197]. Das andere hängt mit einem Skandal zusammen, der in Italien bereits einen reißerischen Verlauf nahm, der des Istituto Dermopatico dell'Immacolata (IDI). Diese dermatologische Klinik in Rom wurde wegen massenhafter Verfehlungen angeklagt, darunter Geldwäsche und Steuerbetrug. Im Jahr 2016 ermittelten die italienischen Finanzbehörden, dass die Klinik gigantische Verbindlichkeiten hatte, die Verpflichtungen in Höhe von 845 Millionen Euro und eine rechnerische Steuerschuld in Höhe von 450 Millionen Euro umfassten, während 82 Millionen zweckentfremdet und sechs Millionen Euro aus öffentlichen Mitteln veruntreut wurden. Die Verstrickung von Giuseppe Kardinal Versaldi, der im Jahr 2015 als Präsident der Verwaltung der Güter des Apostolischen Stuhls verdrängt wurde, nachdem er versuchte, vor dem Papst zu vertuschen, dass vom Krankenhaus Bambino Gesù 30 Millionen Euro an das IDI abgezweigt worden waren, wurde bereits erwähnt[198]. Die unermesslichen Schulden des IDI holten den Vatikan 2017 in einem Moment höchster Dringlichkeit ein, die es nötig machte, auf die Papal Foundation in den Vereinigten Staaten zurückzugreifen, eine Organisation wohlhabender Spender, die sich selbst dazu verpflichten, dem Heiligen Stuhl Unterstützung zur Linderung der Armut zu gewähren.

Im Sommer 2017 bemühte sich Papst Franziskus mit einem persönlichen Ersuchen bei der Stiftung um die Zahlung eines Zuschusses in Höhe von 25 Millionen Dollar, der als Überbrückungskredit für das IDI dienen sollte. Im Dezember wurde dementsprechend durch die Bischöfe im Vorstand gegen den Widerstand der Laien eine Unterstützung von acht Millionen Dollar beschlossen. Und im Januar 2018 wurde trotz der von den Laienmitgliedern der Stiftung erhobenen Warnungen durch den Vorstandsvorsitzenden Donald Kardinal Wuerl die Abstimmung zu einer weiteren Zusage über fünf Millionen Dollar durchgesetzt. Diese beispiellosen Zuwendungen waren nicht nur hinsichtlich ihres Begünstigten ein Novum, sondern auch in Hinblick auf ihre Höhe, die ein Hundertfaches größer war als die üblichen einzelnen Zahlungen der Stiftung, die selten 200.000 Dollar überschreiten. Diese Entscheidung führte zum Rücktritt des Vorsitzenden des Prüfungsausschusses der *Papal Foundation,* der berichtete: »Ich empfand diese Zuwendung ihrer Art nach als fahrlässig und im Widerspruch zum Geiste der Stiftung [...]. Anstelle den Armen in einem Dritte-Welt-Land zu helfen, genehmigte der Vorstand eine unerhört hohe Zahlung an eine Klinik mit einer Vergangenheit von Misswirtschaft, strafrechtlicher Anklagen und Bankrott.«[199] Papst Franziskus' Eingreifen enthüllte die Ironie seines Programms der »Kirche der Armen«, das sich nicht nur als abhängig von der Großzügigkeit millionenschwerer amerikanischer Spender erwiesen hat, sondern auch, je nach Bedarf, umgeleitet werden kann, um unfassbare Finanzkorruption auf dem heimischen Boden des Vatikans zu decken.

Der nächste Papst

Kommen wir noch einmal auf den beispiellosen Fehler zurück, den die Kardinäle 2013 begangen hatten, als sie einen Mann wie Bergoglio wählten. Wie bereits vorher beschrieben, sind Katholiken daran gewöhnt, dass ein würdiger Papst gewählt wird, oder zumindest einer, der seinem Amt entspricht, und sie werden Schwierigkeiten damit haben, zu glauben (auch wenn eine Clique an intriganten Kardinälen als Erklärung dient), dass ein so sprichwörtlich profaner Fehler gemacht werden konnte. Keine Wahl ist gegen Fehler immun, so selten solche Fehler auch geschehen mögen. Man muss schon einige Jahrhunderte in die Vergangenheit zurückschauen, um Päpste zu finden, die schlechthin eine persönliche Katastrophe waren, aber das ist geschehen, wie man erwarten kann, hat es auch solche gegeben.

Der letzte Papst, der einen solch weltlichen und politischen Ansatz wie Franziskus hatte, war Urban VIII (1623–44). Er zog das Papsttum in einen Konflikt mit den benachbarten

Fürstentümern, die in den Kirchenstaat einfielen und den Papst in einen desaströsen Krieg verwickelten, sodass nach dem Tod Urbans der Heilige Stuhl bankrott war und seine Familie aus Rom vertrieben wurde. Den wohl nachhaltigsten Schaden, den Urban VIII. der Kirche zugefügt hat, war die Verurteilung Galileos. Nicht, weil er die astronomische Theorie des Heliozentrismus als häretisch betrachtete (eine falsche Sichtweise, die bezüglich dieser Angelegenheit weit verbreitet ist), sondern wegen seiner persönlichen Rache für die augenscheinlichen Beschimpfungen gegen den Papst, die Galileo in sein Buch zu diesem Thema eingewoben hatte. Somit haben wir ein Beispiel, wie persönliche Fehler eines Papstes ihre Auswirkungen auf den lehramtlichen Bereich haben können.

Ein besserer Vergleich war vielleicht ein Herrscher wie Paul IV. (1555 – 59), der ein Eiferer für religiöse Armut war, als er in seinen Siebzigern zum Papst gewählt wurde. Seine politische Besessenheit führte ihn dazu, gegen Kaiser Karl V. zu kämpfen, den wesentlichen Vorkämpfer der katholischen Sache gegen den Protestantismus, der damals in Europa wütete, und er kämpfte wiederum aus politischen Gründen gegen Mary Tudor und Kardinal Pole, die sich der schwierigen Aufgabe angenommen hatten, den Katholizismus in England wiederherzustellen. Seine Herrschaft endete mit einem politischen Skandal und öffentlichen Aufständen gegen seine gewaltige Missliebigkeit. Man mag auch Urban VI. (1378 – 89) aufzählen, der als ein kompletter Außenseiter gewählt wurde und bald das Fehlen einer für das Amt benötigten mentalen Ausgeglichenheit zeigte. Die Kardinäle baten ihn um Rücktritt, und als er sich weigerte, erklärten sie ihn für abgesetzt und wählten einen Gegenpapst, womit das vierzigjährige Abendländische Schisma begann. Urban antwortete mit der Schaffung eines Vorratslagers von 29 neuen Kardinälen als Ersatz für diejenigen, die ihn verraten hatten. Aber bald schon lag er auch mit diesen im Streit und exekutierte fünf von ihnen, nachdem sie sich gegen ihn verschworen hatten, während andere auf die rivalisierende Seite überliefen.

Fälle wie diese zeigen die Gefahren einer tickenden Zeitbombe im Schiff Petri auf, und auch, wie schwer es ist, einen Papst abzusetzen.[200] Die Kardinäle, die Franziskus dazu überreden wollen, abzudanken, sollten diese Fälle gut studieren. Egal, ob das geschieht oder ob man Gottes gewöhnliche Art, eine Vakanz des Apostolischen Stuhls zu verursachen, abwartet, bleibt die große Frage, was bei der Wahl des nächsten Papstes geschieht, da es keine Garantie dafür gibt, dass solch ein Fehler nicht noch einmal gemacht werden kann. Man darf nicht vergessen, dass die Kardinäle, von denen gesagt wird, dass sie sich jetzt gegen Papst Franziskus stellen, genau dieselben sind, die sich bei der Wahl hinter Bergoglio gestellt hatten und damit seine Wahl sicherstellten. Dieses Mal ist ihr favorisierter Kandidat Kardinal Parolin. Also: von dem Team, das uns Bergoglio brachte, dürfen wir jetzt Papst Parolin erwarten. Man hofft aufrichtig, dass das heilige Kardinalskollegium aus seinen Fehlern gelernt hat.

Man muss sich auch vor Augen führen, dass sogar die Kardinäle, die Papst Franziskus während seines Pontifikates kreiert hat – angeblich ein beabsichtigter Versuch, das nächste Konklave mit eigenen Leuten zu besetzten – nicht unbedingt Franziskus' Sicht von der Kirche als politisches Instrument teilen. Man sollte an sie appellieren und Gott bitten, dass sie diese desaströse Vision aufgeben, die Verwirrung in die Kirche gebracht hat, und dass sie zu einem geistigen Vorbild dessen zurückkehren, was ein Papst sein soll.

Lassen Sie uns beten, dass die Teilnehmer des nächsten Konklaves zu allererst sicherstellen, dass keine Clique versucht, die Wahl mit ihrer eigenen Agenda zu unterwandern. Zweitens müssen sie alle wissen, wen sie wählen. Es muss ein Mann von bewährter Reputation innerhalb der Kirche sein, der einen Ruf als ein Mann Gottes und nicht als Politiker hat; ein Mann dessen Prioritäten die spirituellen Reichtümer sind, deren Schutz ihm anempfohlen ist; ein Mann, der die Glaubenslehre offen verkündet und nicht irgendwelche Abkommen im Hinterzimmer schließt; ein Mann, der ein ernsthafter Reformer sein wird und sich nicht mit den Korrupten einlässt, in dem Bestreben, die Kirche zu kontrollieren. Es liegt an den Kardinälen, die richtige Entscheidung ihrem Gewissen entsprechend zu treffen und den Rest in Gottes Hände zu legen. Und lassen Sie uns beten, dass diese seltene Laune der Natur eine Ausnahme bleibt, die unabsichtlich auf den Stuhl Petri gelang, und dass es lange dauern wird, bis solch eine Katastrophe die katholische Kirche erneut heimsucht.

Anhang I

Pater Jorge Bergoglio und die Verhaftung der Patres Yorio und Jalics

Die Frage der Beziehungen von P. Jorge Bergoglio zum argentinischen Militärregime, das von 1976 bis 1983 an der Macht war, wurde 2005 von dem Journalisten Horacio Verbitsky behandelt, der Bergoglio beschuldigte, zwei seiner Priester, die Patres Yorio und Jalics, absichtlich an die Behörden verraten zu haben. Die Vorwürfe wurden im Wesentlichen wegen Verbitskys antiklerikaler und marxistischer Haltung heruntergespielt und ich bin an dieser Stelle nicht daran interessiert, die Frage nach den Tatsachen noch einmal aufzuwerfen. Es ist dennoch sinnvoll, die Geschichte zu betrachten, die Verbitsky auf Grundlage der Berichte der beiden Jesuiten erzählt, um zu sehen, was sie über Bergoglios Charakter offenbaren.

Es folgt die Zusammenfassung eines Artikels von Horacio Verbitsky, der am 12. April 2010 in *Salta* veröffentlicht wurde, während Kardinal Bergoglio Erzbischof von Buenos Aires war. Der Titel lautet: »›Mentiras y Calumnias‹. Acusaciones de Yorio y Jalics contra el Cardenal Bergoglio« – zu Deutsch: »›Lügen und Verleumdungen‹. Vorwürfe von Yorio und Jalics gegen Kardinal Bergoglio«.[201]

Die Geschichte hat folgenden Hintergrund: Im Jahre 1976, als P. Jorge Bergoglio Jesuitenprovinzial war, mündete ein Staatsstreich in Argentinien in eine Militärdiktatur. Zwei der Bergoglio unterstellten Jesuiten, P. Orlando Yorio and P. Francisco Jalics, beide linke Priester, betrieben in den Elendsvierteln des Landes, wo zu Beginn des Regimes terroristische Aktionen stattfanden, eine Mission. Sie wurden vom Militär entführt und gefoltert, bevor sie freigelassen wurden. Nach dem Sturz des Militärregimes 1995 verfasste P. Jalics ein Buch, *Ejercicios de meditación,* in dem er schwere Anschuldigungen gegen Bergoglio erhob, ohne ihn namentlich zu nennen. Als Grund für seine Festnahme führt er an, dass Sympathisanten des Militärregimes linksgerichtete Priester, die in den Elendsvierteln arbeiteten, als Terroristen denunzierten, und fügt hinzu:

»Uns war klar, woher der Wind wehte und wer für diese Verleumdungen verantwortlich war. Ich suchte daher die betreffende Person auf, um ihr zu erklären, dass sie mit unseren Leben spielte. Der Mann versprach mir, er werde das Militärregime wissen lassen, dass wir keine Terroristen seien. Durch spätere Erklärungen eines Offiziers und dreißig Dokumente, auf die wir nachträglich Zugriff hatten, war es uns ohne den geringsten Zweifel möglich, festzustellen, dass der Mann sein Versprechen nicht gehalten hatte. Er hatte, ganz im Gegenteil, gegenüber dem Militär eine falsche Beschuldigung vorgebracht.« In einem anderen Teil des Buches fügt Jalcis hinzu, dass diese Person »der Verleumdung dadurch Glaubwürdigkeit verlieh, dass sie ihre Autorität nutzte« und »den Offizieren gegenüber, die uns entführten, bezeugte, dass wir am Schauplatz der Terroraktion gearbeitet hätten. Kurz vorher hatte ich dieser Person gesagt, dass sie mit unserem Leben spielt. Sie musste gewusst haben, dass er uns mit seinen Erklärungen in den sicheren Tod schicken würde.«

Zur Identifizierung der ungenannten Person bezog sich Verbitsky auf einen Brief, den P. Orlando Yorio kurz nach den Ereignissen im November 1977 an P. Moura, den Assistenten des Generaloberen der Gesellschaft Jesu in Rom, gesendet hatte. Yorios Erzählung entspricht augenscheinlich der von Jalnic; er berichtet, dass P. Bergoglio als Provinzial ihm im Gespräch erzählte, er habe nachteilige Berichte über ihn erhalten und er nannte drei (jesuitische) Mitbrüder, die Patres Oliva, Vicentini und Scannone. Als P. Yorio jedoch mit diesen sprach, sagten sie ihm, dass sie nicht gegen ihn Stellung bezogen hätten, sondern zu seinen Gunsten. Yorio schreibt in seinem Brief, dass Bergoglio versprochen hatte, die Gerüchte innerhalb der Gesellschaft Jesu zu unterbinden und mit dem Militär zu sprechen, um die Unschuld von P. Yorio und P. Jalics zu versichern. Als der Provinzial jedoch nichts unternahm, um sie zu verteidigen, »begannen wir Misstrauen hinsichtlich seiner Ehrlichkeit zu hegen«. Er behauptete, dass P. Bergoglio sie jahrelang einer verdeckten Schikane aussetzte, ohne sich jemals ernsthaft mit den Anschuldigungen gegen sie auseinanderzusetzen, die er immer anderen Priestern oder Bischöfen zuschrieb. Diese bestritten das jedoch, als sie damit konfrontiert wurden.

Laut Aussage von Yorio hatte P. Bergoglio ihm und P. Jalcis für drei Jahre Arbeit in den Elendsvierteln des Distrikts Boja Flores zugesichert; gegenüber Erzbischof Juan Carlos Aramburu erklärte Bergoglio jedoch, dass die beiden dort ohne jegliche Genehmigung tätig wären. Dies wurde ihnen von Fr Rodolfo Ricciardelli berichtet, der es wiederum von Erzbischof Aramburu selbst so erfahren hatte. P. Yorio hinterfragte deshalb die ganze Geschichte bei P. Bergoglio, der daraufhin Erzbischof Aramburu als Lügner bezeichnete.

Die Umstände ihre Entführung durch die Militärbehörden wurden durch die Patres Yorio und Jalcis folgendermaßen geschildert: P. Bergoglio empfahl ihnen, wenn sie die Gesellschaft Jesu verlassen hätten, sich an Miguel Raspanti, den Bischof von Morón, zu wenden, in dessen Diözese sie ihr Priestertum und ihr Leben behalten könnten und er bot an, einen wohlwollenden Bericht zu senden, damit sie in Morón aufgenommen würden. Die Patres Yorio und Jalcis erfuhren jedoch vom Vikar und von verschiedenen Priestern aus der Diözese Morón, dass P. Bergoglios Brief an Bischof Raspanti Anschuldigungen enthielt, »ausreichend um sicherzustellen, dass wir unser Priestertum nicht länger ausüben würden.« In einer Antwort an P. Yorio erklärte der Provinzial: »Das ist nicht wahr. Mein Bericht war vorteilhaft. Das Problem besteht darin, dass Raspanti ein alter Mensch ist, der manchmal Dinge durcheinanderbringt.« Doch bei einem weiteren Treffen wiederholte Bergoglio seine Anschuldigungen gegenüber Bischof Raspanti. Letzterer offenbarte dies P. Dourrón, einem anderen Priester in Boja Flores. P. Yorio hinterfragte auch dies bei Bergoglio und dieses Mal antwortete der Provinzial: »Raspanti sagte, seine Priester haben sich dagegen ausgesprochen, dass Sie in die Diözese kommen.«

Als Alternative wurde vorgeschlagen, dass die Patres Yorio und Jalics im Bereich der Seelsorge der Erzdiözese Buenos Aires tätig werden sollten. Der zuständige Priester trug dieses Anliegen an Erzbischof Aramburu heran, der entgegnete:

»Unmöglich. Es stehen sehr schwere Vorwürfe gegen sie im Raum. Ich möchte sie nicht einmal sehen.« Einer der Seelsorger beschwerte sich daraufhin bei P. Serra, dem Bischofsvikar des Flores-Distrikts, der antwortete: »Die Anschuldigungen kommen vom Provinzial.« Er war es auch, der P. Yorio mitteilte, dass man ihm in der Erzdiözese die Erlaubnis entziehen würde, das Priesteramt auszuüben, weil der Provinzial ihm mitgeteilt habe, dass er die Gesellschaft Jesu verließe.

Als P. Bergoglio danach befragt wurde, antwortete er: »Sie mussten Ihnen die Erlaubnis nicht entziehen. Das ist Aramburus Handeln. Ich erteile Ihnen die Erlaubnis, die Messe privat zu feiern, bis Sie einen Bischof finden.«

Der letzte Versuch, einen Bischof zu finden, um die beiden Priester zu inkardinieren, wurde von Pfarrer Eduardo González unternommen, der sich im Mai 1976 an Vicente Zazpe, den Erzbischof von Santa Fe, wandte. Der Erzbischof antwortete: »Es ist nicht möglich, sie aufzunehmen, da der Provinzial sagt, dass er sie aus der Gesellschaft Jesu ausschließt.« Daraufhin sandten die Seelsorger einen Protestbrief an P. Bergoglio, Kopien des Briefes gingen an Erzbischof Aramburu, Bischof Raspanti und den Nuntius Pio Laghi. Eine Antwort erhielten sie jedoch nicht.

Wenige Tage später wurden die Patres Yorio und Jalcis vom Militär verschleppt und gefoltert. Sie wurden später, nach der Aushandlung eines Abkommens zwischen der Regierung und der Kirche, freigelassen. Es stellte sich dann die Frage, ob man sie außer Landes schaffen könnte. P. Bergoglio als Jesuitenprovinzial wollte sie nicht nach Rom schicken. P. Yorio wurde von einer Ordensschwester namens Norma Gorriarán Unterschlupf gewährt, bis Bergoglio von ihr verlangte, ihm zu sagen, wo er sei, angeblich um ihn zu beschützen. Schwester Gorriarán ließ sich davon nicht überzeugen und lehnte es ab. Bergoglio, so berichtete sie, »bebte vor Wut bei dem Gedanken, dass eine einfache Nonne sich ihm widersetzen sollte. Er zeigte mit dem Finger auf mich und sagte: ›Sie sind für jedes Risiko verantwortlich, dem Orlando ausgesetzt ist, wo auch immer er sich aufhält‹.« Letztendlich erhielt der Nuntius Papiere für P. Yorio und P. Bergoglio genehmigte die Zahlung für seine Reise nach Rom.

Als er in Rom ankam, erfuhr P. Yorio von P. Gaviña, dem Sekretär des Generaloberen der Jesuiten, die Neuigkeit, dass er aus der Gesellschaft Jesu ausgeschlossen worden war; ebenso erfuhr er, dass er und P. Jalcis durch das Militär festgenommen worden waren, weil die argentinische Regierung durch ihren Ordensoberen darüber informiert worden war, dass mindestens einer von ihnen ein Guerillakämpfer sei. Diese Auskunft wurde vom argentinischen Botschafter erteilt und schriftlich bestätigt.

Was P. Jalcis betrifft, so erklärte dieser nach seiner Freilassung, dass P. Bergoglio sich gegen seinen Verbleib in Argentinien stellte und mit den Bischöfen sprach, damit sie ihn nicht als Priester in ihren Diözesen aufnehmen würden. Dies berichtete P. Jalcis in späteren Jahren, als Bergoglio Bischof und Erzbischof geworden war, und er bemerkte, dass Bergoglio nun den Versuch unternahm, mit ihm zu reden. Dies war Teil der Beschönigungsaktion, die Bergoglio damals perfektionierte.

Verbitsky erhielt ebenfalls Informationen von P. Jalcis Mitbruder Rodolfo, der aus eigenen Wissen berichten konnte, dass Bergoglio persönliche Kontakte zum Militärregime unterhielt. Er erinnerte sich an ein Treffen mit dem Provinzial, bei dem er ihm erzählte, dass er eine Abordnung des Militärs empfangen würde. Und nachdem er das Haus verlassen hatte, sah er vor der Tür ein Auto halten, aus dem drei Offiziere ausstiegen. Rodolfo ergänzte Yorio mit der Aussage, dass P. Bergoglio diese Kontakte manchmal nutzte, um Leute zu beschützen: »Ich kenne Menschen, denen er half. Das ist Ausdruck seiner zwei Gesichter und seiner Nähe zu den Militärbehörden. Seine Art, Unklarheit zu erzeugen, ist meisterhaft. Wenn sie getötet wurden, war er sie los. Wenn sie gerettet wurde, war er der Retter. Deswegen gibt es Menschen, die ihn für einen Heiligen halten und andere, die große Angst vor ihm haben.«

Wie ich eingangs sagte, geht es mir nicht darum zu diskutieren, ob P. Bergoglio die Patres Yorio und Jalcis tatsächlich an das Militärregime verraten hat. Es ist hinlänglich bekannt, dass Verbitsky seine Anschuldigungen nicht belegen konnte, wenngleich sie auch nicht abschließend widerlegt wurden. Worum es mir geht, ist das Bild von Bergoglios Charakter, das sich aus der obigen Schilderung ergibt. Ein politisch begründbarer Vorwurf dafür, dass er mit dem Militärregime kollaborierte, wäre leicht zu konstruieren; schwerlich ließe sich jedoch aus dem Nichts der allgegenwärtige Eindruck von Doppelzüngigkeit und gegenseitiger unwahrer Anschuldigungen erzeugen, die die Geschichte der Patres Yorio und Jalics kennzeichnen. Darüber hinaus stimmen sie weitestgehend mit Darstellungen von Bergoglio aus anderen Quellen überein. Die Gläubigen in der Kirche sind deshalb dazu aufgerufen, die Möglichkeit in Betracht zu ziehen, dass sie als Papst eine Persönlichkeit haben, die weit hinter dem Maß an

Integrität zurückbleibt, das wir diesem Amt zugeschrieben haben. Es ist eine Persönlichkeit, die eine sorgfältige und sehr erfolgreiche Beschönigungskampagne durchgeführt hat, um sich selbst als schillernde geistliche Figur darzustellen, erst der argentinischen Öffentlichkeit und dann der ganzen Welt.

ANHANG II

Kardinal Bergoglio von Buenos Aires – Weitere unbeantwortete Fragen

Eine weitere Untersuchung von Jorge Bergoglios Vorgeschichte in Buenos Aires stützt die These, dass er nicht nur hinter den Anforderungen zurückbleibt, die normalerweise von einem Kandidaten für das Papstamt erwartet werden: Er versinnbildlichte durch seine engen Kontakte, wenn nicht durch sein eigenes persönliches Verhalten, ein Bindeglied zu einigen der korruptesten Elemente der südamerikanischen Kirche. Einige dieser Beispiele müssen dargelegt werden.

1. Der Betrug zulasten der Sociedad Militar Seguro de Vida

Das zweite Kapitel dieses Buches geht auf den Finanzskandal in Buenos Aires ein, der kurz vor Bergoglios Ernennung zum Erzbischof Bahn entbrannte. Die seitdem öffentlich gewordenen Enthüllungen über Msgr. Roberto Toledo, der damals im Mittelpunkt stand, verleihen der Angelegenheit einen noch unheilvolleren Beigeschmack. Im Jahre 1997 war Bergoglio seit fünf Jahren Weihbischof in Buenos Aires. Ihm war das Recht der Nachfolge auf Kardinal Quarracino gewährt worden, der lange krank war und im darauffolgenden Jahr verstarb. Quarracino hatte Verbindungen zur Banco de Crédito Provincial (BCP), einer Bank im Besitz der Familie Trusso, die als Stütze der Kirche geschätzt wurde und eng mit dem Kardinal befreundet war. Quarracino war dabei behilflich gewesen, der BCP die umfangreichen Bestände der Sociedad Militar Seguro de Vida, der Pensionskasse des argentinischen Militärs, zu sichern. Diese wurde 1997 gebeten, der Erzdiözese Buenos Aires ein Darlehen in Höhe von zehn Millionen Dollar zu gewähren, abgesichert durch die BCP. Das Treffen zur Bewerkstelligung dieses Vertrages fand in den Büros der Erzdiözese statt. Kardinal Quarracino war jedoch zu krank, um daran teilzunehmen. Er wurde von seinem Generalsekretär Msgr. Roberto Toledo vertreten. Als der Moment der Vertragsunterzeichnung kam, nahm Msgr. Toledo das Dokument unter dem Vorwand, es dem Kardinal vorzulegen, mit aus dem Raum. Wenig später brachte er es mit einer Unterschrift darauf zurück, die, wie sich später zeigte, in Wahrheit von ihm gefälscht worden war.

Msgr. Toledo war ein ungeheuerliches Beispiel für den korrupten Klerus, dessen Bedeutung sich seit dem Pontifikat von Papst Franziskus immer mehr herausstellt. Er war homosexuell und dafür bekannt, einen männlichen Liebhaber zu haben, der Fitnesstrainer war und den Trussos als Kontaktmann für deren finanziellen Einfluss auf die Erzdiözese diente. Innerhalb weniger Wochen nach dem Abschluss des Darlehens, jedoch aus anderen Gründen, ging die BCP insolvent. Es stellte sich heraus, dass die Bank hohe Schulden hatte, die sie nicht bedienen konnte. Das von der Sociedad Militar eingezahlte Geld war verloren. Als die Sociedad versuchte, ihre zehn Millionen Dollar aus dem Darlehen von der Erzdiözese zurückzuverlangen, bestritt Kardinal Quarracino, jemals den Vertrag unterschrieben zu haben.

Kurz darauf verstarb der Kardinal und Erzbischof Bergoglio trat seine Nachfolge an. In seinem Buch The Great Reformer stellt Austen Ivereigh Bergoglio als den Mann dar, der die Finanzen der Erzdiözese Buenos Aires in Ordnung gebracht habe.[202] Dabei spart er jedoch eine Reihe von Details aus, die für die Causa von entscheidender Bedeutung sind. Das erste betrifft die Art und Weise, wie Erzbischof Bergoglio mit der Forderung der Sociedad Militar nach der Rückzahlung ihrer zehn Millionen Dollar umging. Zum Anwalt der Erzdiözese, der diese Angelegenheit in den Griff bekommen sollte, ernannte er Roberto Dromi, eine der zwielichtigsten Gestalten des argentinischen Rechtssystems, einen Mann, der wegen zahlreicher Korruptionsdelikte strafrechtlich verfolgt wurde.[203] Allein die Beschäftigung eines solchen Mannes durch Erzbischof Bergoglio sollte schon ein größerer Anlass für einen Skandal sein. Dormi drangsalierte die Sociedad aufgrund ihrer Forderung dermaßen, dass sie am Ende gezwungen war, sie zurückzunehmen.

Die Trussos wurde durch den Zusammenbruch ihrer Bank ruiniert und einige Familienmitglieder behaupteten, sie hätten Unrecht erlitten. Die Journalistin Olga Worant führte 2002 ein Interview mit Francisco Trusso und fragte ihn, warum er nicht mit Bergoglio über die gefälschte Unterschrift gesprochen habe. Er antwortet: »Ich habe um eine Audienz gebeten, genau wie meine Frau, mein Sohn und mein Bruder. Er wollte uns nicht empfangen. [...] Er weicht aus, er will es nicht hören. Es muss daran liegen, dass er etwas Dreck am Stecken hat. Es muss irgendetwas unterschrieben haben.«[204]

Noch auffälliger war, dass Erzbischof Bergoglio Msgr. Toledo mit Samthandschuhen anfasste. Er wurde zunächst ohne Auflagen in seine Heimatstadt zurückgeschickt. Im Jahre 2005 wurde er wegen Betruges angeklagt, es wurde jedoch nie ein Urteil gesprochen. Dieses Vorgehen entspricht Bergoglios Verhaltensweise notorischer Untätigkeit in Fällen von Amtsvergehen. Hierbei gibt es jedoch ein besonderes Detail: Als Kardinal Quarracinos Sekretär war Msgr. Toledo 1991 derjenige gewesen, der dafür verantwortlich gewesen war, Pater Bergoglio aus dem ordensinternen Exil zu retten, in das ihn die Jesuiten verbannt hatten, und der dafür sorgte, ihn zum Weihbischof in Buenos Aires zu ernennen. Seitdem war Bergoglio daran interessiert, sowohl das Ansehen Kardinal Quarracinos als auch das Msgr. Toledos davor zu bewahren, durch die Skandale, die sich um sie herum bildeten, getrübt zu werden.[205]

Ein makabrer Nachtrag zu dieser Geschichte trat im Januar 2017 hervor, als Msgr. Toledo, der achtzehn Jahre lang noch immer unbestraft in seiner Heimatstadt das Amt des Pfarrers bekleidet hatte, beschuldigt wurde, einen langjährigen Freund ermordet und dessen Testament gefälscht zu haben.[206] Wir erhalten einen Einblick in die Auswirkungen von Bergoglios berühmter Milde. Und wir beginnen ein Gefühl für die Persönlichkeiten zu entwickeln, denen er seinen Aufstieg innerhalb der Kirche verdankte und mit denen er während seiner Amtszeit verkehrte.

2. Die Päpstliche Katholische Universität von Argentinien und das IOR

Eine weitere Begebenheit, die im zweiten Kapitel Erwähnung findet, bezieht sich auf die Päpstliche Katholische Universität von Argentinien, deren Kanzler Bergoglio als Erzbischof von Buenos Aires ex officio war. Sein dortiger Vertreter war Poblo Garrido, der Finanzverwalter der Erzdiözese, den Bergoglio gleichfalls zum Finanzbeauftragten der Universität bestellte (ein Posten, der ihm 2017 entzogen wurde). Die Universität, die über eine reiche finanzielle Ausstattung von 200 Millionen Dollar verfügte, verschaffte Erzbischof Bergoglio die finanzielle Schlagkraft, die er für seine Bestrebungen benötigte, im Vatikan Einfluss zu gewinnen, dessen Finanzen durch die illegalen Aktivitäten von Msgr. Marcinkus und dessen Nachfolger Msgr. de Bonis in einem katastrophalen Zustand hinterlassen worden waren. In den Jahren zwischen 2005 und 2011 wurden rund 40 Millionen Dollar von der Katholischen Universität von Argentinien an das Istituto per le Opere di Religione (die Vatikanbank) überwiesen. Bei der Transaktion sollte es sich um eine Einlage handeln, die vom IOR bislang jedoch als eine Spende betrachtet wurde. (Erst in diesem Jahr, 2018, soll laut Berichten damit begonnen worden sein, diese Zweckentfremdung zu korrigieren, allerdings nur teilweise.) Verantwortlich für diese Überweisung, die gegen den Protest von Universitätsangehörigen getätigt wurde, die darauf hinwiesen, dass die Universität als Bildungsstiftung keine Spende an eine ausländische Bank leisten könne, war Pablo Garrido. Zusammen mit dem Fall der Sociedad Militar Seguro de Vida handelt es sich hierbei um eine der undurchsichtigen Finanzgeschichten unter der Amtsführung von Erzbischof Bergoglio, die einer tiefergehenden Untersuchung durch einen qualifizierten Forscher verdienen.

3. Bergoglios bischöfliche Busenfreunde

Ebenso aufschlussreich ist ein Blick auf Kardinal Bergoglios enge Vertraute im Episkopat von Buenos Aires. Der erste, der betrachtet werden muss, ist Juan Carlos Maccarone, den Bergoglio zu Beginn seiner Amtszeit im Jahre 1991 zum Weihbischof machte. Maccarone wurde 2005 von Papst Benedikt aus dem Episkopat entlassen, nachdem in der Sakristei seiner Kathedrale beim Geschlechtsverkehr mit einem homosexuellen Prostituierten gefilmt wurde. Dennoch verteidigte Kardinal Bergoglio ihn öffentlich und behauptete, dass der Filmdreh ein abgekartetes Spiel gewesen sei, um den Bischof wegen seines linken politischen Engagements zu Fall zu bringen. Maccarone, das ist bemerkenswert, erklärte, dass jeder von seinen homosexuellen Handlungen Kenntnis hatte und er ungeachtet dessen zum Bischof ernannt wurde.

Ein weiterer Freund und Protegé von Kardinal Bergoglio war Joaquín Mariano Sucunza, den er 2000 als Weihbischof konsekrierte, obwohl er wusste, dass Sucunza in einem Scheidungsverfahren als Liebhaber einer verheirateten Frau erwähnt worden war, deren Ehemann ihn beschuldigte, ihre Ehe zerstört zu haben.[207] Bischof Sucunza ist seither ohne Unterbrechung als Auxiliar tätig und wurde tatsächlich nach Franziskus' Erhebung zum Papstamt 2013 von ihm zum vorläufigen Verwalter der Erzdiözese ernannt.

4. Der Schutz von Sexualverbrechern

Kein Vergehen war für die Bischöfe in den letzten Jahren schädlicher als der Verwurf, nicht mit der gebührlichen Sorgfalt gegen Priester vorgegangen zu sein, die verdächtigt wurden, Kinder sexuell missbraucht zu haben. Die Karrieren von einigen Bischöfen wurden durch diese Angelegenheit zerstört, nicht immer jedoch aufgrund offensichtlichen Verschuldens. Papst Franziskus selbst hat in diesem Bereich eine »Null-Toleranz«-Politik ausgerufen und vermeintlich eine neue Herrschaft der Transparenz eingeführt. Wenn wir uns jedoch mit dieser befassen, stellen wir fest, dass seine eigene Laufbahn mit Vorfällen übersät ist, die ebenso eine Überprüfung erfordern, wie die, die andere Prälaten zu Fall gebracht haben.

Der erste erwähnenswerte Fall ist der des Priesters Rubén Pardo, der 2002 einem Weihbischof in Buenos Aires gemeldet wurde, weil er einen fünfzehnjährigen Jungen in sein Haus eingeladen und ihn im Bett sexuell missbraucht hatte. Die Mutter des Jungen hatte große Schwierigkeiten, die kirchlichen Stellen dazu zu bewegen, den Vorfall zuzugeben. Sie hielt es für möglich, dass Kardinal Bergoglio den schuldigen Priester beschützte, und war empört darüber, dass er ihn in einer diözesanen Wohnung unterbrachte. Sie beklagte sich darüber, dass sie bei dem Versuch, mit dem Kardinal in der erzbischöflichen Residenz zu sprechen, vom Sicherheitspersonal hinausgeworfen wurde. Der Priester wurde für schuldig befunden und starb 2005 an AIDS. Im Jahr 2013 verurteilte ein Gericht in Buenos Aires die katholische Kirche zur Zahlung einer Entschädigung an die Familie für das Leid, das sie erlitten. Die Mutter äußerte sich zum Umgang mit dem Fall: »Bergoglios Versprechen ist nur Gerede.«[208]

Ein weiterer aufschlussreicher Fall ist der von P. Julio Grassi, der 2009 wegen des sexuellen Missbrauchs eines Jungen verurteilt wurde.[209] Was an diesem Fall überrascht, sind die außergewöhnlichen Bemühungen der argentinischen Bischofskonferenz unter dem Vorsitz von Kardinal Bergoglio, die auf den Versuch abzielten, P. Grassi von allen Anschuldigungen freisprechen zu lassen. Zu diesem Zweck wurde ein 2600 Seiten umfassenden Dokument in Auftrag gegeben. Es geht nicht darum, in Abrede zu stellen, wie wichtig es ist, unschuldige Menschen gegen falsche Anschuldigungen zu verteidigen. Man gewinnt jedoch nicht den Eindruck eines Prälaten mit einer »Null-Toleranz«-Vorgeschichte gegenüber sexuellem Missbrauch. Möglicherweise noch bedeutsamer ist eine Bemerkung Kardinal Bergoglios gegenüber dem Rabbiner Abraham Skorka, die 2010 veröffentlicht wurde, ein Jahr nach der Verurteilung P. Grassis, wonach Fälle sexuellen Missbrauchs durch Geistliche in seiner Diözese »nie stattgefunden« hätten.[210] Das ist ein Beispiel für Jorge Bergoglios charakteristische Eigenart, unbequeme Tatsachen durch die Leugnung ihrer Existenz zu beseitigen.

Einen zweiten Beleg für diese schlechte Angewohnheit bietet der Vater eines Schülers der Jesuitenschule in Buenos Aires, an der Bergoglio als junger Mann in den 1960ern unterrichtet hatte. Als Bergoglio vierzig Jahre später Kardinalerzbischof war, erzählte der Sohn seinem Vater von einem unsittlichen Angebot, das ihm der Kaplan der Schule im Beichtstuhl gemacht hatte. Er meldete den Fall dem Kardinal und war von der Feststellung schockiert, dass dieser nichts unternahm. Das ist eine Reaktion von Bergoglio, die wir im Hinblick auf alle Arten von Fehlverhalten immer wieder wahrnehmen. Der Vater war kurze Zeit später erstaunt, als er hörte, wie Kardinal Bergoglio bei einer Elternversammlung der Schule auf eine Frage antwortete, indem er erklärte, dass das Problem des sexuellen Missbrauchs und homosexueller Geistlicher in seiner Diözese praktisch nicht existent sei.

Kommen wir auf den Umstand zurück, dass die Kardinäle, hätten sie die Verhältnisse der Kirche Kardinal Bergoglios in Buenos Aires erahnen können, niemals für ihn gestimmt hätten. Wären sie sich über den Mangel moralischer Integrität der Geistlichen, mit denen sich Bergoglio selbst umgab, über die finanziellen Skandale in seiner Diözese, über seine notorische Trägheit bei Verfehlungen, über seine mehrfache Zurückweisung von Menschen, die mit Beschwerden zu ihm kamen, und über seine Vogel-Strauß-Haltung gegenüber Kritik im Klaren gewesen, hätte ihnen eingeleuchtet, dass er der letzte Kandidat ist, der dem Profil eines Reformers entspricht.

Anmerkungen

1 Jeanne Smits: Cardinal Danneels admits being part of clerical »Mafia« that plotted Francis' election, in *LifeSiteNews* am 25. September 2015.

2 Geheime Papstwahl in St. Gallen, *FM1 Today* am 29. September 2015.

3 Edward Pentin: Cardinal Danneels admits to being part of »mafia« club opposed to Benedict XVI, in *National Catholic Register* am 24. September 2015.

4 Maike Hickson: The themes of the Synod, the themes of the Sankt Gallen »Mafia club«, in *LifeSiteNews* am 24. Oktober 2015.

5 Anian Christoph Wimmer: Was Paul Badde über die Gruppe »Sankt Gallen« wusste – Und: Wer die Synode entscheidet, in *Catholic News Agency* am 10. Oktober 2015.

6 http://www.bistum-stgallen.ch/download_temp/Erkl%E4rung%20em.%20Bischof%20Ivo%20F%FCrer.pdf

7 Edward Pentin: Cardinal Danneels' biographers retract comments on St. Gallen Group. But the cardinal's assertion that the secretive »mafia-like« group existed and opposed Joseph Ratinger still stands, in *National Catholic Register* am 26. September 2015.

8 Vgl. Kapitel 4.

9 Sandro Magister: Il Gesù del cardinale Martini non avrebbe mai scritto la »Humanae Vitae«, in *Chiesa Espresso* am 3. November 2008.

10 Der Titel lautete: *Due in una carne. Chiesa e sessualità nella storia.* Magister kommentiert: »Die beiden Autoren waren in den 1970er Jahren militante Feministinnen und sind beide Historikerinnen, eine von ihnen weltlich, die andere katholisch: Margherita Pelaja und Lucetta Scaraffia.

11 Am 14. Juni 2017 bestätigte der Vatikanist Roberto de Mattei die Gerüchte um eine »geheime« Kommission, die von Papst Franziskus eingesetzt wurde, um die Lehren von *Humanae vitae* »im Licht der nachsynodalen Exhortation *Amoris laetitia* neu zu

interpretieren«. Msgr. Gilfredo Marengo, Professor am Päpstlichen Institut Johannes Paul II., soll ihr Leiter sein. Marengo hatte sich in der Vergangenheit beschwert, dass der katholische Glaube »undurchlässig für Fragen und Provokationen des Hier und Jetzt ist« und kommentierte während der Familiensynode, dass die Kirche in der Vergangenheit »ein zu abstrakt theologisches Ideal der Ehe gelehrt hätte, fast künstlich konstruiert, das weit entfernt von der Situation und den wirklichen Möglichkeiten der Familien ist, wie sie heute sind.«, Roberto de Mattei: The Plan Of »Reinterpretation« For Humanae Vitae, in *Rorate Caeli* am 14. Juni 2017.

12 L'addio a Martini: Chiesa indietro di 200 anni, Interview mit P. Georg Sporschill SJ in *Corriere della Sera* am 1. September 2012.

13 Papst Franziskus: *Angelus*, Rede gehalten auf dem Petersplatz am 17. März 2013.

14 David Gibson: Cardinal Kasper, the »Pope's Theologian« downplays Vatican blast at U.S. nuns, in *National Catholic Reporter* am 6. Mai 2014.

15 Thomas D. Williams: Cardinal Kasper gears up for Vatican synod: »You Are Born Gay«, in *Breitbart News Network* am 2. Oktober 2015.

16 Gian Guido Vecchi: Il teologo riformista Kasper: »Gay si nasce, no ai fondamentalisti in nome del Vangelo«, in *Corriere della Sera* am 1. Oktober 2015.

17 Vgl. Hilary White: Gay »marriage« a »positive development«: retired Belgian Cardinal Danneels, in *LifeSiteNews* am 5. Juni 2013.

18 Hilary White: Cardinal Danneels Urged Sex Abuse Victim to Silence: Secret Recordings, in *LifeSiteNews* am 30. August 2010.

19 Steven Erlanger: Belgian Church Leader Urged Victim to Be Silent, in *New York Times* am 29. August 2010.

20 Colin Randall: Police raid home of Belgian archbishop in sex abuse probe, in *Daily Mail* am 25. Juni 2010.

21 Lucio Brunelli: Così eleggemmo papa Ratzinger, in *Limes* am 31. August 2009.

22 Miguel Cullen: Pope sent greetings to the Queen straight after his election, says cardinal, in *The Catholic Herald* am 12. September 2013.

23 Paul Vallely: Pope Francis puts people first and dogma second. Is this really the new face of Catholicism?, in *Independent* am 31. Juli 2013.

24 Andrea Tornielli: Tentazione sudamericana per il primo Papa extraeuropeo, in *La Stampa* am 2. März 2013.

25 Matthew Schmitz: Burying Benedict, in *First Things* am 22. Mai 2017.

26 Omar Bello: *El Verdadero Francisco*, Buenos Aires 2013, S. 60.

27 Austen Ivereigh: *The Great Reformer*, New York 2014, S. 67, 78.

28 Omar Bello, *ebd.*, S. 13.

29 Vgl. Austen Ivereigh, *ebd.*, S. 103, 106.

30 Emilio Mignone: *Iglesia y Dictadura: el papel de la Iglesia a la luz de sus relaciones con el régimen militar*, Buenos Aires 1986. Eine ausführlichere Behandlung dieser Thematik erfolgt in Anhang I.

31 Sergio Rubin und Francesca Ambrogetti: *El Jesuita*, Buenos Aires 2010.

32 Omar Bello, *ebd.*, S. 75.

33 Omar Bello erzählt diese Episode, ohne das Problem beim Namen zu nennen, und bestätigt, dass er wegen einer Indiskretion bezüglich der Biografie Bergolgios *El Jesuita* (vgl. *El Verdadero Francisco*, S. 36f) entlassen wurde. Dies scheint nicht korrekt zu sein; die wirklichen Beweggründe der Unzufriedenheit des Erzbischofs sind unbekannt.

34 Omar Bello, *ebd.*, S. 34.

35 Vgl. Lucrecia Rego de Planas: Carta al Papa Francisco por Lucrecia Rego de Planas, in *Stat Veritas* am 27. September 2013.

36 Omar Bello, *ebd.*, S. 181 und S. 196 für das folgende Zitat: »Desconfiado como una vaca tuerta«.

37 Austen Ivereigh, *ebd.*, S. 252.

38 Vgl. S. 194.

39 Austen Ivereigh, *ebd.*, S. 264.

40 Antonio Caponnetto: *La Iglesia Traicionada*, Buenos Aires 2010, S. 120f.

41 Austen Ivereigh, *ebd.*, S. 243f.

42 Für weitere Details, vgl. Anhang II.

43 Vgl. Francisco José de La Cigoña: Los peones de Bergoglio, in *Intereconomía* am 26. Dezember 2011.

44 *Ebd.*

45 Omar Bello, *ebd.*, S. 29.

46 Information aus privaten Quellen in Buenos Aires.

47 Omar Bello, *ebd.*, S. 32. Man wird herzlich lachen, wenn man diese Abschnitte von Bello mit der Erzählung einer Heiligenlegende von Austen Ivereigh vergleicht. *Ebd.*, S. 350f.

48 Antonio Socci: *Non è Francesco*, Mailand 2014. Die Tatsache, dass ein fünfter Wahlgang abgehalten wurde, ist weitläufig bekannt; vgl. bspw. Ivereigh: *ebd.*, S. 361.

49 Lucrecia Rego de Planas: *Carta al Papa Francisco*, 23. September 2013. Vgl. Fußnote 35.

50 Zum geschichtlichen Hintergrund vgl. H.J.A. Sire: *Phoenix from the Ashes*, Ohio 2015, S. 370 ff.

51 Damian Thompson: Why more and more priests can't stand Pope Francis, in *The Spectator* am 14. Januar 2017.

52 Gianluigi Nuzzi: *Merchants in the Temple*, 2015, S. 198f.

53 Aldo Maria Valli: *266*, Macerata 2016, S. 106. Dieser seltsame Buchtitel geht auf Papst Franziskus zurück, der der 266. Papst ist.

54 *Ebd.*, S. 107.

55 Zitiert in: Pope Francis admits to »Gay Lobby« in Vatican administration: report, in *NDTV* am 11. Juni 2013.

56 Ein Kardinal berichtet, dass Rodríguez Maradiaga am Vorabend des Konklaves in der honduranischen Botschaft emsig mit potenziell unentschlossenen Wählern telefonierte, um sie inständig um ihre Stimme für Bergoglio zu bitten, u.a. die Kardinäle Pell, Ouellet, O'Malley und Hummes.

57 Emiliano Fittipaldi: Il cardinale da 35 mila euro al mese: in Vaticano scoppia un nuovo scandalo, in *L'Espresso* am 21. Dezember 2017; ebenso Edward Pentin: Cardinal Maradiaga Denies Financial Allegations, But Questions Remain Unanswered, in *National Catholic Register* am 23. Dezember 2017; Damian Thompson: Time is running out for the »Dictator Pope« as a new scandal hits Rome, in *The Spectator* am 23. Dezember 2017.

58 Edward Pentin: Pope Francis Accepts Resignation of Honduran Bishop Accused of Sexual Abuse, in *National Catholic Register* am 20. Juli 2018.

59 Gianluigi Nuzzi: *Merchants in the Temple*, 2015, S. 153.

60 Die Details der nächsten drei Abschnitte beziehen sich auf Marco Tosatti: Waiting for Vatican Reform, in *First Things* am 6. Juni 2017.

61 Die Ereignisse in voller Länge berichtete Sandro Magister: Il prelato del lobby gay, in *L'Espresso* am 18. Juni 2013.

62 Francesco Antonio Grana: Vaticano, fermato un monsignore: festini gay e droga al Palazzo dell' ex Sant' Uffizio, in *Il Fatto Quotidiano* am 28. Juni 2017.

63 In einer Stellungnahme von Erzbischof Silvano Tomasi vor dem UN Menschenrechtsrat am 22. September 2009 erklärte der Heilige Stuhl, dass die Mehrheit der katholischen Geistlichen, die einen Missbrauch verübt hatten, nicht als Pädophile gesehen werden sollen, sondern als Homosexuelle, die vom Sex mit jugendlichen Männern angezogen würden. Diese Stellungnahme hält fest, »dass es korrekter wäre, von Ephebophilie zu sprechen, einer homosexuellen Neigung, mit Jugendlichen schlafen zu wollen. [...] Von allen Priestern, die in die Missbrauchsfälle verwickelt waren, gehörten 80 bis 90 Prozent zu dieser sexuellen Orientierung, die zu sexuellen Aktivitäten mit Jungen im Alter von 11 bis 17 neigt.«

64 Peter Tatchell, einer der renommiertesten Kämpfer für die Sache der Homosexuellen im Vereinigten Königreich, gehörte zu den lautesten Kritikern der katholischen »Priesterpädophilie«. Im Jahr 2010 war er unter jenen, die den Besuch Papst Benedikt XVI. kritisierten, weil er angeblich Missbrauchsskandale vertuscht hätte. Im gleichen Jahr schrieb Tatchell, dass »nicht jeder Sex mit Kindern ungewollt, missbräuchlich und verletzend ist.« Er setzte sich dafür ein, das Schutzalter von männlichen Jugendlichen auf 14 Jahre zu senken.

65 Kongregation für das Katholische Bildungswesen: *Instruction Concerning the Criteria for the Discernment of Vocationswith regard to Persons with Homosexual Tendencies in view of their Admission to the Seminary and to Holy Orders*, genehmigt von Papst Benedikt XVI. am 31. August 2005.

66 Das Motu Proprio *Sacramentorum sanctitatis tutela* war eine Wiederholung der apostolischen Konstitution über die römische Kurie *Regimini ecclesiae universae* von Paul VI. aus dem Jahr 1967, die bestätigte, dass »die Kongregation (KGL) die juristische und administrative Kompetenz besitzt, den geltenden und genehmigten Normen entsprechend durchzugreifen.«

67 Pope has »cleaned up episcopate,« nuncio says, in *EWTN* am 22. Februar 2013.

68 Argentina probes sex abuse at deaf school, what Vatican knew, in *Crux* am 24. Dezember 2016.

69 Nicole Winfield: Pope quietly trims sanctions for sex abusers seeking mercy, in *Associated Press* am 25. Februar 2017.

70 Pintos Name findet sich auf der bekannten Lista Pecorelli, einer Liste angeblicher Freimaurer innerhalb der Kirche, die in den 1970er Jahren von Carmine »Mino« Pecorelli angefertigt wurde, dem damaligen Leiter des L'Osservatore Politico, einer Presseagentur mit Spezialisierung auf politische Skandale und Verbrechen. Die Lista Pecotelli wurde am 12. September 1978 in der Zeitschrift *Osservatorio Politico Internationale* veröffentlicht, also während des kurzen Pontifikats von Johannes Paul I.

71 Michael Brendan Dougherty: A child abuse scandal is coming for Pope Francis, in *The Week* am 3. Januar 2017.

72 Argentina probes sex abuse at deaf school, what Vatican knew, in *Crux* am 24. Dezember 2016.

73 Francis's commitment to abuse survivors in question, in *National Catholic Reporter* am 23. Januar 2018.

74 Inés San Martín: Mixed verdicts for ex-Vatican official in corruption trial, in *Crux* am 19. Januar 2016.

75 John L. Allen: Arrested monsignor charges corruption in Vatican finances, in *National Catholic Register* am 3. Oktober 2013.

76 Gianluigi Nuzzi: *Merchants in the Temple*, 2015, S. 76.

77 Gianluigi Nuzzi: *ebd.*, S. 56.

78 Gianluigi Nuzzi: *ebd.*, S. 202.

79 Gianluigi Nuzzi: *ebd.*, S. 113.

80 Francesco Peloso: Vaticano, la guerra tra dicasteri finanziari frena la riforma del papa, in *Lettera 43* am 21. Mai 2017. Peloso schreibt: »Alla guida dell' APSA è rimasto il cardinale Calcagno, indagato per attivitá immobiliari che avrebbero finito per danneggiare le stesse casse della diocesi. Eppure è ancora al suo posto.« (An der Spitze der APSA verbleibt Kardinal Calcagno, gegen den wegen Immobiliengeschäften ermittelt wird, die letztlich den Finanzen seiner eigenen Diözese schadeten. Und trotzdem ist er immer noch im Dienst.).

81 Nina Fabrizio und Fausto Gasparroni: Crac Divina Provvidenza: spunta cardinale Versaldi: 'Tacere al Papa 30 milioni sull Idi.', in *Agenzia Nazionale Stampa Associata* am 20. Juni 2015. Diese Art der Veruntreuung war nichts Neues: Zwei Jahre zuvor wurden 400.000 Euro aus den Rücklagen des Krankenhauses Bambino Gesù umgeleitet, um die Wohnung Kardinal

Bertones, des damaligen Staatssekretärs, zu renovieren. (vgl. Fußnote 86).

82 Gianluigi Nuzzi, *ebd.*, S. 81.

83 Gianluigi Nuzzi, *ebd.*, S. 53f und 169f.

84 Reuters: Vatican inspectors suspect key office used for money laundering, in *World Economy* am 4. November 2015. Der Artikel stützt diese Interpretation.

85 Franca Giansoldati: Vaticano, scandalo case: un buco di 700 mila euro, in *Il Messaggero* am 29. April 2016.

86 Im Juli 2017 gab es davon eine unerwartete Ausnahme, als der Vatikangerichtshof sich mit der relativ kleinen Summe von 400.000 Euro befasste, die aus Mitteln des Krankenhauses Bambino Gesù stammte und dazu benutzt wurde, Kardinal Bertones Wohnung zu renovieren (vgl. Fußnote 81). Auslöser dieser Anklage war die Verärgerung seitens Papst Franziskus gewesen, die dadurch ausgelöst wurde, dass Kardinal Bertone sein Recht in Anspruch nahm, auch nach seiner Entlassung als Staatssekretär weiterhin im Vatikan zu wohnen.

87 Philip Lawler: The drive for Vatican reform has stalled, in *Catholic Culture* am 21. April 2017.

88 Philip Lawler: Another blow to Vatican transparency and accountability, in *LifeSiteNews* am 11. Juli 2016.

89 Francis X. Rocca: The Trials and Tribulations of the Vatican's Financial Chief: Pope Francis trimmed powers of Cardinal George Pell, charged with cleaning up the city-state's muddled accounts, in setback for broader overhaul of Vatican, in *The Wall Street Journal* am 7. September 2016.

90 John Allen in *Crux* am 8. Dezember 2016.

91 Carl Olson: Is Cardinal Pell »the quintessential scapegoat«?, in *Catholic World Report* am 13. Juli 2017. Erwähnenswert ist, dass ein Großteil der Unbeliebtheit, die Kardinal Pell in Australien auf sich zog, von der Homosexuellenlobby stammte, die ihm seine Haltung übel nahm, die er in diesem Zusammenhang vertrat.

92 Francesco Peloso: Vaticano, la guerra tra dicasteri finanziari frena la riforma del papa, in *Lettera 43* am 21. Mai 2017; Edward Pentin: Cardinal Pell Reprimands Vatican's Real Estate Body for Exceeding Its Authority, in *National Catholic Register* am 10. Mai 2017.

93 Philip Lawler: The Vatican auditor resigns – another crushing blow for financial reform, in *Catholic Culture* am 20. Juni 2017.

94 Interview mit Libero Milone für *Corriere della Sera, Wall Street Journal, Reuters* und *Sky TG24*, veröffentlicht in *Corriere della* Sera am 24. September 2017; Vgl. auch den Artikel von Philip Pullella: Auditor says he was forced to quit Vatican after finding irregularities, in *Reuters World News* am 24. September 2017.

95 Für Einzelheiten, vgl. Kapitel 6.

96 Fiorenza Sarzanini: Licenziato il numero due dello Ior «Scortato fuori del Vaticano», in *Corriere della Sera* am 29. November 2017.

97 Gerhard Ludwig Kardinal Müller: Testimony to the Power of Grace: On the Indissolubility of Marriage and the Debate Concerning Civilly Remarried and the Sacrament, in *vatican.va* am 23. Oktober 2014.

98 The Synod on the Family, Kasper and the Call for Mercy, in *Rorate Caelia* am 26. Februar 2014.

99 Marco Tosatti, in *La Stampa* am 24. März 2014. Auf Englisch zitiert: Very Relevant: Exclusive for La Stampa, in *Rorate Caeli* am 26. März 2014.

100 Walter Kardinal Kasper: *The Gospel of the Family*, New York 2014, S. 43.

101 Junno Arocho Esteves: Fr Lombardi: Consistory Focused on Pastoral Vision of the Family, in *Zenit* am 20. Februar 2014.

102 Pope Francis expresses support for Cardinal Kasper's »serene theology« on the family, in *Rome Reports* am 21. Februar 2014.

103 Cardinal who supports LGBT radicals is moderator of English-speaking synod group, in *Voice of the Family* am 9. Oktober 2015. Dieser Artikel liefert einen Überblick über Kardinal Nichols Positionen.

104 Gerard O'Connell: Murphy-O'Connor: Francis is open, honest and made people feel free, in *Vatican Insider* am 13. März 2014.

105 Cinq cardinaux rappellent leur ferme position doctrinale avant le Synode sur la famille, in *La Croix* am 17. September 2014.

106 Intervista al cardinale Kasper: Vogliono la guerra al Sinodo, il Papa è il bersaglio, in *Il Mattino* am 18. September 2014.

107 John-Henry Westen: »You should come up here if you know everything«: Cardinal fires back as press questions Synod's »lack of transparency«, in *LifeSiteNews* am 3. Oktober 2014.

108 Pope Francis' Homily at Opening Mass of Extraordinary Synod on the Family, in *Zenit* am 5. Oktober 2014.

109 John-Henry Westen: Pope Francis distances himself from »very conservative« bishops, in *LifeSiteNews* am 8. Oktober 2014.

110 Edward Pentin: *The Rigging of a Vatican Synod? An Investigation into Alleged Manipulation at the Extraordinary Synod on the Family,* San Francisco 2015, S. 51.

111 *Ebd.*

112 Top Vatican cardinal wants family speeches public, in *Daily Mail* am 9. Oktober 2014.

113 Full Text of Cardinal Burke's Major Interview to Il Foglio on the Synod, in *Rorate Caeli* am 16. Oktober 2014.

114 Edward Pentin: *Rigging of a Vatican Synod?,* S. 21.

115 Edward Pentin: *Ebd.*, S. 21.

116 Cardinal Pell: Synod says no to secular agenda, in *Catholic News Service* am 16. Oktober 2014.

117 Cardinal Burke to CWR: confirms transfer, praises pushback, addresses controversy over remarks by Cardinal Kasper, in *Catholic World Report* am 18. Oktober 2014.

118 Edward Pentin: *Rigging of a Vatican Synod?,* S. 150.

119 Edward Pentin: *Ebd.*, S. 180.

120 Edward Pentin: Statement on Cardinal Kasper Interview, in *edwardpentin.co.uk,* am 16. Oktober 2014.

121 Edward Pentin: *Rigging of a Vatican Synod?,* S. 130.

122 Cardinal Burke to CWR: confirms transfer, praises pushback, addresses controversy over remarks by Cardinal Kasper, in *Catholic World* Report am 18. Oktober 2014.

123 Pope Francis speech at the conclusion of the Synod, in *Vatican Radio* am 18. Oktober 2014.

124 Christa Pongratz-Lippit: Cardinal Marx: Pope Francis has pushed open the doors of the church, in *National Catholic Reporter* am 28. Oktober 2014.

125 Edward Pentin: *Rigging of a Vatican Synod?,* S. 61.

126 Kongregation für die Glaubenslehre: *Donum vitae,* 22. Februar 1987; Kongregation für die Glaubenslehre: *Dignitatis personae,* 8. September 2008.

127 Angeblich war Dew, einer der kürzlich von Franziskus ernannten Kardinäle, der Bischof, der von P. Rosica zitiert wurde, und gesagt haben soll, dass die Kirche ihre Sprache der Sündenverur-

teilung ablegen solle. Während der Synode 2005 setzte sich Erzbischof Dew für die Zulassung von wiederverheirateten Geschiedenen zur Kommunion ein.

128 Später als Papst Franziskus' wichtigster Ghostwriter für *Amoris laetitia* identifiziert.

129 Robert Kardinal Sarah: *What Sort of Pastoral Mercy in Response to New Challenges on the Family? A Reading of the Lineamenta, Christ's New Homeland Africa: Contribution to the Synod by African Pastors,* San Francisco 2015.

130 Sandro Magister: Thirteen Cardinals Have Written to the Pope. Here's the Letter, in *Chiesa Espresso* am 12. Oktober 2015.

131 Mario Valenza: Papa Bergoglio: scoppio d'ira e malore dopo la lettera dei cardinali, in *Il Giornale* am 13. Oktober 2015.

132 Edward Pentin: Married Couples Have Their Say at the Synod, in *National Catholic Register* am 8. Oktober 2015.

133 Has the intervention of Pope Francis returned the synod to a heterodox trajectory?, in *Voice of the Family* am 7. Oktober 2017.

134 *Ebd.*

135 Ceremony Commemorating the 50th Anniversary of the Institution of Synod of Bishops: Address of His Holiness Pope Francis, in *vatican.va* am 17. Oktober 2015.

136 Papal calls for decentralization put integrity of Catholic doctrine at risk, in *Voice of the Family* am 22. Oktober 2015.

137 Eine detaillierte Analyse der *Relatio synodi* der ordentlichen Synode findet sich hier: Analysis of the Final Report of the Ordinary Synod, in *Voice of the Family* am 10. März 2016.

138 Johannes Paul II.: *Familiaris consortio,* Nr. 84.

139 Bishop Athanasius Schneider on the synod on the family, in *LifeSiteNews* am 5. November 2014.

140 Buenos Aires bishops' guidelines on Amoris Laetitia: full text, in *Catholic Voices Comment* am 18. September 2016.

141 Die Voraussetzung der Vergangenheit, als »Bruder und Schwester« zusammenzuleben, wurde zu einem Vorschlag degradiert. Walter Kasper fasste diese Position in einem Interview mit *Commonweal* zusammen: »Als Bruder und Schwester zusammenleben? Natürlich habe ich großen Respekt vor jemandem, der das tut. Aber es ist ein heroischer Akt, und Heroismus ist nichts für den Durschnittschristen.«

142 Die *Criteria for the Application of Chapter VIII of Amoris laetitia* [*Richtlinien für die Interpretation des VIII. Kapitels von Amoris laetitia*] der maltesischen Bischöfe hat die Kritik kanonischer Rechtswissenschaftler auf sich gezogen, die argumentieren, dass das Dokument die Vorherrschaft des Gewissens über objektive moralische Wahrheit feststellt. Das Dokument erklärt, dass Geschiedene nach einer Periode der Geistesunterscheidung durch ein geformtes und erleuchtetes Gewissen die Kommunion empfangen können, wenn sie »in Frieden mit Gott« sind.

143 Andrea Tornielli: Pope Francis on the correct interpretation of the »Amoris Laetitia«, in *Vatican Insider* am 12. September 2016.

144 Vgl. S. 216.

145 Jérôme Lejeune († 1994) war überzeugter Katholik, Genetiker, Kinderarzt und Mitglied der Päpstlichen Akademie der Wissenschaften. Er war der Entdecker der genetischen Ursache des Downsyndroms und anderer genetischer Krankheiten. Nach seiner Entdeckung widmete er seine Karriere dem Kampf gegen die Abtreibung von Kindern mit solchen Störungen. Sein Heiligsprechungsprozess wurde offiziell eröffnet.

146 Bischof Cardoso Sobrinhos Erklärung ging dem *L'Osservatore Romano*, der von Fisichellas Freunden im Staatssekretariat kontrolliert wird, als Brief zu, die sich weigerten, ihn abzudrucken.

147 Die Sache wurde endlich gelöst, als ein vollständiges Dossier der Tatsachen direkt an Papst Benedikt XVI. gesandt wurde. Kardinal Levada von der Kongregation für die Glaubenslehre verfasste ein offizielles Dokument, das die bestehende Kirchenlehre in allen Punkten wiederholte, bei denen es um die Heiligkeit des menschlichen Lebens geht.

148 Vgl. S. 82.

149 Die neuen Statuten legen fest, dass ordentliche Mitglieder »auf Grundlage ihrer akademischen Qualifikation, ihrer nachgewiesenen beruflichen Integrität, ihrer fachlichen Kompetenz und ihres treuen Dienstes bei der Verteidigung und Förderung des Lebensrechtes eines jeden Menschen« ernannt werden. Sie heben das »kirchliche Lehramt« weniger direkt hervor und sagen aus, dass ihr Zweck nur darin besteht »Personen heranzubilden, [...] mit uneingeschränkter Achtung vor dem Lehramt der Kirche«. Dabei spezifizieren sie jedoch, dass »Akademiker ohne Ansehen ihrer Religion

ausgewählt werden.« »Neue Akademiker verpflichten sich, den grundsätzlichen Wert des Lebens und die Würde der menschlichen Person zu fördern und zu verteidigen, wie sie in Übereinstimmung mit der kirchlichen Lehre auszulegen ist.« In den neuen Statuten wird kein Eid erwähnt; stattdessen wird in einem separaten Dokument eine »Erklärung der Diener des Lebens« angeführt, die von allen neuen Mitgliedern unterzeichnet werden muss.

150 Jan Bentz: Pope Francis has removed every single member of the Vatican pro-life academy, in *LifeSiteNews* am 17. Februar 2017.

151 Philosopher who backs legal abortion appointed to Vatican pro-life academy, in *Catholic Herald* am 13. Juni 2017.

152 Der Päpstliche Rat für die Familie wurde vom neuen Dikasterium für Laien, Familie, und Leben im August 2016 geschluckt, deren Präfekt Bischof Kevin Farrell mittlerweile zum Kardinal erhoben wurde. Kardinal Farrell rügte später Erzbischof Charles Chaput von Philadelphia, als dieser die katholische Lehre bekräftigte, wonach geschiedene und zivilrechtlich wiederverheiratete Katholiken nicht die Kommunion empfangen können, ohne sich des ehelichen Umgangs zu enthalten. Seitdem ist Farrell für Franziskus' im Hinblick auf *Amoris laetitia* zum wichtigsten Ansprechpartner des Episkopats in den Vereinigten Staaten geworden.

153 Artikel 6 besagt: »Der Status als Mitglied der Akademie kann gemäß den Richtlinien der Akademie entzogen werden, sollte es eine öffentliche und vorsätzliche Tat oder Stellungnahme eines Mitglieds geben, die deutlich gegen die Prinzipien des Paragraphen b) verstößt oder auf ernsthafte Weise die Würde und den Ruf der katholischen Kirche oder der Akademie selbst gefährdet.« Die Erklärung der Diener des Lebens (nicht länger als »Eid« verstanden) musste von allen Mitgliedern unterzeichnet werden und beinhaltet beispielsweise: »3. Das befruchtete Ei, der Embryo und der Fötus dürfen nicht weitergegeben oder verkauft werden. Ihnen darf nicht das Recht auf weitere Entwicklung in ihrem Mutterleib verwehrt werden, und sie dürfen nicht Opfer irgendeiner Art von Ausbeutung werden. 4. Keine Autorität, nicht einmal der Vater oder die Mutter, darf das ungeborene Leben nehmen. Ein Diener des Lebens darf keine schädigende Forschung am Embryo oder am Fötus praktizieren, keine Abtreibung oder Euthanasie vornehmen.«

154 Charlie Gard wurde am 4. August 2016 mit einem tödlichen genetischen Defekt geboren, der als Mitochondriales DNA-Depletionssyndrom (MDS) bezeichnet wird. Seine Eltern wollten ihn in die Vereinigten Staaten bringen, um ihn auf eigene Kosten einer experimentellen Behandlung zu unterziehen. Das Great Ormond Street Hospital verweigerte dies jedoch, weil man dort der Meinung war, dass die Behandlung keine Besserung versprechen würde. Das Krankenhaus verbot den Eltern auch, das Kind zum Sterben mit nach Hause zu holen. Kritiker, viele von ihnen katholische Ethiker, bezeichneten diesen Fall als eine Gefangennahme des Kindes durch den Staat.

155 Die ursprüngliche Regel des Franziskanerordens, die mit einer päpstlichen Bulle 1223 genehmigt wurde.

156 Mitglieder des Ordens hatten ein viertes »marianisches« Gelübde abgelegt, um ihrem Charisma zu entsprechen, mit dem sie sich besonders der Gottesmutter weihten und gelobten, für die Ankunft des Königreiches Christi in dieser Welt zu arbeiten. Besondere Gelübde eines Ordens mit eigener Spiritualität sind für das katholische Ordensleben normal.

157 Der Appetit auf diese Art Maria-Monks-Märchen scheint einer besonderen Kaste von Lesern nie vergangen zu sein. Aber das Fehlen an Wahrhaftigkeit ist leicht zu überführen, zum Beispiel, wenn es um die »Selbstkasteiung« geht: Diese Selbstdisziplinierung, deren Werkzeug aus mehreren zusammengebundenen Schnüren bestand, mit dem man sich – entsprechend sehr genauer Regeln des Ordenslebens – geißelte, wurde durch alle Jahrhunderte hindurch als normale Bußübung verstanden, bis zum Zweiten Vatikanischen Konzil. Die Unterzeichnung der Gelübde mit Blut ist absurd genug, um einfach ignoriert zu werden.

158 Ein Beispiel für diese Tatsache, aus dem der Vatikan einen Vorteil geschlagen hatte, ist der Fall von Msgr. de Bonis.

159 Der Titel Fra' deutet auf Professritter hin, die drei Gelübde ablegen.

160 Der Kardinalpatron ist der diplomatische Gesandte des Papstes für den Malteserorden, während der Orden seinen eigenen Botschafter am Heiligen Stuhl ernennt.

161 Dieser und weitere Teile des päpstlichen Briefes wurden durch Riccardo Cascioli in *La Nuova Bussola Quotidiana* am 2. Februar 2017 veröffentlicht.

162 Vgl. Austen Ivereigh: *The Great Reformer,* S. 241.

163 Von den drei Adligen existiert ein traurig-komisches Foto, das im Januar 2017 heimlich in einem römischen Restaurant aufgenommen und von der Satire-Website *Dagospia* veröffentlicht wurde. Darauf ist zu erkennen, wie sie sichtlich gelangweilt über die Katastrophe nachdenken, in die ihr Widerstand den Orden gestürzt hat.

164 Freiherr von Boeselager beschritt von Anfang an einen Weg der Unterdrückung von Kritik, indem er die Teile der Medien einschüchterte, die auf die Unglaubwürdigkeit in seiner Version der Geschehnisse hinwiesen. So reichte er Klage gegen die österreichische Website *Kath.net* ein, weil diese einen kritischen Artikel aus der *Bild* zitierte. (*Bild* selbst verklagte er seltsamerweise nicht.) Im September 2017 wurde seine Klage gegen *Kath.net* von einem Hamburger Gericht abgewiesen, das feststellte, dass die Gründe seiner Entlassung durch Großmeister Festing dem Anschein nach korrekt waren. Dennoch behält Boeselager die Kontrolle über den Malteserorden und Festing bleibt abgesetzt.

165 Damian Thompson: Why more and more priests can't stand Pope Francis, in *The Spectator* am 14. Januar 2017.

166 Der einzige, der die Frage nach sexuellem Fehlverhalten aufwarf, war der Erzbischof von Asunción (Paraguay), der den Priester fälschlicherweise beschuldigte, Kinder missbraucht zu haben. Bischof Livieres konterte, indem er darauf hinwies, dass gegen den Erzbischof selbst wegen sexueller Handlungen gerichtlich ermittelt worden sei.

167 Matthias Matussek in *Die Woche* am 12. April 2017.

168 Ein anderer Name, der selten genannt wird, ist Mauro Kardinal Piacenza. Er ist Ratzingerianer und war Präfekt der Kongregation für den Klerus gewesen, bis er von Bergoglio durch dessen engen Vertrauten Kardinal Hummes, einen brasilianischen Liberalen, ersetzt wurde. Unmittelbar nach Franziskus' Wahl wurde Piacenza, ein bekannter »Sozialkonservativer«, zum Großpönitentiar degradiert.

169 Damian Thompson: Why more and more priests can't stand Pope Francis, in *The Spectator* am 14. Januar 2017.

170 Es lohnt sich, in Erinnerung zu rufen, dass Jorge Bergoglio, bevor er in den Klerikerstand eintrat, als Türsteher in einem Nachtclub

in einem Vorort von Buenos Aires arbeitete. Diese Erfahrung scheint ihn geprägt zu haben.

171 Lisa Bourne: Pope yet again derides defenders of Church teaching as not like Christ, in *LifeSiteNews* am 12. Januar 2017. Dies ist der authentischste Bericht über eine Anekdote, die einige Wochen zuvor im Vatikan kursierte.

172 Die Entlassung Kardinal Müllers und der ihm unterstellten Mitarbeiter entsprach nicht den Regeln für die Behandlung von Angestellten, die in jedem anderen Unternehmen eingehalten werden sollten. Noch weniger entsprach sie den Regeln einer Kirche, die die Achtung vor den Rechten der Arbeitnehmer predigt. Dieses Thema behandelt Damian Thompson: Pope Francis is behaving like a Latin American dictator – but the liberal media aren't interested, in *The Spectator* am 12. Juli 2017.

173 Sarah wurde zur Kongregation für den Gottesdienst und die Sakramentenordnung versetzt. Zuvor war er Präsident des Päpstlichen Rates Cor Unum, wo er im Auftrag von Papst Benedikt die mächtige und reiche Organisation Caritas Internationalis, die zunehmend linksgerichtete Anliegen förderte, »rekatholisieren« sollte. Als Präsident der Caritas Internationalis hat Papst Franziskus Kardinal Tagle (den viele als seinen natürlichen liberalen Nachfolger im Papstamt betrachten) installiert, um Benedikts Reformversuch wirksam zu unterbinden.

174 Maike Hickson: Shake-up at Congregation for Divine Worship Described as a »Purge«, in *OnePeterFive* am 31. Oktober 2016.

175 Zitiert in *Il Foglio* am 29. November 2016.

176 Voice of the Family: Papal critics threatened with excommunication as Year of Mercy begins, in *LifeSiteNews* am 7. Dezmber 2015.

177 Jan Bentz: Some of 45 signatories feeling the heat over letter urging clarification of Amoris Laetitia, in *LifeSiteNews* am 29. September 2016.

178 Sandro Magister in *L'Espresso* am 14. November 2016.

179 Philip Lawler: The ideological purge at the Vatican, in *LifeSiteNews* am 26. Januar 2017.

180 Gianluigi Nuzzi: *Merchants in the Temple*, 2015, S. 204.

181 Steve Skojec: The Dictatorship of Mercy, in *OnePeterFive* am 17. November 2017.

182 Damian Thompson: Why more and more priests can't stand Pope Francis, in *The Spectator* am 14. Januar 2017.

183 Austen Ivereigh, *ebd.*, S. 28.

184 *Ebd.*, S. 383f.

185 Die 200 Plakate wurden nach wenigen Stunden durch römische Stadtangestellte entfernt, obwohl der Papst dort keine Jurisdiktion hat. Plakate mit politischen Meinungsäußerungen hängen in der Stadt erfahrungsgemäß mehrere Jahre, ohne, dass sich jemand dafür interessiert.

186 Valentina Conti: E i fedeli manifestano la loro insoddisfazione disertando le udienze in piazza San Pietro, in *Il Tempo* am 2. Juli 2017.

187 Roberto de Mattei: Papa Francesco quattro anni dopo, in *Corrispondenza Romana* am 15. März2017.

188 Philip Willan: Anti-Reform Cardinals »Want the Pope to Quit«, in *The Times* am 2. März 2017; vgl. Damian Thompson: The plot against the Pope: It is no secret in Rome that several cardinals want Francis to stand down, in *The Spectator* am 11. März 2017.

189 Antonio Socci, in *Libero* am 28. Februar 2017.

190 Luigi Bisignani: Il Papocchio. La Solitudine di Papa Francesco. Dall' Argentina agli Stati Uniti cala la popolarità di Jorge Mario Bergoglio tra scandali, errori, epurazioni e faide interne che spaccano la Curia, in *Il Tempo* am 2. Juli 2017.

191 Diese Geschichte wurde erstmals am 11. August 2017 in *OnePeterFive* in einem Artikel von Alessandro Rico (einem Journalisten der italienischen Zeitung *La Verità*) veröffentlicht: Democrat Fingers in the Vatican Pie: Did Obama Force Benedict's Abdication?. Unabhängig von den Einzelheiten des Artikels kann festgestellt werden, dass die Anschuldigungen auf den Aussagen zweier Gestalten beruhen, deren Namen im vatikanischen Finanzbereich einen hohen Wiedererkennungswert besitzen.

192 Luigi Bisignani: Il Papocchio. La Solitudine di Papa Francesco. Dall' Argentina agli Stati Uniti cala la popolarità di Jorge Mario Bergoglio tra scandali, errori, epurazioni e faide interne che spaccano la Curia, in *Il Tempo* am 2 Juli 2017.

193 *Faithful Insight* (Zeitschrift von *LifeSiteNews*), Mai 2017, zitiert einen Artikel von Giuseppe Nardi vom November 2016.

194 Vgl. Lucrecia Rego de Planas in dem bereits zitierten Brief an Franziskus. Diese Eigenart des Papstes wurde bereits in dem Sinnspruch von Lorenzo Strecchetti aufgegriffen: »Sono

Francesco, papa ed argentino: / non all'Ostia, ma al secolo mi inchino«. Eine mögliche Übersetzung könnte lauten: Ich bin Franziskus, Papst und Argentinier: / Nicht vor der Hostie, sondern vor der Zeit verneige ich mich. Dieser Vers stammt aus einer veröffentlichten Sammlung von zweihundert Epigrammen mit dem Titel *Francescheide. Pasquinate per papa Francesco.*

195 Aldo Maria Valli: *266*, Macerata 2016, S. 186.

196 Vgl. bspw: Papa Francesco, l'attacco alla Curia romana: l'accusa ai »traditori«, in *Libero Quotidiano* am 21. Dezember 2017.

197 Vgl. S. 75.

198 Vgl. S. 103.

199 John-Henry Westen: Leaked docs raise question of Pope's personal role in new Vatican financial scandal, in *LifeSiteNews* am 20. Februar 2018.

200 Urban VIII. weigerte sich 1632, die katholische Sache angesichts der militärischen Erfolge des Protestantismus, die über Europa hinwegfegten, zu unterstützen. Dies veranlasste Kardinal Ludovisi (den Neffen des vorherigen Papstes), damit zu drohen, ihn als Beschützer der Häresie abzusetzen, während Kardinal Borgia bei einem Konsistorium einen formellen Protest verlas und sich die Kardinäle um ihn scharrten, um den Papst daran zu hindern, ihn zum Schweigen zu bringen. Eine der Pasquille, die gegen Urban VIII. gerichtet waren, fragte: »Ist Seine Heiligkeit zufällig Katholik?« – eine Frage, die auch in der heutigen Zeit vernommen werden kann.

201 http://www.salta21.com/Mentiras-y-calumnias-Acusaciones.html

202 Austen Ivereigh: *The Great Reformer,* S. 244.

203 Vgl. bspw. Acusan a Dromi de cobrar sobornos. Guillermo Laura dice que el exministro recibió US$ 7 millones de firmas viales, in *La Nación* am 9. September 1999; La Justicia pidió un embargo millonario contra Menem y Dromi. Presunta venta irregular de un terreno de 241 ha. a Radio Nacional, in *La Gaceta* am 23. April 2008.

204 Olga Wornat: *Nuestra Santa Madre,* Buenos Aires 2002.

205 Vgl. Una causa judicial que todavía le importa al papa, in *Urgente24* am 23. März 2013. In diesem Artikel, der kurz nach Bergoglios Wahl zum Papst erschien, berichtet der Autor auch die Geschichte, wie sie schon Bischof Justo Laguna von Morón

erzählte. Demnach habe der argentinische Kardinal Leonardo Sandri während der Zeit des Konklaves 2005 ihm gegenüber bezüglich Bergoglio bemerkt: »Beten Sie lieber zum heiligen Joseph, dass dieser Mann nicht Papst wird.«

206 Vgl. Emmanuel Gentile: Una muerte dudosa, una herencia millonaria y un cura bajo sospecha, in *infobae* am 29. Januar 2017.

207 Vgl. Marcelo González: Obispo Adúltero: Nombre y Pruebas, in *Panorama Católico Internacional* am 29. September 2010.

208 Vgl. Ana Delicado: El Papa encubrió al cura que abusó de mi hijo, in *Público* am 3. Mai 2017.

209 Vgl. Argentine priest Julio Grassi jailed over sexual abuse, in BBC News am 24. September 2013.

210 *Sobre el cielo y la tierra*, Buenos Aires 2010. Es handelt sich um einen Gesprächsband zwischen Kardinal Bergoglio und dem Rabbiner Abraham Skorka.